ライブラリ スタンダード心理学

7

STANDARD

スタンダード
[発達心理学]

櫻井茂男・佐藤有耕 編
Shigeo Sakurai　Yuhkoh Satoh

サイエンス社

「ライブラリ スタンダード心理学」刊行にあたって

　科学的な心理学は，ドイツの心理学者ヴィルヘルム・ヴントが心理学実験室を開設した 1879 年に始まると言われる。130 余年の時を経て，心理学は多様に発展してきた。数多の理論が提唱され，神経科学をはじめとする他の学問領域とのクロスオーバーが進み，社会問題の解決にも徐々に寄与するようになってきた。しかし，多様化するに従って，研究領域は細分化され，心理学という学問の全体像をつかむことが難しくなりつつある。心理学の近年の啓発書は，個々の研究のおもしろい調査結果や意外な実験結果の紹介に紙数を割くことが多く，初学者にとっては全体像をつかむことがよりいっそう難しくなっている。いわば魚影の美しさに目をとられ，大海原を俯瞰することができなくなった迷子船のように。

　本ライブラリは，初学者が心理学の基本的な枠組みを理解し，最新の知見を学ぶために編まれた。今後 10 年以上にわたり心理学研究の標準となりうる知見を体系立てて紹介する。また，初学者でも，独習が可能なようにわかりやすい文章で記述している。たとえば，心理の専門職を目指して偏りなく学ぼうとする方や，福祉職，教育職や臨床職を目指して通信教育で学ぶ方にとっては，本ライブラリはよい教材になるであろう。

　なお，本ライブラリの執筆者には，筑波大学心理学域（元心理学系）の教員および卒業生・修了生を多く迎えている。同大学は，丁寧で細やかな教育で高い評価を受けることがある。本ライブラリにも，執筆者のそうした教育姿勢が反映されているであろう。

　本ライブラリ執筆者による細やかな水先案内で，読者の方々が心理学という美しい大海原を迷わずに航海されることを。

2012 年 10 月

監修者　松井　豊

まえがき

　本書は「ライブラリ　スタンダード心理学」の第 7 巻『スタンダード発達心理学』として企画されたテキストです。発達心理学をはじめて学ぼうとする方，広く学ぼうとする方，さらには少しかじったもののまだ物足りなくて詳しく学びたいという方のために，専門家の先生方に，発達心理学のエッセンスをできるだけやさしく，そして正確に語っていただきました。

　目次を見ていただければ一目瞭然ですが，本書は，かつての発達心理学のテキストとは違います。赤ちゃんが母親のおなかの中にいる胎児期（もう少し広くいえば，人間の卵子と精子が受精し受精卵が子宮内膜に着床し妊娠が成立した時期）から，年をとり死に至る老年期まで——すなわち人間のすべての発達過程——を対象に執筆されています。こうした発達心理学は「生涯発達心理学」といわれますが，編者としては，これが発達心理学の定番になってほしいと強く願っています。また本書では，第 1 章「発達とは何か」と第 12 章「発達障害」も設け，この一冊で発達心理学の内容が網羅できるように心がけました。

　科学技術の進歩によって母親のおなかの中の胎児の様子がよくわかるようになり，この時期も発達心理学の一時期となりました。また，かつては青年（成人）にいたる上昇的な変化のみを発達として扱ってきましたが，現在では青年（成人）から老年にいたる"いわゆる"下降的な変化も発達の重要な過程とみなされるようになり，本書でもそうした時期についてしっかりと扱っています。下降的な変化とみなされやすい老年期ですが，それまでの人生経験を生かし深みのある文章が書けるようになったり，他者の気持ちを十分に察し温かい思いやりのある行動が取れるようになったりと，とても素晴らしい時期としてすごしている年配の方も多くいらっしゃいます。私共編者もかなり年をとりましたので，個人的にも発達の後半部分に大いに期待をもち，素晴らしい人生を歩んでいきたいと考えています。

さて，執筆者の先生方にはご多忙の中，大変貴重な原稿をお寄せいただきました。重鎮の先生から新進気鋭の若手の先生まで，多様な先生方に執筆をお願いしましたが，快くお引き受けいただきました。本書が無事刊行にいたったのは先生方のご尽力の賜物と思います。心より感謝申し上げます。

　本書が研究職，教育職，臨床職，福祉職などを目指している方，さらにはこれから母親や父親になろうとしている方のお役に立てれば幸いです。

　末筆になりましたが，本書の企画から細部にわたる校正まで懇切丁寧にご対応いただきましたサイエンス社編集部の清水匡太氏ならびに谷口雅彦氏に心より感謝申し上げます。

2013 年 10 月

編者　櫻 井 茂 男

佐 藤 有 耕

目　次

まえがき ……………………………………………………………………… i

第1章　発達とは何か　　1
1.1　発達の科学 ……………………………………………………… 1
1.2　発達段階と発達課題 …………………………………………… 12
1.3　発達の要因 ……………………………………………………… 17
1.4　発達のグランドセオリー ……………………………………… 27

第2章　胎児期と周生期の発達　　35
2.1　胎児期の行動発達 ……………………………………………… 35
2.2　周生期の行動発達 ……………………………………………… 42

第3章　乳幼児期の知性の発達　　55
3.1　乳児期の知性の発達
　　　──乳児には生きていくための力がどれくらいあるのか … 55
3.2　知的能力の発達段階──ピアジェの発生的認識論 ……… 60
3.3　乳幼児の言葉の発達
　　　──知的な活動の基礎としての言語発達 ………………… 70

第4章　乳幼児期の社会性の発達　　77
4.1　他者との関わりの発達 ………………………………………… 77
4.2　ことばとコミュニケーションの発達 ………………………… 91
4.3　向社会性の発達 ………………………………………………… 95

第5章　児童期の知性の発達　　105

- 5.1　知　　能 ………………………………… 105
- 5.2　創 造 性 ………………………………… 110
- 5.3　思考の発達 ……………………………… 112
- 5.4　学　　力 ………………………………… 119

第6章　児童期の社会性の発達　　123

- 6.1　仲 間 関 係 ……………………………… 123
- 6.2　社会的問題解決 ………………………… 125
- 6.3　仲間関係のつまずきがもたらす問題 … 132
- 6.4　ソーシャルスキル ……………………… 134

第7章　思春期の発達　　139

- 7.1　生涯発達における思春期の位置づけ … 139
- 7.2　身体と性の発達 ………………………… 143
- 7.3　他者との関係の発達 …………………… 149
- 7.4　社会の中での発達 ……………………… 156
- 7.5　思春期における出会い ………………… 160

第8章　青年期の発達　　165

- 8.1　青年期とは ……………………………… 165
- 8.2　自己への問い直し ……………………… 167
- 8.3　アイデンティティの形成 ……………… 171
- 8.4　青年期の友人関係 ……………………… 178
- 8.5　青年期の恋愛 …………………………… 182
- 8.6　お わ り に ……………………………… 189

第9章　成人前期の発達　　　　　　　　　191

- 9.1 成人前期とは …………………………………… 191
- 9.2 就　　職 ………………………………………… 195
- 9.3 結　　婚 ………………………………………… 200
- 9.4 自　　己 ………………………………………… 205
- 9.5 まとめ――大人になるための「Z次元」………… 209

第10章　成人後期の発達　　　　　　　　　211

- 10.1 ライフサイクルの変化 ………………………… 211
- 10.2 成人後期の変化 ………………………………… 218
- 10.3 成人後期におけるアイデンティティの危機 …… 223
- 10.4 おわりに ………………………………………… 231

第11章　老年期の発達　　　　　　　　　233

- 11.1 生涯発達における老年期の特徴 ………………… 233
- 11.2 認知機能や知的能力の加齢変化 ………………… 235
- 11.3 心理面での特徴 ………………………………… 239
- 11.4 老年期の適応理論 ……………………………… 245
- 11.5 老年期の適応的変化 …………………………… 245
- 11.6 死 の 受 容 ……………………………………… 251
- 11.7 生涯発達における老年期 ……………………… 252

第12章　発達障害　　　　　　　　　253

- 12.1 発達障害とは …………………………………… 253
- 12.2 主な発達障害とその特徴 ……………………… 257
- 12.3 発達障害のある子どもの支援 ………………… 263
- 12.4 まとめ …………………………………………… 267

引用文献 ……………………………………………………	277
人名索引 ……………………………………………………	299
事項索引 ……………………………………………………	302
執筆者紹介 …………………………………………………	308

発達とは何か　1

　共働き家庭のための乳児保育，幼児とお年寄りとの交流，幼稚園と小学校の連携，学童保育，小学校でのストレスマネージメント教育，中学生の職場体験，施設での児童養護など，教育，福祉，医療のさまざまな分野で，人間の発達を支える多様な取組みが行われている。これらに共通する理念は，子どもの発達を保障し，子どもがより幸福になるために，大人が責任を持って子どもの育つ環境を整えるということである。そのためには，受胎したときから死に至るまでの人間の発達過程の中で，何が（what），いつ（when），どのように（how），なぜ（why）生じるのかについて，具体的で科学的な根拠にもとづく知識を得ることが必要である。本章では，発達科学としての発達心理学の導入として，発達の定義，研究史，研究法，発達段階と発達課題，遺伝と環境，初期経験，および発達の理論について学習する。

1.1 発達の科学

1.1.1 発達とは

　受胎から死に至るまでの心身の機能の変化を発達（development）という。変化には，「身長が伸びる」「語彙が増える」といった量的変化もあれば，「赤ちゃんが座る，立つ，歩く」「論理的に考えられるようになる」といった質的な変化もある。心理学では，量的変化を強調するときに「成長」，とくに身体の成長を「発育」と呼び，質的変化を強調するときに「発達」という用語を用いる。しかし，量的変化と質的変化の明確な境界線はないため，「成長」と「発達」の用語も区別せずに用いられることが多い。
　大人になる過程にみられる変化には「増大や上昇」の意味が伴うことが多い。しかし老化の過程にみられるような「減少や低下」という変化もある。

さらに，新生児が示す原始反射は生後半年もすれば消失するし，脳神経のシナプス結合は幼児期をピークに減少する。発達は人の生涯における増大や上昇だけでなく，減少や低下をも含んだ概念なのである。

「発達」は英語の development の和訳である。development は写真の「現像」という意味があるように，「形あるものが徐々に外に現れてくる」というのが語義である。語源は遺伝の影響を重視する見方に近いといえる。しかし，現代の心理学は，人は個人の遺伝的要因と環境との絶え間ない相互作用の中で変化することを証明してきた。胎児であっても環境の影響を受けるため，発達の始まりは受胎なのである。改めて発達を定義すると，「個体と環境との継時的な相互作用を通して，さまざまな機能や構造が分化し，さらに統合されて個体が機能上より有能に，また構造上より複雑になっていく過程」（三宅，1981）となる。

1.1.2　発達研究の歴史
1. 子ども期の誕生と消失

ルソー（Rousseau, J-J.）は，18世紀，子どもの未熟さの中に，大人を乗り越えて発達する固有の価値を見出した。これは「子どもの発見」と呼ばれる（村田，1992）。アリエス（Ariès, 1960/1980）も，著書『子供の誕生（"*L'enfant et la vie familiale sous l'Ancien Règime*"）』の中で述べているように，中世では，子どもは6, 7歳になれば，着るもの，食べるもの，働くことなど，生活全般において大人の仲間入りをしており，「子ども」や「児童期」という概念は存在しなかった。18世紀になり産業構造の変革により，「子ども」という人生の特別な時期についての社会的認識ができあがったといえる。

児童期や青年期は，それ以前の乳幼児期とは異なり，生物学上の概念ではなく，社会的に作り出されたものということができる。ところが，20世紀が終わりに近づく頃より，子ども期の様相が徐々に異なってきた。大人顔負けの演技力を持った小学生の子役，十代の高収入のスポーツ選手，ファッシ

ョン雑誌の表紙を飾れるほどに着飾った小・中学生，インターネットを駆使する中学生も登場してきた。大人を震撼させる凶悪な少年犯罪も起こっている。電車の中で漫画を読みふける二十代の若者も珍しくない。つまり，子どもと大人を区別することが困難になったといえる。ポストマン（Postman, 1982/1985）は，数世紀前に作られた子ども期が今や消えつつあると危惧する。20世紀後半にテレビやコンピュータを中心とするメディア革命が人間社会に新しい局面を開き，その結果，大人と子どもの境界が取り払われ，子ども期という概念はもはや存在しなくなり始めたというのである。

現在，子どものうつ病が社会的にも取りあげられるようになった。最近の疫学調査は，うつ病のリスクを持つ小学生が7.8％，中学生では22.8％にのぼることを示している（傳田，2005）。子ども期という概念が薄れつつある社会では，子どもは大人と同じようなストレスを受け，大人と同じような精神疾患を持つようになるのかもしれない。

2. 科学としての発達研究の始まり

1859年に発表されたダーウィンの**進化論**は発達心理学の誕生に大きく影響した（松沢・長谷川，2000）。進化論の影響を受けたヘッケル（Haeckel, E.）は「個体発生は系統発生を繰り返す」という反復発生説で進化と発達を結びつけた（八杉，1969）。ヘッケルの影響のもと，生物学者のプライヤー（Preyer, W.）は，生物学の完成のためには成熟に至る人間の発達を解明する必要があると考え，自分の息子を出生から3歳まで綿密に観察した記録を発表している（Preyer, 1882）。彼のとった系統的な観察法と，観点別に整理した厳密なデータ収集は，その後の発達研究のスタンダードとなり，これが児童心理学の誕生とみなされている（村田，1992）。

また，ルソーの思想はホール（Hall, G. S.）に大きな影響を与えた。ホールはアメリカで19世紀後半に児童研究運動を展開し，小学校入学時の児童の精神内容を質問紙法で研究し発表した。また彼は1904年に『青年期（"*Adolescence*"）』という書物を著し，これが青年心理学の誕生とされる。19世紀後半，中等教育の普及と産業構造の変化という社会情勢の影響を受けて，

「青年期」という概念が生まれたことを物語っている。アメリカではホールに続き，ソーンダイク（Thorndike, E. L.）を中心に教育測定運動が展開され，体系的な教育心理学の書物が刊行された。ホールは現代の発達心理学，ソーンダイクは教育心理学の礎を築いた人物とみなされている。わが国では，1888（明治21）年，元良勇次郎が日本に実証的な近代心理学を伝えたとされる。彼はアメリカのホールのもとで学び，精神物理学や児童心理学の知識や研究法を当時の教育研究に導入した（梅本・大山，1994）。

3. 発達研究の展開

20世紀に入り，現代の発達心理学のグランドセオリーと呼ばれる基礎理論が次々と提出された。発達研究が心理学の主要分野となり，大きく展開するのは，1950年代からのピアジェ（Piaget, 1936）による発生的認識論の提唱からである。彼は，1930年代からスイスとフランスを中心に幼児の自己中心性（後の中心化傾向）などの新しい概念，および臨床法という新しい研究手法を展開し，認知発達研究を推進した。彼の理論は1960年代にアメリカに紹介され，世界的な広がりをみせた。

第2次世界大戦後はアメリカが教育心理学の中心地となった。1957年に旧ソ連の人工衛星スプートニクの打上げが成功したというニュースはアメリカの教育界を揺るがした。これを受けてブルーナー（Bruner, 1960/1963）はカリキュラム改革運動を主導し，著書『教育の過程（"The process of education"）』の中で「教材や教え方の工夫をすれば，どのような教科でも，どのような発達段階にいる子どもに対しても教えることができる」と主張し，発見学習という学習指導法を開発した。ブルーナーの提言を起爆剤として，幼児の能力開発を目的とした多くの早期教育の方法が考案され，実践されるようになり，現在に至っている。

1970年代には，発達は成人期で完成するのではなく，人間は一生を通して発達するという理念を持った生涯発達心理学（life-span developmental psychology）が誕生した。この発展に伴い，かつて「高齢期における衰退過程」を指す用語として用いられたエイジング（aging）が，現在では「出生

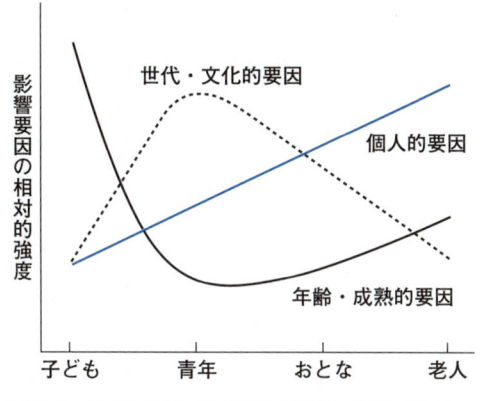

図1.1 発達に影響する要因の強さの変化（Baltes et al., 1980；東ら，1990）

から死に至るまでの生涯にわたる過程」を射程に入れた概念へと変化してきた（Baltes et al., 1980）。発達とは，まさに人間の死をも含む生物学的変容の過程であると同時に，個々人の一生の歴史にほかならない。図1.1は発達を規定する諸要因の比重が年齢段階によってどのように変化するかを概念化したものである。

4. 発達研究の現在

　発達心理学は，心的機能（認知，感情，意志）が年齢とともにどのように発達するのか，他者の心的機能をどのように理解するようになるのか，これらの発達と社会的行動はどのように関連するのか，また，これらの発達に周囲の人間（とくに，親や教師や仲間など）がどのように関与するのかを明らかにしようとする。発達心理学は理論的，研究的な性格を持った学問だといえる。もう一つの重要な特徴は，実践的，臨床的な性格を持つ学問であるというところにある。つまり，発達には多くの年齢とともに段階的に進んでいく定型的な発達過程だけでなく，発達障害など非定型的な発達過程がある。障がい児・者に対して，発達上の問題のアセスメントを行い，具体的かつ適

切な発達支援を行う計画を立て，関係者・機関をコーディネートし，他分野の専門家と協同して支援にあたるのも，発達心理学者の役目である。理論と実践の往還的な研究がますます求められるようになったといえよう。

また，近年の脳科学の進歩は著しいものがある。DNAの解析に認められるように生物学の進歩も顕著である。人の心的機能は「脳を1mmも出ていない」（永江，2004）といわれるように，脳科学は人の心的機能と行動を神経伝達物質から説明しようとする。DNAの解析と遺伝学の進歩は「氏か育ちか」という古典的な発達心理学の課題に新しい展開をみせてくれるだろう。今や発達心理学は，多くの隣接分野から影響を受けつつその領域を広げ，発達的視点を中核に置いた「発達科学」として発展しつつある。

1.1.3　発達の研究法

1. データ収集方法

実証的な科学としての発達心理学は，仮説を立てデータを収集，分析して導き出されるエビデンスベイスト（evidence-based）な知識を重視する。どのようなデータ（資料）も必ずエビデンスを導けるというのではない。科学的研究を支えるデータとは，少なくとも他人もそれを共有できる性質（公共性）を持ち，同じデータを再現することができ（再現性），再現のための操作が明示的に与えられていること（操作性）が最低限必要となる。

データの収集方法として代表的なものは以下のとおりである。

(1) 観 察 法

観察法とは，行動の記述や特定の行動の出現のチェックを行い，それをもとに発達の状態を理解しようとする方法である（中澤ら，1997）。観察すべき対象・状況に統制を加えず，ありのままを観察する自然観察法と，研究目的に沿って，観察の対象となっている事態に対し何らかの条件統制を加えて観察する実験的観察法がある。自然観察法は，観察対象の行動を自然のままで観察できるため，生態学的妥当性は高い。また，観察者が対象者と接することなく観察する非接触観察と，対象者と直接関わりながら観察する参加観

察がある。

(2) 面接法

　対象者との面談を通して，発達の状態を理解する方法である。したがって，対象者が自己の内面を言葉で説明できることが条件である。**面接法**では表情やしぐさ，言葉の調子なども貴重な情報となる（保坂ら，2000）。対象者から反応を引き出すために，何らかの材料が用いられることがある。あらかじめ質問する内容と順序が定まっている**構造化面接**，いくつかの質問のみ用意し，面接の進行状況に応じて質問を取捨選択するという**半構造化面接**，質問を用意せず自由に回答してもらう**非構造化面接**に分けることができる。面接を実施するにあたり，面接者と被面接者との間に**ラポール**（信頼関係）を十分形成しておくことが大切である。

(3) 調査法

　調査法には，調査者が対象者と面談をしながら行う**面接調査**と，質問票を配付し対象者に自由に記入してもらう**質問紙調査**がある。また，質問紙調査には特定の内容に対する対象者の意見を尋ねるアンケート調査と，一定の基準により選ばれた項目から構成された心理尺度測定がある（鎌原ら，1998）。回答の形式には，自由回答法，賛否法，多肢選択法，分類法，チェックリスト法などがある。質問紙調査は集団実施ができ，多量のデータを短期間にとることができるという利点がある。一方，対象者には読み書きができ，質問内容に沿って自己を観察する能力が求められる。さらに，自己防衛から**社会的望ましさ**の影響を受けやすいという欠点もある。

(4) 検査法

　検査法とは，標準化の手続きを経た課題を対象者に実施し，発達や個人特性を評価する方法である。多くの場合，個別に実施される。性格特性を査定するための**性格検査**，知的特性を査定するための**知能検査**，発達状況を査定するための**発達検査**がある。実施に際しては，一定水準のトレーニングが必要となる。

(5) 実 験 法

　研究上の仮説にもとづき，対象者に特定の状況や課題（独立変数）を与え，その反応（従属変数）を測定する方法である。**実験法**は，研究者が任意に独立変数を変化させ，統制することのできる研究法であり，これにより発達と関連する要因間の因果関係を解明することができる（後藤ら，2000）。しかし，実験状況の設定や課題は非日常的であることが多く，日常行動の説明にはならないという欠点がある。

2. 発達を研究するデザイン

　発達のメカニズムを解明するためには，データ収集をいつ，どのように実施すればよいのかが問題になる。通常は，同じ時期に異なる年齢の対象者からデータ収集を行う**横断的研究法**（cross-sectional method）と，同じ対象者から時間軸に沿って繰返しデータ収集を行う**縦断的研究法**（longitudinal method）が用いられる。横断的研究は異なる年齢集団を対象とし，それぞれの集団の特徴を明らかにして，各年齢間の発達的変化やその基礎にある発達のメカニズムを解明しようとする計画である。横断的研究法の長所は，多量のデータを短時間の内に収集できるという点である。短所は，年齢の違いは生まれ育った時代背景の差違と切り離すことができないという点である。縦断的研究は，ある個人や同一の対象集団を長期にわたって追跡するため，時間経過による変化を考慮した因果関係に言及できる。しかし，追跡に伴う時間的，経済的コストが大きく，縦断的研究の対象集団は小さくなるのが普通である。さらに，同じ時代背景の対象集団であるため，結果の一般化が限定されてしまうという短所もある。

　これらの問題を解消するために考案されたものが，**コホート系列法**（cohort sequential method）である。単にコホート法（cohort method），世代（時代）差分析とも呼ばれる。コホートとは「同年齢・同世代の集団」を意味する語である。コホート系列法は，2つ以上の横断的研究からなる横断系列と，2つ以上のコホートに実施された縦断的研究からなる縦断系列を組み合わせた調査デザインである（図 1.2）。この方法は発達の観点からはも

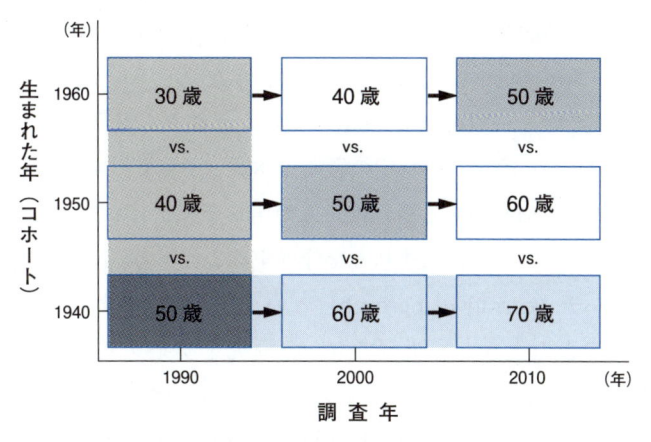

図 1.2　コホート系列法
縦軸の比較は横断的研究，横軸の比較は縦断的研究，斜めの比較はコホート分析を示している。コホート系列分析とは，これらを総合した研究法である。

っとも効果的であるとみなされているが，時間的，経済的コストが膨大になるという欠点がある。

3. 質的研究法

　発達研究は，客観的な普遍性を求める法則定立的な研究により発展してきた。しかし近年，人間の個別性や状況文脈性を重視し，特定の個人や少人数の対象を人工的な条件操作などせずに，自然な場面で詳しく観察し，時間経過に沿って変化する個々人の具体的な姿を記述していく個性記述的な方法が台頭してきた。**質的研究法**は，古くから仮説生成のための予備的研究方法として用いられてきたものであるが，最近では分析方法も確立しつつあり，発達の普遍的な法則を求める量的研究法と同程度に重んじられるようになった。

　質的研究では，特定の個人や集団が日常生活という文脈の中で発する生(なま)のリアリティや，個人特有の主観的な意識や意味づけを詳細に記述しようとする。質的研究は，研究者が関心を寄せる個人や集団の自然な活動の場，すなわち**フィールド**（field）に何らかの役割を持って入り込む（参与観察）こと

から始まる（吉田，2006）。そして，観察や面接を実施し，また研究者自身がフィールドで体験したり，感じたり，疑問に思ったりしたことを含めて，毎日，フィールドノートに記録する。このようなフィールド研究は文化人類学のエスノグラフィー（ethnography）という手法から発展した。また，特定の人物に関心のある場合や特定の職業や体験（子育て，震災被害，失恋など）の意味づけに関心のある場合は，人の語りをナラティブ（narrative）として扱い，語っている内容と語り方を分析することがある。これを**ナラティブ・アプローチ**（narrative approach）という。その一つとして，人生の履歴の中でその人の生き方を語ってもらう研究をライフ・ストーリー（life story）という。これらの記述データの分析方法の一つとして，**グラウンデッド・セオリー・アプローチ**（Grounded Theory Approach；GTA）（木下，2003）がある。この方法は日常生活で人々が行っている現象を説明する枠組み（これをセオリーという）を明らかにしようとする方法である。得られた発話データを分析し，概念を抽出し，さらに複数の概念を関係づけることで，データ全体を説明する枠組みを作ろうとする。

　最近は，保育のエピソード，育児日誌，伝記，青年期の日記なども対象にして，質的分析にかける研究も増えてきた。質的研究の成果が量的研究を補い，発展させることが期待されている。

1.1.4　研究倫理

　1989年に国際連合が採択した「子どもの権利条約」の制定には発達心理学者も貢献した。子どもの最善の権利を追求する発達研究も盛んになり，研究に人権への配慮が強く求められるようにもなった。たとえば，親の養育スタイルの影響を調べるために，協力者に「1週間，1日に3回子どもを叱ってください。1度も笑ってはいけません」などと条件操作することは，たとえ学術的に必要な研究であったとしても，倫理的に許されるものではない。実際の発達研究で用いられてきたものとして，「幼児を一人だけで5分間待たせる」「幼児が少し触るだけで壊れるような仕掛けのある玩具を導入し観

察する」「子どもに『クラスで一番嫌いな子は誰？』と尋ねる」「『サンタクロースは本当にいるのかな』と質問する」「『死にたいと思ったことはありますか』と質問する」という手続きがある。いずれも倫理的に賛否両論あり，今後も繰返し倫理的妥当性が議論されるべき手続きである。少なくとも，目的達成のために手段を選ばないという判断はけっして許されることではない。

　日本教育心理学会（2003）では，「日本教育心理学会倫理綱領」（2000年施行）をまとめている。「人権および人間の尊厳に対する敬意」と「学問上および専門職上の自覚と責任」の一般綱領に続き，倫理規定として「人権の尊重」「研究実施のための配慮と制限」「情報の秘密保持の厳守」「公開に伴う責任」「研磨の義務」「倫理の遵守」を示している。学部学生の研究にも必要になる倫理として，まず「人権の尊重」がある。具体的には，①個人に心理的苦痛や身体的危害を加える可能性が予想される行為をしてはならない，②個人のプライバシーや社会的規範を犯す行為をしてはならない，③特に子どもの健全な発達を損なうことがあってはならない。

　発達研究は家族構成，世帯収入，子どもの生育歴，夫婦関係のよさなどを聞き取ることもある。医学分野との共同研究ではさまざまな生体反応に加え，遺伝情報も入手することがある。プライバシーへの配慮と守秘義務は，基本的な倫理規定といえる。

　次に，インフォームド・コンセント（informed consent）がある。日本教育心理学会倫理綱領にも，「調査，実験，観察，検査，心理臨床活動，教育実践活動等を行うとき，研究協力者に対し十分な説明をする義務を負う。その際，研究協力への自由を持っていることを保証し，文書または口頭で同意を得なければならない。」と規定している。インフォームド・コンセントとは「熟知承諾」という意味であり，研究協力者に対して研究の意義や内容について，研究実施の前にあらかじめ理解と了解を得ておくことを求める規定である。さらに研究に協力するか否かは協力者が決める権利を持っており，研究者側は強要できないことも原則の一つである。

　研究倫理は研究実施に関わる場面だけではない。質問票の作成段階で，先

行研究の心理尺度を作成者の許可なしに翻訳して用いたり（海賊版），許可なく一部を修正して使用したり（改変版）することも倫理に反する（安藤・安藤，2005）。いずれも不正使用にあたる。さらに，研究をまとめる段階においても人権に配慮した用語を用いる必要がある。たとえば，かつては研究対象者を「被験者」（subjects）と表記したが，今では「**研究参加者**」（participants）の用語を用いる。

1.2 発達段階と発達課題

1.2.1 発達段階

　発達は受胎から死まで続く。社会慣習的に，人生をいくつかの時期に区分することがある。一般には，これらの区分を**発達段階**（developmental stage）と呼んでいる。通常は，胎児期（妊娠期間），乳児期（0～1歳），幼児期（1～6歳），児童期（6～12歳），青年期（12～20歳），成人期（20～65歳），老年期（65歳以降）に区分される。図1.3の発達の区分はわが国の一般的な呼び方を示している。法令等によって区分と呼び方は異なり，たとえば，児童福祉法では「児童」は0歳から18歳と規定されている。

　「発達段階」という用語は，心理学では特別な意味を持ってくる。つまり，相互に異質で独自の心的構造を持つとされる一定の区分された時期を発達段階と呼ぶ。段階説では，発達とは「塵も積もれば山となる」式の連続的な累積加算的変化でなく，心的構造が再体制化される，ないしは新しい構造に転換していく非連続的な質的変化であると考える。しかも，段階を進むペースには個人差があるとしても，発達順序は必然的に定まっており（段階の順序性と不変性），文化を越えて認められる（文化普遍性）ものとされる。代表的な発達段階理論にピアジェの思考の発達段階，コールバーグ（Kohlberg, L.）の道徳性の発達段階がある（第4章参照）。

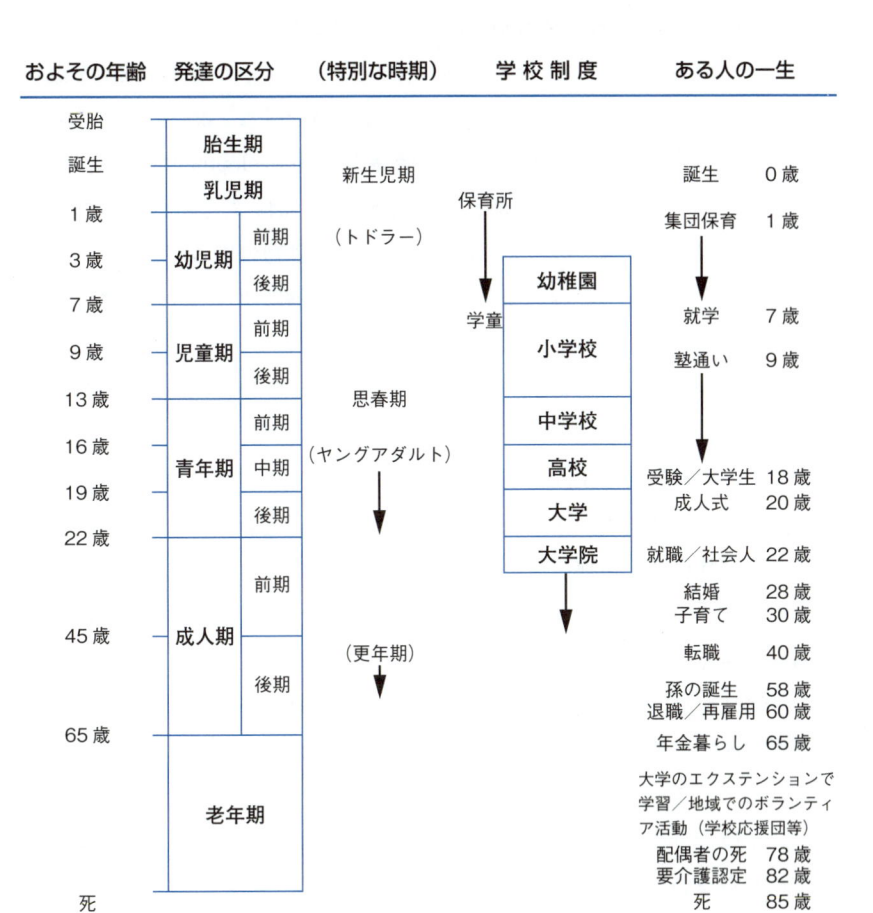

およその年齢	発達の区分	（特別な時期）	学校制度	ある人の一生
受胎	胎生期			
誕生	乳児期	新生児期		誕生 0歳
1歳			保育所	集団保育 1歳
3歳	幼児期 前期	（トドラー）		
	幼児期 後期		幼稚園	
7歳	児童期 前期		学童	就学 7歳
9歳			小学校	塾通い 9歳
13歳	児童期 後期			
	青年期 前期	思春期	中学校	
16歳	青年期 中期	（ヤングアダルト）	高校	受験／大学生 18歳
19歳			大学	成人式 20歳
22歳	青年期 後期		大学院	就職／社会人 22歳
	成人期 前期			結婚 28歳
				子育て 30歳
45歳		（更年期）		転職 40歳
	成人期 後期			孫の誕生 58歳
				退職／再雇用 60歳
65歳				年金暮らし 65歳
	老年期			大学のエクステンションで学習／地域でのボランティア活動（学校応援団等）
				配偶者の死 78歳
				要介護認定 82歳
死				死 85歳

日本の平均寿命（2010年）：男性79.64歳／女性86.39歳

図1.3　主な発達段階の区分

定時制高校や社会人向けの大学院など，高等教育は年齢の制約を受けることは少ない。
「トドラー」（2歳前後），「ヤングアダルト」（15歳から20歳程度），「更年期」（四十代後半から五十代半ば）は発達上重要な時期ではあるが，正式な発達段階名ではない。

1.2　発達段階と発達課題　　13

1.2.2 発達課題

1. ハヴィガースト（Havighurst, R. J.）の発達課題

人の一生の発達にはいくつかの段階が設定されるが，その発達段階を進むためには各段階に課せられた課題を十分に果たさなければならない。この各段階で達成しなければならない課題を**発達課題**（developmental task）という。ハヴィガースト（Havighurst, 1972/1997）によれば，発達課題は，「課題を立派に達成すれば，次の発達段階での幸福と課題の成功とがもたらされ，失敗した場合には，その個人は不幸になり，社会的に認められず，次の発達段階での課題達成も困難になる」という性質を持っている。彼は1950年代から1972年までに発達課題のリストを3度改訂したものの，この課題の定義は変えていない。

表 1.1 の発達課題のリストは第3版のものである。このリストは，生物学的基礎，心理学的基礎，文化的な基礎，教育との関連をふまえ，身体的成熟，性役割，家族生活，倫理・道徳観，人格的自立，価値観・人生観の確立の観点から設定された（菊池，2010）。設定の理念としては，①学校における教育目標を発見・設定すること，②教育的努力を払うべき適時性を見つけること，③課題が達成されているか否かによって発達過程が達成されているかどうかを吟味できること，である。ただし，ハヴィガーストの理論はその当時の時代の考えを背景として作られたものである。性や結婚などに関する事柄については，時代，文化，価値，宗教の違いなどにより，現代には必ずしもあてはまらないものもある。

2. エリクソン（Erikson, E. H.）による心理社会的発達段階

エリクソン（Erikson, 1982/1989）は発達における自我の機能を重視した。彼は生涯発達を展望したライフサイクルの観点から，自我の発達を記述する8つの**心理社会的発達段階**を設定した。この理論によると，自我はそれぞれの発達段階の中で，重要な人（環境）との関わりから生じる危機（**心理社会的危機**）を乗り越えながら発達する。この危機を乗り越えることで心理社会的な力が獲得され，自我はより成熟したものになる。この心理社会的発達段

表1.1 ハヴィガーストの発達課題（第3版）(菊池, 2010)

乳幼児期と児童期初期
歩行の学習
固形食物をとることの学習
話すことの学習
排泄を統制する学習
性差と性的慎みの学習
概念の形成と社会的・物理的現実を記述することばの学習
読むことの準備
善悪の区別の学習と良心の発達の始動

児童期中期
日常のゲームに必要な身体的スキルの学習
成長する生活体としての自分への健全な態度の構築
同年齢の友人とうまくつきあうことの学習
男子あるいは女子としての適切な社会的役割の学習
読み，書き，計算の基礎的スキルの発達
毎日の生活に必要な概念の発達
良心・道徳性・価値判断の手がかりの発達
個人的独立の獲得
社会集団と制度についての態度の発達

青年期（12-18歳）
両性の同年齢の友人との新しい，より成熟した関係の構築
男性あるいは女性の社会的役割の獲得
自分の身体の受容とその有効な使用
両親や他の大人からの情緒的独立の獲得
結婚と家庭生活への準備
経済的面での将来への準備
価値観と倫理体系の習得
社会的に責任ある行動の追求とその獲得

成人初期（18-30歳）
配偶者の選択
結婚相手との生活の学習
家族生活のスタート
子どもの養育
家庭の管理
職業生活のスタート
市民としての責任の達成
適切な社会集団への参加

中年期（30-約60歳）
十代の子どもの責任ある，幸福な大人への育成
大人としての市民的，社会的責任の達成
職業生活での満足できる業績の達成とその維持
大人としての余暇活動の充実
つれ合いとの人間的な結びつきの達成
中年の生理的変化への適応
年齢を重ねる両親への対応

その後の成熟期
身体と健康の衰退への適応
引退と収入の減少への適応
配偶者の死への適応
同年齢グループへの積極的参加
社会的役割への柔軟な対応
身体的に満足のいく生活環境の準備

表1.2 エリクソンの心理社会的発達段階 (西平，1979をもとに作成)

発達段階	心理社会的危機	自我の力
乳児期	基本的信頼 対 基本的不信	希望
幼児期前期	自律 対 恥・疑惑	意思力
幼児期後期	主体性（積極性） 対 罪悪感	目的意識
児童期	勤勉性 対 劣等感	有能感
青年期	アイデンティティの確立 対 役割の拡散	忠誠心
成人期前期	親密性 対 孤立	愛の能力
成人期後期	生殖性 対 停滞	世話
老年期	統合性 対 絶望	英知

階は，乳児期における世界に対する信頼感の獲得から始まり，青年期におけるアイデンティティ（identity）の獲得（第8章参照）を経て，老年期における統合感の獲得に至るまでの生涯発達を視野に入れた壮大なモデルである。心理社会的危機の現れる順序は不変的である。各段階の危機の克服は次の段階の危機に立ち向かう必要条件である。この危機の解決こそが発達課題といえる。表1.2は心理社会的発達段階をまとめたものである。

　また，エリクソンは，児童，教師，親は，それぞれの心理社会的危機に直面しており，三者の出会いは，それぞれの危機の解決にとって重要な意味を持つとしている。彼は「家族全員が赤ん坊にかかわり，育てるといわれるが，逆に赤ん坊が家族全員にかかわり，育てるという言い方もまた正しい。家族というものは，赤ん坊に育てられることによってのみ赤ん坊を育てることができる」（Erikson, 1982/1989）と述べているように，ライフサイクル論は，親も子も教師も互いが成長し合う関係（発達の相互性）にあることを意味している。簡単に述べるならば，「人は，成長することによってのみ，人を成長させることができる」のである。

1.3 発達の要因

1.3.1 遺伝と環境（氏か育ちか）

1. 生得説と経験説

　遺伝（氏）か環境（育ち）かという論争は，これまで数世紀にわたって続いてきた。遺伝を重視する立場は**生得説**であり，発達が主に遺伝的に決定される成熟と関係するとみなす。受胎の瞬間，多くの個人的特徴が受精卵の遺伝的構造によってすでに決定されている。性別，肌や目の色，髪の毛の色だけでなく，心理的な特性，つまり性格も遺伝によって決定されると考える。一方，**経験説**は，発達が育つ環境から得られる経験，つまり学習であるとする。この説では心理的発達はすべて経験によって始まると考える。

2. 相互作用説

　現代の心理学では，遺伝と環境の両方が重要な役割を担っており，それらが相互に影響して人の発達を導くとみなす。胎児の成長，生まれてからの「寝返り」「ハイハイ」「おすわり」「つかまり立ち」「ひとり歩き」という身体的，運動的な発達の大筋は遺伝によって決定されているものの，社会性や知能といった心理的特徴は遺伝要因と環境要因がともに作用するという立場をとる。最初の**相互作用説**として，シュテルン（Stern, W.）は遺伝的要因と環境的要因が寄り集まって（輻輳して）発達を作り出すという**輻輳説**を唱えた。遺伝要因と環境要因とが加算的に影響すると仮定したのが特徴である。一方，ジェンセン（Jensen, A. R.）は，環境は閾値要因として働くという**環境閾値説**を提唱した（図 1.4）。身長や体重のような極端に不利な環境でなければ顕在化するもの（特性 A）もあるし，知能指数のような環境の影響を中程度に受けるものもある（特性 B）。また，学業成績のような広い範囲で環境の影響を受けるもの（特性 C），絶対音感や外国語の音韻の弁別のような特定の訓練や好適な環境条件がない限り，顕在化しないものもある（特性 D）。

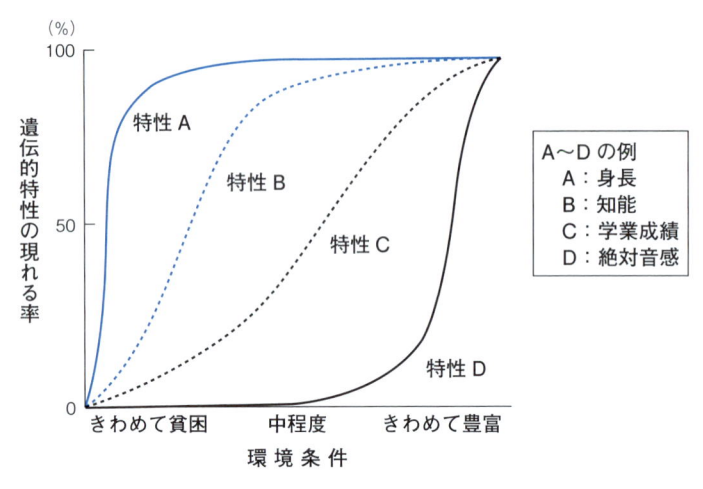

図1.4　環境と遺伝的可能性の実現度との関係（Jensen, 1969）

3. 行動遺伝学

　遺伝と環境の相対的な大きさを調べるために，かつては家系研究法が用いられてきた。現代では，人間行動遺伝学の手法により，一卵性双生児のきょうだいと二卵性双生児のきょうだいの類似性を比較することを通して，遺伝と環境の効果の大きさを統計的に明らかにしている。

　行動遺伝学では，心理的特性の表現型（知能指数や性格特性など外に現れた特性）の個人差に，遺伝子型（表現型を導く遺伝子構成）の個人差と環境の個人差がどの程度寄与しているかを調べる。環境の効果は共有環境効果と非共有環境効果の2つに分けることができる。**共有環境効果**とは同一の家庭に育った子どもに共有されている環境の影響を意味し，同一家庭の子どもを類似させるように働くものをいう（住居環境や家庭の雰囲気など）。**非共有環境効果**とは同一の家庭に育った子どもでも共有されていない，個々人に特有の環境の効果を意味する（事故や病気，友人関係など）。今までの研究をまとめると，知能指数やパーソナリティの遺伝率（表現型の変異のうち遺伝

子型の変異で説明される割合）は50％程度という高い値を示すことがわかった。さらに，環境要因の50％の効果のうち，大部分は共有環境ではなく，非共有環境による影響であることも知られている（安藤，2000）。

1.3.2 成熟と学習
1.「待ちの教育」——ゲゼル（Gesell, 1954）の成熟優位説

遺伝的な素質が発達的に出現する過程を**成熟**（maturation）という。通常，成熟は先天的に決められた成長と変化の連続であり，環境からの影響とは独立の関係にある。ゲゼルは，発達は成熟により決定される系列を通して個別化していく過程であるとし，人の発達を生物学的な成熟の観点からとらえた。発達は一定の順序で現れ，またその順序を進む速さは個人の遺伝子により決定されており，経験は一時的に発達の速度に影響しうるとしても，最終的には生物学的要因が発達を支配するとみなす**成熟優位説**を提唱した。

ゲゼルは一卵性双生児（TとC）に階段登りの訓練を行い，この説の妥当性を証明した。つまり，生後46週目にTだけに1日10分の訓練を週6日6週間（生後52週まで）行った。CにはTの訓練終了後の53週目から1回10分，週6日間の訓練を2週間（生後55週まで）行った。階段登りの所要時間は，Tの訓練終了後，Cの訓練開始時となる53週目で，Tが17秒，Cが45秒と大きな違いがあった。しかし，Cの訓練終了後の56週目では，Tが11秒，Cが14秒，その後79週目ではTが7秒，Cが8秒とほぼ差はなくなった。Tの訓練は一時的に効果があったものの，階段登りという身体運動能力を優れたものに発達させることはできなかったことになる。

このような実験結果をもとに，ゲゼルは早期の訓練という環境要因は発達の基本的な型や順序を作り出すことはなく，子どもに本来内在する能力の自然な展開を待ってから適切な環境を与えることが重要であると主張した。この考え方に立つと，「早期の訓練（教育）は無意味であり，子どもに不必要な負担をかけるだけである。訓練（教育）は成熟に達した段階にならなければ効果を持たない」となる。

2.「促す教育」——形成的レディネス観

　ゲゼルの成熟優位説は,「レディネス待ちの教育」,古典的レディネス観とも呼ばれている。レディネス (readiness) とは,学習成立のための心身の準備状態を指す。ブルーナー (Bruner, 1960/1963) は,「教育の失敗は,子どもにレディネスができていないからでなく,教師が子どもの発達水準にふさわしい指導法とカリキュラムを持たないからである」と主張し,8歳児を対象にした2次関数の学習を成功させ,彼の考えの妥当性を証明した。ブルーナーは工夫された教育によって子どもの発達を引きあげることができるとする「促進的（形成的）レディネス観」を唱えた。レディネスを待つのではなく積極的に形成するという考え方は,旧ソビエト連邦のヴィゴツキー (Vygotsky, 1934/2001) による「発達の最近接領域」にもみることができる (1.4.4 参照)。ゲゼルは運動課題の実験を通して,ブルーナーは認知課題を通して,自分のレディネス観の妥当性を検証した。成熟と学習との関係は発達の領域によって異なると考えられる。

1.3.3　初期経験

1. 刻印づけ（インプリンティング）と臨界期

　「三つ子の魂百まで」「鉄は熱いうちに打て」のことわざのように,発達のプロセスにおいて,発達初期の経験が後の人生（発達）に大きな影響を与えるという考え方がある。初期経験の重要性について比較行動学者のローレンツ (Lorenz, 1952/1987) の見出した刻印づけ (imprinting；「刷り込み」ともいう) と呼ばれる現象が顕著に示している。ローレンツが,ガンの卵を人工孵化して育てようとしていたとき,ローレンツの目の前で孵化した1羽だけはローレンツを親と認識して後追いするようになった。ヘス (Hess, 1967) は,孵化後1時間の雛,2時間の雛,3時間の雛というようにさまざまな時齢の雛に本物の親鳥や木彫りの鳥,おもちゃなどさまざまな物体を提示できる装置を作り,実験した。その結果,生後14時間から18時間後に初めて見た動く物体に後追いすることがわかった。つまりその物体が親である

ことを学習したのである。動くものならば実際の親鳥でなくてもよく，おもちゃやぬいぐるみでも学習が成立することもわかった。

ローレンツは，このような親鳥の後を追うという種に普遍的にみられ，生得的と思われる行動も，実は孵化後すぐに見た動くものが親鳥だったという経験にもとづいており，「本能」ではなく，発達初期の特殊な学習であることを指摘した。このタイプの学習が生じるのはごく短期間であり，繰り返すことを要さず，そしていったん成立してしまうと非可逆的で変容不可能である。このような，発達初期のある種の経験が，後の発達に修正不可能もしくは修正困難な影響をもたらす時期を**臨界期**（critical period）という。

臨界期は人の発達にも存在するのだろうか。今のところ，臨界期は，胎児の身体的な発達に関しては明確に確認されている（榊原，2004）。また，臨床的な研究では，乳幼児期に母性的な養育が欠如すると，その後の心身の発達に悪影響があるという事例も発表されている。ボウルビィ（Bowlby, 1969/1976）はこれを**母性剥奪**（maternal deprivation；マターナル・ディプリベーション）と呼んだ。母性的な養育の欠如による発達の遅れや歪みは，**ホスピタリズム**（hospitalism；施設病）と呼ばれ，現代においても，**ネグレクト**（neglect）などの虐待によって生じることが報告されている。

2. 臨界期と早期教育

人の一生にも決定的な時期があり，その後の正常な発達のためにはこの時期に，特定の事象・出来事が生じなければならないという主張は，主に早期教育積極論者から出されることが多い。

乳幼児期の脳の発達はめざましい。児童期に入る頃には成人と同じ重さの脳に成長する。一方，シナプスの結合（密度）は加齢に伴って複雑に変化する。ハッテンロッカーら（Huttenlocher et al., 1982）は脳細胞を数えあげるといった綿密な分析を行い，次のような結果を見出した。すなわち，生後1～2カ月の乳児のシナプス数は成人と同程度であり，幼児期になると成人の1.5倍程度にまで上昇する。そして，シナプス密度は1歳～3歳で人生最大の密度になり，その後急速に減少を始め，10歳頃には成人と同程度に戻る。

つまり，幼児は成人に比べて多くのシナプスを持ち，それが児童期から青年期にかけて減少していくのである。シナプスが過剰に作られた後に減少する過程は大脳のどの部位にも認められる。これは，神経回路の再編成であり，シナプスの「刈り込み」と呼ばれる。適切な結合をしたニューロンとシナプスが環境要因によって選択されるためと考えられている。

榊原（2004）によると，大人ではみられないような乳幼児期の過剰なシナプス結合は，脳が機能的にも未成熟な状態であることを示しており，脳の重量が大きいほど，またシナプス結合が多いほど学習可能性も高いと考えることはできない。現時点では，脳科学の観点からは乳幼児期が教育のための臨界期となると考える根拠はないのである（小西，2009）。

3. 人間発達の可塑性（かそせい）

近年，人の発達の可塑性が重視されるようになり，初期経験が非可逆的な「臨界期」ではなく，ある種の環境に感受性が高い「敏感期（sensitive period）」であるとする考え方が支持されるようになった。藤永ら（Fujinaga et al., 1990；内田，2005）は，ネグレクトの状態で救出された6歳の姉と5歳の弟の発達を長期にわたり養護し，彼らの成長を観察・記録してきた。それによると，救出当時は2人とも言葉が出ず，二足歩行も不可能な状態であった。初期経験の考え方にもとづくと，生涯にわたり重度の障がいを負うことが予想された。しかし，栄養学的に，また心理学的に豊かな環境の中で養育されることにより，児童期後半には身体的にも知的にも平均的な水準まで到達できたのである。弟は言語発達面で若干の遅れは認められたものの，2人とも高校を卒業し，社会人に成長した。2人とも救出されてからの成長は著しく，たとえば，通常は生後1年間で達成する身長の伸び（約15cm）を救出後1年間で示したのである。藤永ら（1990）は，人は発達に必要な環境が整うまでその可能性を「冬眠」させ，環境が準備されると一気にその可能性を開花されるのではないかと考察している。この「発達の冬眠現象」はまさに人間の可塑性，弾力性を示しているといえる。

1.3.4 発達のシステム論

近年，人の発達に関して，生物学および心理学の両方の分野で**システム論**の考え方が広がりつつある。システム論では発達が，相互に影響し合う多層の水準，すなわち，遺伝子，細胞，器官，生体，行動，環境で階層的に組織されているとみる。その作用はボトムアップだけでもトップダウンだけでもなく，双方向である。

1. 発達の生態学的モデル

人の発達には多くの環境要因が影響する。これらは発達の文脈を作り，幾重ものシステムとして，私たちに影響する。ブロンフェンブレナー（Bronfenbrenner, 1979/1996）は人の発達をシステムとしての環境の中でとらえようとした（図 1.5）。発達に直接影響する環境要因は，**マイクロシステム**（microsystem）と**メゾシステム**（mesosystem）である。前者は人を直接とりまいている環境であり，家族，学校（幼稚園），保育所，友だちが代表的な要因である。後者はマイクロシステム内の人間関係や相互関係を指す。間接的に影響するシステムとして，**エクソシステム**（exsosystem）と**マクロシステム**（macrosystem）がある。前者には地域の教育環境，地域の子育て支援，家族の職場（労働）環境，マスメディア，家族の会社や地域での人間関係などの要因があてはまる。たとえば，父親の職場の労働環境は子どもが直接参加するわけではないが，子どもの発達に影響する。マクロシステムは文化に固有の価値観や信念体系，政治思想，経済システム，社会状況（戦争や自然災害）などが相当する。5番目の**クロノシステム**（chronosystem）は最近追加されたものであり（Bronfenbrenner & Morris, 1998），時間に伴うシステムの変化を指している。

2. 相互作用モデル

相互作用発達モデルで定義される発達とは，個体の生物学的要因や養育者の応答などの環境要因のみが単独で作用するのではなく，双方が絶えず影響を与え合いながら一つの発達の様相を呈するとみなされる。人は環境からの働きかけに対して単に受動的に反応する存在ではなく，生物学的な制約を受

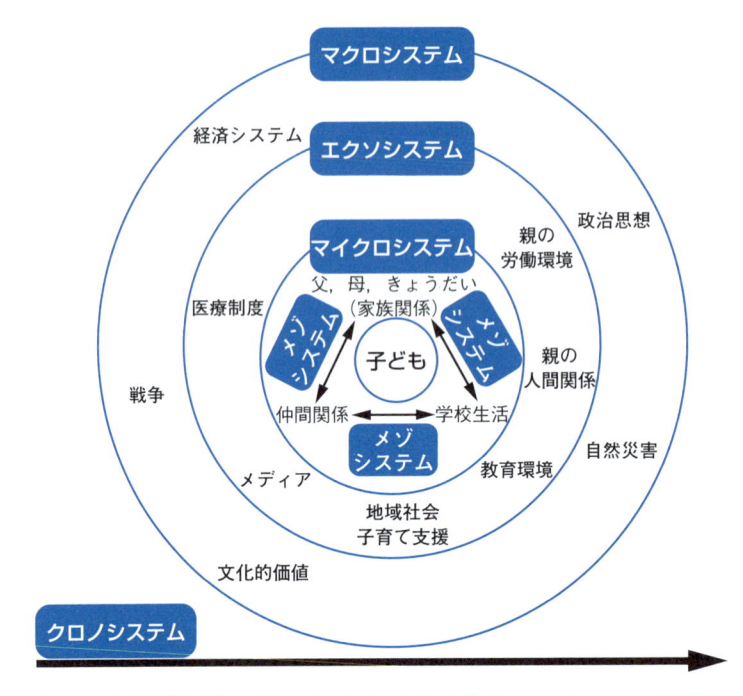

図 1.5　**生態学的モデル**（The Ecological Model）（Bronfenbrenner, 1979/1996を参照して作成）

けながらも環境に働きかけることで応答的反応を環境から引き出し，それに反応するという能動的な存在である（Sameroff & Chandler, 1975）。サメロフとチャンドラーの相互作用モデル（図 1.6）をもとに，三宅（1990）は母子関係の相乗的相互作用モデルを提唱した（図 1.7）。気質という子どもの個性を土台として，子どもの親との相互作用が起きる。子どもの気質は育児をする親に影響を及ぼし，その影響を受けた親の行動や態度が子どもに向けられる。気質的に「扱いやすい」子どもは機嫌がよく生活が規則的であり，親は子どもの状態を理解し予測しやすく，そのため育児に充実感と効力感をいだきやすい。それに対して，「扱いにくい」子どもは親をイライラさせや

24　第 1 章　発達とは何か

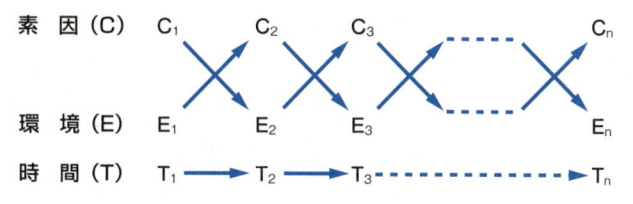

図 1.6　発達の相互作用モデル（Sameroff & Chandler, 1975）

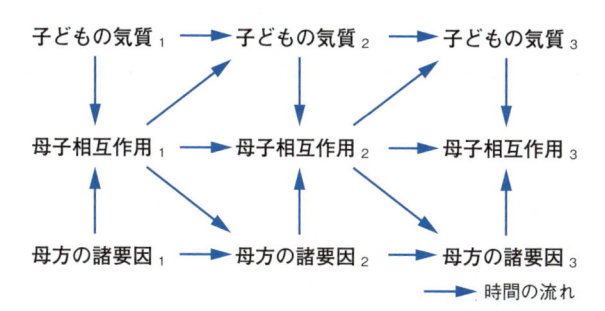

図 1.7　母子関係を例にした発達の相乗的相互作用モデル
（三宅, 1990）

すく，親は育児不安を高め，育児の自信を低下させやすい（発達的悪循環）。その結果，子どもの扱いにくさが持続したり強まったりするという相互作用が生じると考えられる。

3. 発達の心理生物学的モデル

　ケアンズら（Cairns et al., 1996/2006）は発達のエピジェネティック（epigenetic；後成的）なモデルを提唱した（図 1.8）。**エピジェネティック**とは，生物学的には，細胞の働きが DNA の変異ではなく，環境要因の変化により変わることをいう。発達は受精直後の遺伝子の影響から始まり，「環境」「行動」「神経活動」「遺伝活動」という4つのシステムの相互作用が一生涯続く。個人の認知と適応行動はこれらの水準の間で起きる相互作用活動

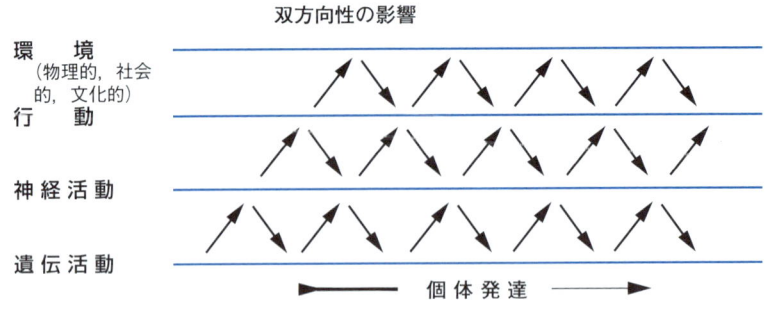

図1.8 発達心理生物学的システムの枠組み (Cairns, 1996/2006)

として生じるのである。

　さまざまな不適応的行動の出現には，家庭や学校，地域といった家庭内外での環境要因が大きな影響力を持つ。カミングスら（Cummings et al., 2000/2006）は，**発達精神病理学**という学際領域を構築し，その主な方法論として，妊娠期からの長期間にわたるプロスペクティブな方法での縦断研究を提唱した。不適応の出現—経過—予後というプロセスそのものを把握するだけでなく，人の生涯発達は適応と不適応の連続の中にあると考え，両者を同時に検討していこうとする方法である。そして，生涯発達のアウトラインを理解するとともに，適応と不適応に関わる広範囲の環境変数と，遺伝的変容を含めた個人内変数の時系列的相互作用を分析することができる。さらに，精神病理の発達に寄与する危険因子，危険因子の作用を強める脆弱性因子，危険因子から保護する保護因子，および不適応状態からの立ち直りを促すレジリエンス（resilience；回復力，弾力性）を発達的な観点から明らかにすることができる。

1.4 発達のグランドセオリー

心理学の研究対象は人である。研究者も人である。発達の現象は研究者の人や世界に対する直感的把握と体験の一部であり，研究者の人間観や世界観を大前提として成り立っている。言い換えれば，発達の現象を研究するためには一定の枠組みでとらえる必要がある。この基本的な枠組みは発達の理論にあたる。ここでは発達心理学の理論，それもさまざまな小理論やモデルを生み出してきた**グランドセオリー**（grand theory；一般理論）と呼べるものを簡単に紹介する（**表1.3**）。

1.4.1 精神分析学

精神分析学の創始者であるフロイト（Freud, 1953/1969）は，無意識の葛藤の多くが発達過程で満たされなかった性的欲求と関連していることに気づき，この性的エネルギーである**リビドー**の発達に果たす機能について理論化した。彼は，性的欲求の焦点は，乳児期から青年期にかけて，身体のいろいろな部位を変遷すると考え，口唇期（乳児期），肛門期（幼児期前期），男根期（幼児期後期），潜伏期（児童期），性器期（青年期）という発達段階を設定した。ある段階の欲求が満たされないと，それが後に神経症の症状などの形で発現する。彼はこれを**固着**と呼んだ。また，心理過程を，意識，前意識，無意識から作られており，心をイド，自我，超自我という3層からなるモデルとしてとらえた。**イド**はありのままの感情であり，快楽原則に従う。**超自我**は「～ねばならない」「～してはいけない」と自我に命令する良心の働きをする。**自我**は外界と接し，イドと超自我のバランスをとり，行動のコントロールを担う。自我は現実原則に従う。

フロイトの考えは，その後の精神医学と心理学の分野に多大な影響を与え，現在の発達心理学と臨床心理学の理論および実践に寄与している（鑪，1977）。たとえば，フロイトの娘であるアンナ・フロイト（Freud, A.）は，精神分析学を深層心理学から自我心理学へと発展させ，子どもを対象にした

表 1.3　伝統的な理論の比較（Sigelman & Rider, 2006）

発達のグランドセオリー	精神分析学理論 Psychoanalytic Theory	
代表的な心理学者／理論名	フロイト（Freud, S.）／心理性的理論（Psychosexual Theory）	エリクソン（Erikson, E. H.）／心理社会的理論（Psychosocial Theory）
中核メッセージ	生物学的な性本能が行動を動機づけ，口唇期から性器期までの発達を導く。	人は「信頼 対 不信」から「統合 対 絶望」までの8つの心理社会的危機を経験する。
成熟か環境か（遺伝と環境）	成熟を重視：生物学的な要因が発達をもたらす。同時に，家族の中での初期経験も発達に大きく影響する。	成熟と環境を同程度に重視する。
善か悪か（人間の本質）	悪：人は利己的であり攻撃的衝動を有する。	善：人は成長の可能性，自己治癒力を有する。
能動的か受動的か（個と環境）	受動的：人は自己のコントロールを越えた力によって動かされる。	能動的：人は自ら成長することによって，まわりの人の成長に寄与する。
連続的か非連続的か（発達の仕方）	非連続：発達は段階的に進む。	非連続：発達は危機を乗り越えることによって自我を新しく構成する。
普遍的か状況特殊か（発達と文化）	文化に普遍的である。	普遍的：ただし，危機の現れ方は文化の影響を受ける。
発達のグランドセオリー	学習理論 Learning Theory	
代表的な心理学者／理論名	スキナー（Skinner, B. F.）／行動理論（Behavioral Theory）	バンデューラ（Bandura, A.）／社会的認知理論（Social Cognitive Theory）
中核メッセージ	発達はオペラント条件づけによる行動結果の学習の産物である。	発達は，観察学習の過程と効力感の獲得に示されている認知の産物である。
成熟か環境か（遺伝と環境）	人の発達はほとんど環境に由来する。	環境を重視する。
善か悪か（人間の本質）	善でも悪でもない：人は善にも悪にもなりうる。	善でも悪でもない：人は善にも悪にもなりうる。
能動的か受動的か（個と環境）	受動的：人は環境によって形作られる。	能動的：人は自分を取りまく環境に影響を与える。
連続的か非連続的か（発達の仕方）	連続的：「塵も積もれば山となる」，つまりスモールステップが大きな（目標となる）行動につながる。	連続的である。
普遍的か状況特殊か（発達と文化）	状況特殊：発達の方向は経験に依存する。	状況特殊である。
発達のグランドセオリー	認知発達理論 Cognitive Developmental Theory	社会文化的理論 Sociocultural Theory
代表的な心理学者／理論名	ピアジェ（Piaget, J.）／認知的構成主義（Cognitive Constructivism）	ヴィゴツキー（Vygotsky, L. S.）／社会的構成主義（Social Constructivism）
中核メッセージ	発達は，感覚運動的段階から形式的操作の段階に至る4つの認知発達の段階を通る。	発達は，個人と環境との絶え間のない相互作用に基づいて，複線的に進行する。
成熟か環境か（遺伝と環境）	成熟を重視：成熟的要因は経験と相互作用するものの，経験の内容にかかわらず同じ段階を導く。	成熟と環境を同程度に重視する。
善か悪か（人間の本質）	善：人は好奇心をもち，知性を発達させる。	善と悪の両方をもつ：人は善と悪の両方の生物学的素因をもつ。
能動的か受動的か（個と環境）	能動的：乳児であっても能動的に環境に働きかける。	能動的：人は他者との協働に積極的に参加する。
連続的か非連続的か（発達の仕方）	非連続：発達段階は質的に異なる。一段ずつ不変的な順序で発達する。	連続的と非連続的の両方：環境との相互作用により，発達の進行が単線的（連続的）にもなるし，複線的（非連続的）にもなる。
普遍的か状況特殊か（発達と文化）	普遍的：文化を越えて4つの発達段階が認められる。	状況特殊である。

遊戯療法を開発した。

1.4.2 学習理論

学習理論（learning theory）では，発達を学習と同義，つまり環境から働きかけを受け，行動が変容することとしている。子どもは，大人からの賞と罰を通して教えられることで，少しずつ大人になっていくと考える。大人の役割は，強化の法則とスモールステップの原理で子どもをしつけることである。代表的な学習の原理は以下のとおりである。

1. **レスポンデント条件づけ（古典的条件づけ，パブロフ型条件づけ）**

特定のレスポンデント行動（respondent behavior；感情反応など，特定の刺激により自動的に生じる反応。例：恐怖）を誘発する無条件刺激（unconditioned stimulus；US。例：大きな金属音）と，本来その行動出現に関して中性的な条件刺激（conditioned stimulus；CS。例：ウサギ）を対提示すること（強化）によって，条件刺激だけでレスポンデント行動が出現するという学習である。学習が成立すると，条件刺激と類似する刺激（例：白い髭）に対しても条件反応が生じるようになる。これを般化という。パブロフ（Pavlov, I. P.）の条件反射の実験に始まる。

2. **オペラント条件づけ（道具的条件づけ）**

レスポンデント行動と違い，自発的な行動をオペラント行動（operant behavior）という。オペラント行動に強化子（賞罰）を随伴させ，その反応頻度を変容させる方法をオペラント条件づけ（operant conditioning）という。スキナー（Skinner, 1974）によるラットのレバー押しの実験に始まる。レスポンデント条件づけの強化が無条件刺激と条件刺激の対提示である一方，オペラント条件づけの強化はオペラント行動に強化子を随伴させることである。スキナーは高度なオペラント行動をそれに至る小さな段階に分け，徐々に行動を形成する手続きを開発した。これをスモールステップの原理によるシェイピングという。また彼はこの原理を応用したプログラム学習という教育方法も考案した。

3. モデリング

　上記 2 つの条件づけは直接強化の原理であり，学習を刺激と反応の連合であると仮定する。一方，他者の行動結果を観察することで自分にも代理強化が行われ，学習が成立する過程を**モデリング**（modeling）という。バンデューラら（Bandura et al., 1961）は攻撃的映像の悪影響を証明する実験の中でこの原理を解明した。モデリングでは，セルフモニタリング（自己監視）と自己強化という認知の過程が重要になる。学習を刺激と反応の連合ではなく，認知の介在する社会的学習であるととらえる。バンデューラ（Bandura, 1986）は，以下に示す 5 つの基本的な認知能力に着目し，知的発達や社会的発達を総合的に説明する社会的認知理論を提唱した。つまり，①象徴能力，②代理的能力，③予期能力，④自己制御能力，⑤自己反省能力である。

　学習理論は人の行動獲得と変容の基礎にあるメカニズムを明らかにした。人の発達とはほど遠いという印象さえ受ける条件づけの研究も，今や教育，医療，福祉の現場で用いられる認知行動療法の理論と技法にまで発展している。

1.4.3　認知発達理論

1. 均衡化の過程

　ピアジェ（Piaget, 1936, 1964/1968）は，知覚，判断，理解，思考といった人の認知機能の土台となる認知の枠組みの発達理論を構築した（ピアジェの認知発達理論については第 3 章も参照のこと）。ピアジェによれば，子どもは能動的に環境に働きかけ，環境からの情報を選択し，解釈し，主体的に知識を構成する。この考え方は**認知的構成主義**と呼ばれる。「わかる」とは新しい知識や手続きを習得するだけでなく，子どもがすでに持っている**シェマ**（schema）を変更したり，再構造化したりすることで，新しい「わかり方」を獲得することである。

　人は生得的に反射というシェマを持っている。シェマは行動の下敷きや考える枠組み，つまり思考の構造を意味する。シェマは**均衡化**の過程，すなわ

ち同化（事物をシェマの中に取り込む理解の仕方）と調節（シェマを変容させて事物を取り込む理解の仕方）を絶えず繰り返しながら発達する。均衡化の過程は乳児の思考にも，そしてノーベル賞を受賞した科学者にも存在する。彼らの差違は思考の仕方ではなく，構造なのである。このようにピアジェは認知の発達の過程（均衡化）は連続的，発達の姿（シェマ）は非連続的ととらえている。

2. 思考の発達段階

ピアジェによると，思考の発達は，大別すると「行動＝思考」が特徴の**感覚運動的段階**と，イメージの獲得に始まる**表象的思考**の段階に分かれる。表象的思考の段階は，可逆的で筋道だった思考の可能な**操作的段階**と，それ以前の思考に一貫性のない**前操作的段階**に分けることができる。さらに，操作的段階は，論理的な思考が具体的対象にしか適用できない**具体的操作期**と，具体物から離れて言語的命題だけで思考できる**形式的操作期**に分けることが

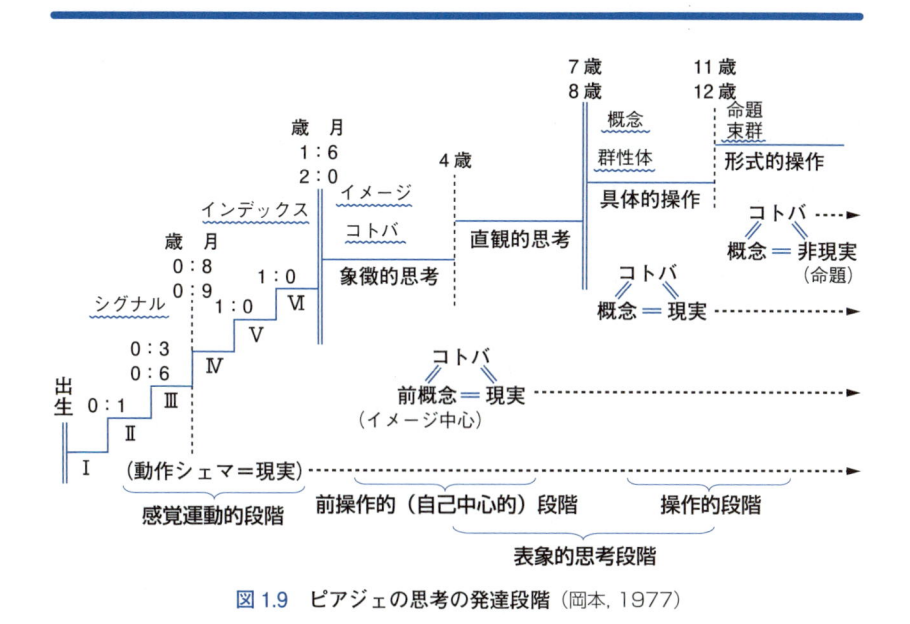

図1.9 ピアジェの思考の発達段階 (岡本, 1977)

できる。結果として，思考の発達は，感覚運動的段階，前操作的段階，具体的操作期，形式的操作期という4段階に分かれる（図1.9）。これらの段階は順序性，文化普遍性があるとする発達段階の特徴を持つ。つまり，いったん新しいシェマを獲得すると，認知はそれまでとは質的に異なるものとなり，周囲の世界はそれまでとは異なって見えてくる。同時に，もはや以前の世界の見え方には戻れない（岡本，1977）。なお，ピアジェのいう「操作」とは，頭の中で，論理に従って情報を区分し，結合し，変形することをいう。

1.4.4　社会文化的理論

ピアジェ理論の発達観では，人は「一人で知識を発見・形成する孤独な科学者」である。それに対して，人は「社会や文化の埋め込まれた状況の中で，他者との相互作用を通して知識を構成する社交家」と考える**社会的構成主義**の理論がある（石黒，2004）。ヴィゴツキー（Vygotsky, 1934/2001）は，認知発達が社会的な起源を持ち，それが個人の中に内化されていく過程であるとみなす。発達を文化の獲得や学習とみなし，学習は文化の担い手である大人との共同行為を通して行われると考える。

彼はこの共同行為としての学習過程を**発達の最近接領域**（Zone of Proximal Development；ZPD）という概念を用いて説明している（図1.10）。彼によると，「考える，記憶する，注意する」などの認知機能は，発達の過程において，2度，2つの水準で現れる。初めは，社会的活動の中で他者の援助を受けて到達する水準A，次に独力で到達する水準Bがある。この水準Aの範囲のほうが広く，水準Bとの差の部分を発達の最近接領域と呼ぶ。教育とは子どもの持つ発達しつつある領域に働きかけ，発達可能な水準を高めることであると同時に，新たな発達の可能水準を広げることである。子どもは，大人の与える環境や援助を足場として，他者との相互作用の中で発達する。

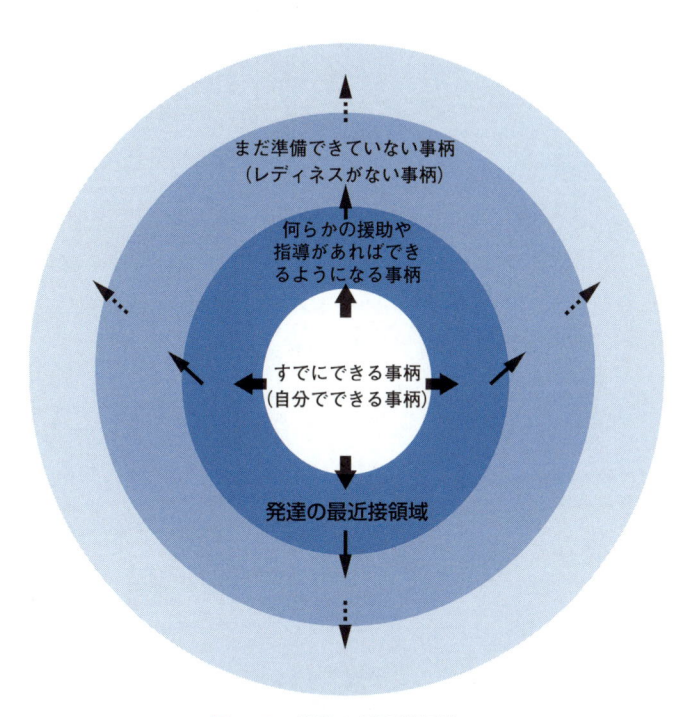

図 1.10　発達の最近接領域

1.4　発達のグランドセオリー

胎児期と周生期の発達

　心理学では出生後の新生児から発達の話を始めることが多い。しかし，胎児は母胎内にいるときからすでに身体器官と神経系を使って運動しているので，新生児の運動は胎児期からの連続線上にあると考えるべきである。一方で，出生が肺呼吸への切り換えだけでなく胎児にとってさまざまな変化をもたらすことも事実である。そこで，近年では胎児期と新生児期という区分ではなく，胎児期・周生期・新生児期という区分で発達を考えるようになってきた。周生期とは，文字どおり出生の直前・直後の時期を指す言葉である。周産期という言い方もあるが，これは，子どもに焦点をあてるか母親に焦点をあてるか，という違いである。本章では，子どもの初期の発達を取りあげるため，周生期という用語を用いて，胎児期と周生期の発達を紹介する。

2.1　胎児期の行動発達

　胎児期の研究では，ヒト以外の動物，とくに齧歯類を用いた研究が盛んに行われ，その後を追うようにヒトを用いた研究が続いている。ヒトの行動発達を深く理解するためには，ヒト以外の動物の行動発達をまず理解しておくことが必要である。ここでは，反射（reflex），自発的身体運動，記憶と学習などについて，始めに齧歯類研究，次にヒト研究による知見を紹介し，両者を比較検討していきたい。

2.1.1　反　　射

　胎児期の行動発達について，神経発生学の果たした役割は大きい。神経発生学では，魚類，両生類，爬虫類，鳥類，哺乳類にわたり，その反射発生を

検討した。そしてラット，イヌ，ネコ，ヒトなどの研究を通して，脊椎動物としての共通性，哺乳類としての共通性を見出した。現在まで発達の原理として知られてきた頭部から尾部へ，中心から末梢へ，などの考え方は，それを発達心理学へ導入した結果である。

哺乳類の胎児に限ると，当初その研究は，柔毛で胎児の身体各部を刺激し，反応をみるというものであった。ラットの胎児では，妊娠 15 日で刺激に対する胴体の側方への屈曲が生じ，妊娠 16 日で前肢を伴う胴体の屈曲と頭部の伸展，妊娠 17 日で前肢の独立的運動と後肢の独立的運動が生じる（柘植，1972）。ラットの妊娠期間は 21 日であり，このことから妊娠後期の約 1 週間で運動機能が非常に早くそして複雑に発達することが明らかとなった。このような推移は，ネコの胎児でも同様に認められる（Coronios, 1933）。

ヒト胎児の研究では，当初は身体各部への刺激に対する胎児の反応を神経系の発生と対応させながら検討が行われた（Gandelman, 1992；柘植，1972）。妊娠 7 週までは，刺激への反射は生じないが，妊娠 7 週の終わりから 8 週で鼻口部の刺激に対して頸部と胴体の屈曲が生じる。妊娠 10 週から 11 週にかけては，指の同側性部分的閉止や手首の外転が，妊娠 11 週では足底反射や趾（足指）の屈曲が生じる。わずかではあるが，25 週でモロー反射も認められる。これらの反応は，神経発生学が指摘しているように，哺乳類の脳神経系の発達を反映したものである。

その後，刺激に対する反射発生を主とする研究よりも，むしろ運動が自発的に生じることを重視する立場から，自発的身体運動の検討が行われるようになった。

2.1.2　自発的身体運動

ラットの自発的身体運動は，妊娠 16 日から認められる（Narayanan et al., 1971）。ナラヤナンらは，神経発生学的研究に従い，まず胎児の身体各部をステンレスワイヤーで刺激し，妊娠 16 日で鼻と前肢が反応すること，その後妊娠 20 日までに刺激に対する身体各部の反応が広がることを示した。そ

の上で，彼らは自発的身体運動について検討し，自発的身体運動には周期性があること，そして身体各部の運動はまだ統合されていないことを見出した。統合されるのは，周生期以後のことである。

マウスの自発的身体運動については，妊娠 14 日で胴体のれん縮，胴体運動，前肢の運動が出現する（Kodama & Sekiguchi, 1984）。表 2.1 に示したように，妊娠 15 日には後肢の運動が，妊娠 16 日には頭部運動が出現する。

表 2.1　妊娠 13 日から出生までのマウスの行動発達
(Kodama & Sekiguchi, 1984)

身体運動	妊娠日数							
	13	14	15	16	17	18	19 (ND)[a]	18 (CD)
胴体のれん縮								
四肢の運動を伴わない	.0	47.1	97.1	100.0	83.0	83.3	50.0	45.7
前肢の運動を伴う	.0	2.9	61.8	75.8	85.1	85.7	64.6	73.9
前肢と後肢の運動を伴う	.0	.0	8.8	39.4	68.1	69.0	64.6	73.9
胴体運動								
四肢の運動を伴わない	.0	44.1	41.2	51.5	40.4	35.7	6.3	2.2
前肢の運動を伴う	.0	2.9	35.3	63.6	89.4	76.2	75.0	89.1
前肢と後肢の運動を伴う	.0	.0	2.9	39.4	70.2	69.0	85.4	80.4
前肢の運動								
上下運動	.0	47.1	73.5	97.0	76.6	83.3	37.5	30.4
伸展運動	.0	5.9	32.4	42.4	51.1	47.6	45.8	39.1
交叉性運動	.0	.0	.0	30.3	63.8	76.2	81.3	87.0
後肢の運動								
外転運動	.0	.0	20.6	51.5	80.9	57.1	39.6	45.7
伸展運動	.0	.0	2.9	33.3	57.4	61.9	75.0	67.4
交叉性運動	.0	.0	.0	.0	.0	45.2	52.1	54.3
頭部の運動	.0	.0	.0	27.3	36.2	50.0	56.3	56.5
ピボッティング	—	—	—	—	—	—	70.8	54.3
這行	—	—	—	—	—	—	50.0	23.9

(ND)[a]：自然分娩，CD：帝王切開。

これらの運動は，出現後に複雑化していく。胴体のれん縮と胴体運動は，妊娠15日以降になると前肢や後肢の運動を伴った協応した運動へと変化する。前肢の運動は，妊娠14日では単純な上下運動が主として認められ伸展運動はわずかでしかないが，妊娠15日では伸展運動が増加し，妊娠16日では左右を交互に動かす交叉性(こうさ)の運動も出現する。これらによって，前肢は協応した運動をするようになる。また，後肢の運動も，妊娠15日では外転運動が少し認められ伸展運動はわずかでしかないが，妊娠16日では伸展運動も増加する。

ヒト研究でも，ラットやマウスの研究と同様，自発的身体運動が検討されるようになった。そこでは，未熟児の観察だけではなく，超音波映像や心拍なども用いている。最初に運動が認められるのは妊娠7週での頭部の伸展と屈曲であり，驚愕(きょうがく)反応としゃっくりは妊娠8週，頭部および脊柱の後屈と前屈は妊娠10週，あくびは妊娠11週，嚥下(えんげ)は妊娠12週である（De Fries et al., 1982）。これらのさまざまな運動は満期出産の新生児にも認められるが，それとの違いは，出現がランダムであり運動が相互に協応していないということである。妊娠が進むに伴って，これらの運動は協応し，洗練され統合されていく。指の細かな運動であるビクトリー・サインも認められる（図2.1）。妊娠18週から，出生後の吸乳行動と結びついていると考えられる顔と手の接触が現れる（図2.2）。

ヒト胎児の行動の日内リズムは，妊娠13週にはまだ確立していない。その後妊娠20〜22週（De Fries et al., 1987），24〜28週（Nasello-Paterson et al., 1988），および妊娠の最後の10週（Patric et al., 1982）で，胎児の活動のピークが夜に生じると報告されている。しかし，日内リズムの開始の正確な時期は，まだ確定されていない。また，ヒト胎児の心拍，眼球運動および身体運動を指標として活動性を検討すると（James et al., 1995），妊娠23週から活動周期を示す胎児の割合が増加している（図2.3）。完全な静止状態の間隔を指標として見てみると（図2.4），妊娠32週までは200秒から400秒の間である。このことから，胎児の活動は胎児期では比較的短い周期で行わ

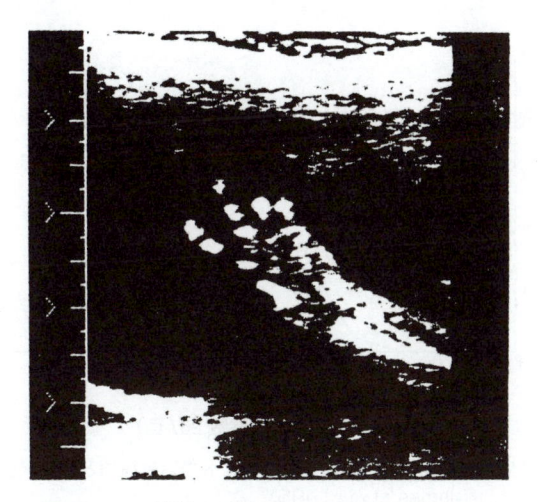

図 2.1 ヒト胎児のビクトリー・サイン（Birnholz, 1988）

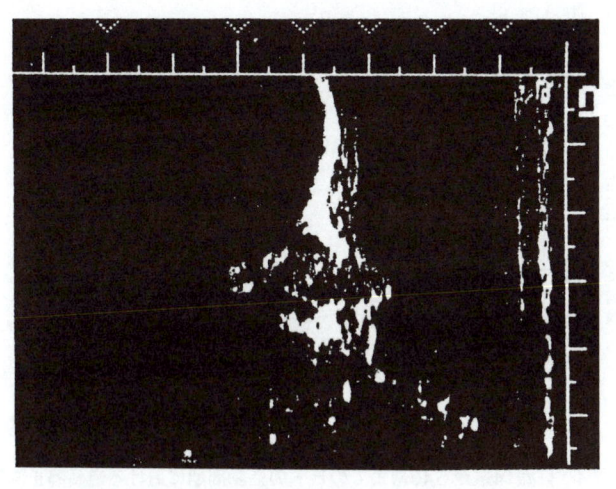

図 2.2 ヒト胎児の指しゃぶり（Birnholz, 1988）

2.1 胎児期の行動発達　39

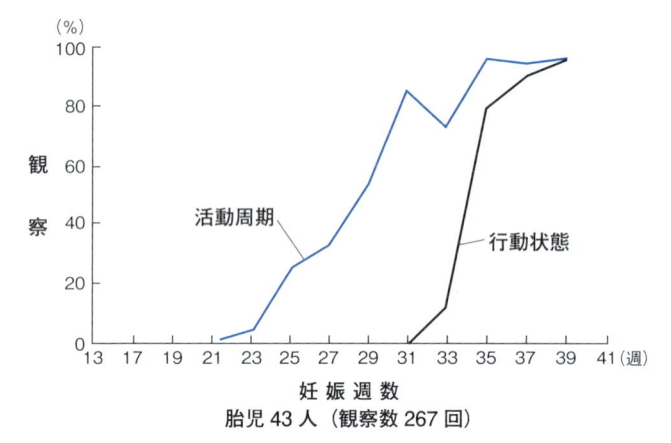

図 2.3　妊娠14週から40週までのヒトの活動周期と行動状態
(James et al., 1995)
胎児の行動は 14〜40 週。総時間は 401.18 時間。

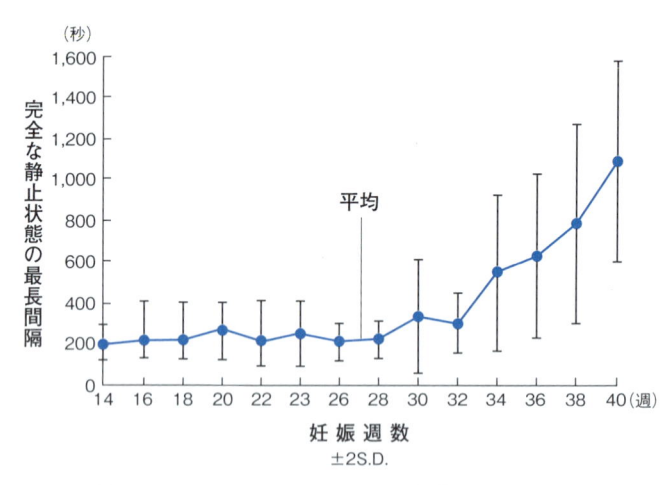

図 2.4　妊娠14週から40週までのヒトの活動周期における最長静止間隔
(James et al., 1995)

れていると考えられる。

2.1.3　記憶と学習

　胎児期の記憶と学習については，ラットの研究が先行している。妊娠17日の胎児の鼻口部付近にミント溶液（条件刺激）を注入し，同時に嫌悪刺激として塩化リチウム（無条件刺激）を腹腔内に注射すると，妊娠19日でのミント溶液の単独提示に対して運動が抑制される（Smotherman & Robinson, 1987）。古典的条件づけの，**味覚／嗅覚嫌悪学習**の成立である。さらに，ミント溶液の濃度を変え，生理食塩水とレモン溶液（新奇刺激）と比較すると，ミント溶液に対する反応は生理食塩水とレモン溶液に比較して濃度依存的に抑制される。これらのことは，妊娠17日で，すでにラット胎児はミント溶液の刺激を記憶し，それを特定の刺激と連合させる学習能力，および刺激間の差を弁別する能力を持っていることを示している。

　マウスでは，母子関係の形成という観点から，妊娠16日の胎児の鼻口部付近にリンゴジュース（欲求性刺激），バニラ（嫌悪刺激），および生理食塩水を注入した実験がある。出生後，これらの刺激を母親の乳首に塗布し，刺激への選好を検討したところ，欲求性のリンゴジュースへの選好と嫌悪性のバニラへの選好が増加した（児玉，1991）。これは，経験した味覚／嗅覚特性を胎児が記憶し，その刺激への馴化が生じたためだと考えられる。

2.1.4　聴覚刺激への反応

　聴覚については，ヒト胎児の音に対する反応が検討され，胎児の聴覚が妊娠最後の3カ月でよく発達していることがわかってきた。妊娠24週で母体外から0.02～6kHzの純音を提示すると，母親の反応とは関係なく胎児の心拍が変化する（Bernard & Sontag, 1947）。妊娠25週では，音響刺激に対する瞬き反応が認められる（Birnholz & Benacceraf, 1983）。超音波映像からも，外部音に対する身体運動や手足の運動が観察されている。もちろん，母親の体組織と羊水を通過することにより，音は多少歪んで胎児へ伝えられるが，

母体外からのスピーチ音が 20dB 程度にまで弱まっても，歪みは最小限に留まる（Fifer, 1987）。母親の声および男性と女性の声も，ほとんど歪むことなく伝わる。胎児の内耳にどのような種類の音が到達しているかについてはまだ明らかではないが，ラットやマウスの胎児が記憶し学習する能力を持っていることから類推して，少なくとも胎児が子宮内に伝わったさまざまな音を聞き，その特徴を記憶している可能性は大である。

2.2 周生期の行動発達

周生期は，ラットとマウスではおおよそ妊娠 18 日から出生 3 日齢までを指し，ヒトではおおよそ妊娠 28 週から出生 1 週齢未満，研究者によっては 1 カ月未満の時期を指す（児玉，2007）。周生期の胎児では，出生後の新生児にみられるさまざまな反射や身体運動がすでに出現している。

2.2.1 反 射

反射に関しては，ラットでは妊娠 18 日で独立的開口運動，手の独立的伸展と屈曲，尾の運動，妊娠 19 日で足の独立的運動，独立的閉口運動，妊娠 20 日で舌の独立的運動が生じる。妊娠 16 日から 17 日に生じていた前肢を伴う胴体の側方への屈曲，頭部の伸展，胴体と臀部の腹側への屈曲，前肢の独立的運動，後肢の独立的運動は，ますます活発に生起するようになる（柘植，1972）。また，妊娠 20 日（出生 1 日前）では後肢のスクラッチ運動も認められるが，まだ交叉性とはなっていない。出生 0 日齢ではすでに立ち直り反射が生起しており，出生 1 日齢で負の走地性が出現する（Altman & Sudarshan, 1975；Narayanan et al., 1971）。

マウスでは，半日単位で周生期の反射が検討されている（Kodama, 1993）。図 2.5 は，ICR，C3H，BALB という 3 系統のマウスを用い，3 種類の反射の生起を示したものである。妊娠 18.0 日で交叉性伸展反射が出現し，妊娠 19.0 日（出生後 0 日齢）で生起率が 100％に達すること，ルーティング反射

立ち直り反射

ルーティング反射

交叉性伸展反射

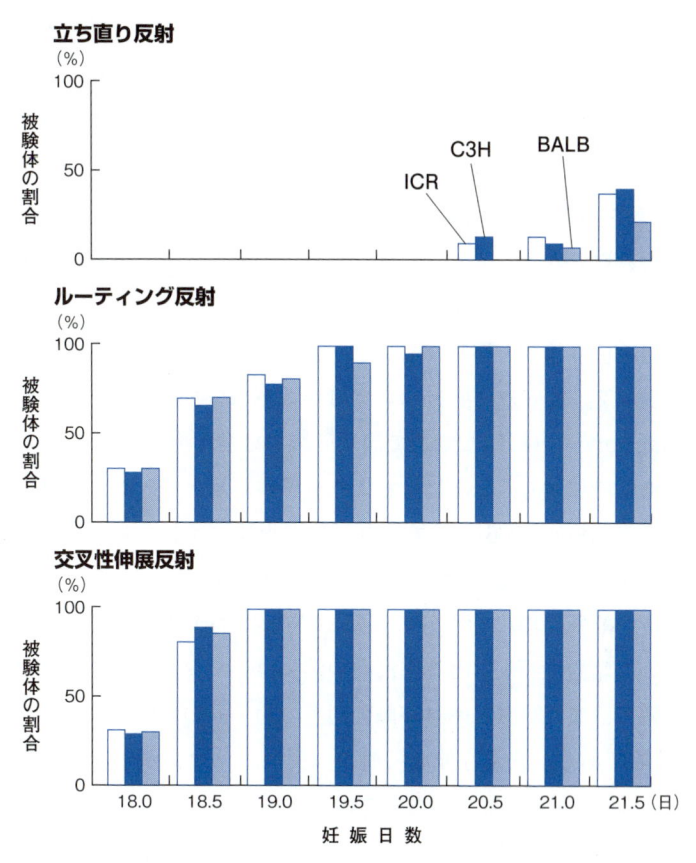

図 2.5　妊娠 18.0 日から 21.5 日までのマウスの行動発達（Kodama, 1993）

(rooting reflex) も妊娠 18.0 日に出現するが，生起率が 100％に達するのは交叉性伸展反射よりも遅く，妊娠 19.5 日であることがわかる。これらの反射がわずか 1 日から 1.5 日の間に急速に出現していることは，神経系の形成の速さを示唆するものである。背面からの立ち直り反射の出現は，妊娠 20.5 日（出生後 1 日齢）でわずかに認められるが，妊娠 21.5 日齢（出生後 2 日

齢）に至っても50％に至っていない。この立ち直り反射の出現のピークは，交叉性伸展反射やルーティング反射に比較して，出生後3日齢から6日齢と遅い（Kodama, 1982）。いずれの系統もほとんど同じ生起率を示していることは，反射の出現に遺伝的差が認められないことを示している。また，前肢の踏み直り反射と負の走地性は，出生から3日齢までの間に出現する（Fox, 1965）。これらの反射は，立ち直り反射と負の走地性を除いて，出生後15日齢までにはみられなくなる。これは，神経系の発達による抑制の結果である。

　ヒトでは，モロー反射，交叉性伸展反射，ルーティング反射，把握反射，頸反射，踏み直り反射，閉瞼反射など，さまざまな反射が周生期で認められている（表2.2。ヒトの反射については第3章も参照のこと）。踏み直り反射（placing reflex）は妊娠36週で出現している。マウスの踏み直り反射が出生後であるのに対し，ヒトはそれよりも早い。ヒトをイヌ，ネコ，マウスと比較すると（Fox, 1966），立ち直り反射の出現はイヌ，ネコ，マウスが出生後すぐであるのに対し，ヒトでは2〜3カ月と遅い。ルーティング反射は，3種の動物が離乳期間の約半分の日齢で消失するのに対し，ヒトは11〜12カ月と遅い。緊張性頸反射と迷路反射の消失は，マウスが離乳期間の約3分の1の日齢で，またイヌとネコが離乳期間の約半分の日齢で起こり，ヒトは3〜6カ月齢である。交叉性伸展反射の消失は，マウスが4日齢であるのに対し，ヒトは3〜4カ月齢である。このように，いったん出現した反射の多くは消失するが，そのスピードには種差が存在する。ヒトの反射の消失スピードは，晩成性のラット，マウス，イヌ，ネコなどと比較して遅いようである。

2.2.2　自発的身体運動

　周生期の**自発的身体運動**の特徴は，その複雑化と協応性にある。妊娠20日のラット胎児では，前肢と前肢，後肢と後肢の協応運動が認められる（Bekoff & Lau, 1980）。また，出生後1日齢の新生児では，四肢間の協応運動が認められる（Bekoff & Trainer, 1979）。このことから，出生を挟んでわ

表2.2 妊娠26週から38週までのヒトの行動発達（有泉，1978より一部改変）

神経機能 \ 妊娠週数	26	27	28	29	30	31	32	33	34	35	36	37	38
知覚機能													
視　　覚	±	±	+	+	+	+	╫	╫	╫	╫	╫	╫	╫
			(眼球レベル)				(皮質レベル)						
聴　　覚	±	±	±	±	±	+	+	+	+	╫	╫	╫	╫
味　　覚	(±)	(±)	+	+	+	+	+	+	+	╫	╫	╫	╫
触　　覚			╫	╫	╫	╫	╫	╫	╫	╫	╫	╫	╫
反　射													
モロー反射	±	±	±	±	±	±	+	+	+	+	╫	╫	╫
交叉伸展反射			±	±	±	+	+	+	+	╫	╫	╫	╫
ルーティング反射				±	±	+	+	+	+	╫	╫	╫	╫
把握反射				±	±	±	+	+	+	+	╫	╫	╫
頸起立反射							±	±	±	+	+	+	+
緊張性頸反射											+	+	+
踏み直り反射											+	+	+
歩行反射							±	±	±	+	╫	╫	╫
牽引反応							±	±	±	+	+	+	+
姿　　勢													

±：弱い反応，＋：不完全，╫：完全，（　）：未確定。

ずか2日の間に，協応運動が複雑化していることがわかる。

　マウスでは，前肢が妊娠16日で協応運動を示していたのに2日遅れて，妊娠18日で後肢の交叉性運動が出現し，協応した運動をするようになる。妊娠18日の帝王切開胎児では，出生0日齢の新生児が示すような移動運動であるピボッティングと這行（はいはい）も出現する（表2.1参照）。半日

2.2　周生期の行動発達　　45

単位で周生期の自発的身体運動を検討すると（Kodama, 1993），全体的活動と胴体運動のピークは妊娠 19.0 日となった。この胴体運動は妊娠 19.5 日には急速に減少し，それにかわって胴体のれん縮が増加し，妊娠 20.5 日（出生 1 日齢）でピークを迎える。ピボッティングと這行のピークはそれより遅く，妊娠 21.0 日（出生 2 日齢）である。遺伝的に異なる 3 つの系統を比較すると，全体的活動，胴体運動，ピボッティングと這行には運動量に系統差が認められた。これは，遺伝的差異の存在を示すものである。そこで 3 系統の中から特徴的な 2 系統を選び，両者の雑種第 1 代を作ったところ，全体的活動と胴体運動のピークが妊娠 18.0 日と早くなり，雑種強勢が現れた。これらのことから，自発的身体運動の発達における遺伝的差異は少なくとも周生期に現れると考えてよいだろう。ピボッティングと這行は，周生期以後に

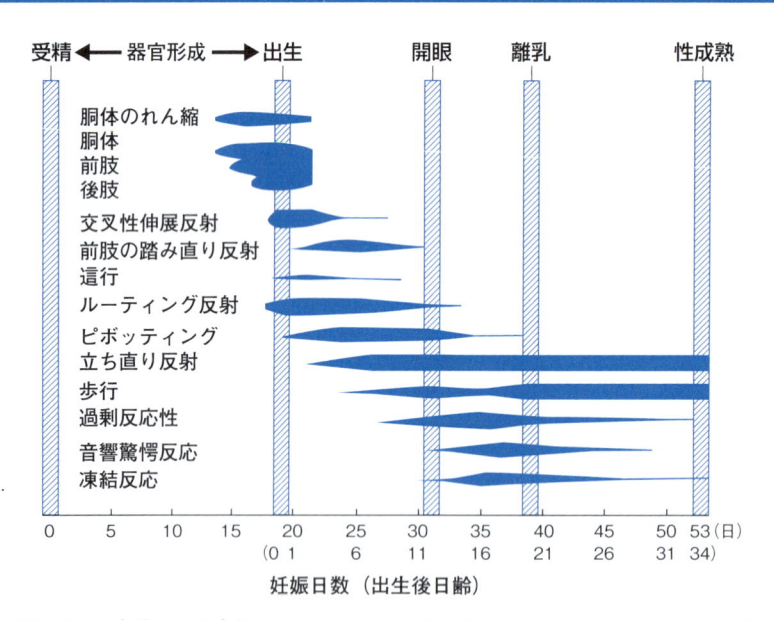

図 2.6 **出生前から出生後までのマウスの行動発達**（Kodama, 1982 ; Kodama & Sekiguchi, 1984 ; Kodama, 1993 をまとめて作図しなおしたもの）

減少し，やがて歩行運動へ組み込まれていく。その後も過剰反応性，音響驚愕反応，凍結反応などが出現するが，性成熟までには消失していく（図2.6）。

ヒトでは，妊娠23週から妊娠31週にかけて活動周期を示す胎児の割合が急速に増加し，その後39週までに緩やかに増加する。また，妊娠33週からは行動状態を示す胎児の割合も急速に増加する（図2.3）。完全な静止状態の間隔は（図2.4），妊娠32週までのほとんど変化のない状態から，妊娠34週以後40週にかけて1,000秒以上にまで間隔が長くなっている（James et al., 1995）。これらのことは，胎児の活動周期は最初は短く，妊娠後期になって急速に長くなることを示しており，胎児が活発にそして持続的に運動するようになったことの反映だと考えられる。

2.2.3 感覚刺激への反応

ラットやマウスの胎児では，口唇部の刺激に対して乳首をくわえる反応が生じること，また味覚・嗅覚刺激に対して妊娠18日で反応が生じることから（Smotherman & Robinson, 1991；Kodama, 2002），皮膚感覚と味覚／嗅覚は周生期にはかなり発達していると推測される。妊娠20日で帝王切開されたラット胎児および妊娠18日で帝王切開されたマウス胎児の周口部を母親の体毛で作成したブラシで刺激すると，頭部運動と開口運動が活発化する（児玉 & Smotherman, 1997；児玉, 2000）。頭部，背部，周口部を比較すると，周口部刺激がとくに身体運動を活発化させる。このことから，周口部は触覚刺激に対してとくに敏感であることは明らかである。これが，後述のように新生児が乳首をくわえるという反応の準備段階を作っていると考えられる。

嗅覚刺激への反応に関して見出されていることは，出生後2日齢のマウスを母親から10cmほど離して観察すると，新生児は母親へ接近し，母親の身体に接触すると活発に頭部を動かして乳首を探し，乳首を探しあてるとそれをくわえ，母乳を飲むということである（児玉, 1991）。離れたところから

母親へ接近するという行動は，それまでに母親の乳首をくわえたときに付着した，唾液中に含まれる二硫化ジメチルのにおいを手がかりとして生じたものである。出生後の新生児が母親の位置を定位し接近する仕組みに関して，この唾液が果たす役割は大きい。というのも，唾液に含まれる二硫化ジメチルは後述する κ オピオイドシステムを活性化させる作用を持ち，唾液腺で作られ，胎児の口から排出されて子宮内にも存在していると考えられるからである（Smotherman & Robinson, 1992）。

新生児の唾液だけではなく，母親の唾液と父親の唾液も，出生 0 日齢のマウスの身体運動を促進する。出生 2 日齢では，父親の唾液と尿が新生児の身体運動を促進するようになる（児玉・勝本，2010）。以上のことから，出生後に新生児がさまざまな嗅覚刺激にさらされて身体運動を活発化させ，母親の乳首をくわえることによる自分の唾液および両親の唾液のにおいに引きつけられることがわかる。とくに唾液は，母親へのニップル・アタッチメント（nipple attachment；母親の乳首への愛着）形成へとつながる重要な刺激の一つである（Pedersen & Blass, 1981, 1982）。

羊水は，胎児期を通じて慣れ親しんだ特有のにおいと味を持った刺激である。マウスの母親の体毛で作ったブラシに羊水を浸し，妊娠 18 日で帝王切開したマウス胎児の周口部を刺激すると，開口運動が活発になる。これは，体毛による皮膚刺激，羊水の嗅覚刺激と味覚刺激が複合的に働いた結果である。続いて，体毛ブラシに初乳を浸して刺激すると，開口運動は一層活発になる。初乳は帝王切開胎児にとっては新奇刺激であるが，直前に慣れ親しんだ羊水で刺激されることにより，初乳との刺激連合が生じたと考えられる。再度初乳を浸したブラシで刺激すると，この特徴はより強くなる（兒玉，2008）。したがって，この段階で連合学習による母乳への選好が生じたと推測できる。この羊水への選好は，出生 2 日齢にかけて減少していく（児玉・勝本，2010）。

逆に，母乳は帝王切開胎児の身体運動をそれほど活発化させない。羊水と同様に，母親の体毛で作ったブラシに初乳を浸し，帝王切開されたマウス胎

児の周口部を刺激しても，頭部の上下伸展運動と回転運動，開口運動には，体毛による皮膚刺激，初乳の嗅覚刺激と味覚刺激が複合効果として働かない（Kodama, 2002）。この効果が現れるのは，出生後2日齢からである（児玉・勝本，2010）。つまり，発達に伴って羊水の刺激効果が弱くなるのとは逆に，母乳の刺激効果は強くなっていくことがわかる。このことは，唾液と同様，後述するニップル・アタッチメントの形成と深く関わっている。

ヒトは運動機能の発達は遅いが感覚機能の発達は早く，ヒト胎児ではいくつかのことが明らかとなっている（有泉，1978）。皮質レベルの視覚については，妊娠32週〜36週頃に発達していることが，光行性と脅迫閉瞼反射から確かめられている。味覚は，妊娠28週の早産児に食塩水や糖液への反応がみられることから，この時期にすでに存在していると推定される。妊娠32週では，不快な味に対する拒絶反応がみられる。また妊娠29〜32週では，ペパーミントのにおいに対する運動反応が急激に高まる（Schaal, Orgeur, & Regnon, 1995）。

出生後のヒト新生児では，胎児期の記憶と関連づけて羊水のにおいに対する反応が検討された。2日齢の新生児に羊水と蒸留水を含ませたパッドを提示すると（図2.7），新生児は羊水のほうへ頭を向け，開口運動を長く行う

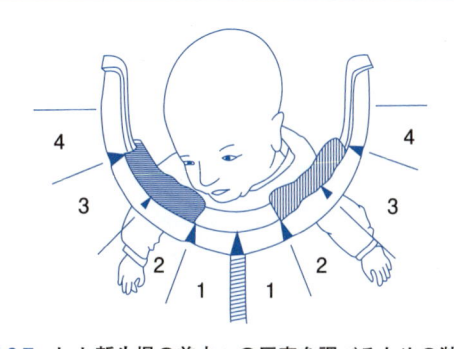

図2.7　ヒト新生児の羊水への反応を調べるための装置
(Schaal, Marlier, & Soussingnan, 1995)
右側あるいは左側に羊水をしみこませておき，新生児の頭の向きを調べる。

(Schaal, Marlier, & Soussingnan, 1995)。このことは，新生児の嗅覚はかなり敏感であること，胎児期から慣れ親しんだ羊水のにおいは，ラットやマウスと同様ヒトの新生児においても引きつける効果を持つこと，そして羊水の記憶は出生後2日を経過しても保持されていることを示している。

　ヒトにおける初期の母子関係の形成という観点では，出生後2日齢，2週齢，6週齢の新生児に対して母親の乳房のにおいを提示する研究が行われた(Russell, 1976)。それによれば，2日齢ではほとんど反応がみられないが，2週齢では母親の乳房のにおいに対する反応が高まる。ただし，この段階では自分の母親と他の母親の乳房のにおいを弁別してはいない。それができるようになるのは6週齢であり，自分の母親の乳房のにおいに対してもっぱら反応し，他の母親の乳房のにおいにはほとんど反応しない。牛乳のにおいに対する反応は，他の母親の乳房のにおいへの反応と同程度に低い。新生児のにおいの弁別能力は，2週齢から6週齢の間に急速に発達するようである。乳房だけではなく，母親が新生児を抱くときには脇の下のにおいも新生児を刺激するので，この2種類の刺激の違いを新生児が弁別するかどうかを確かめる研究も行われた(Making & Porter, 1989)。その結果，出生後14日齢の新生児は母親の脇の下のにおいよりも乳房のにおいを好むことが確かめられている。これらのことは，ヒトの新生児の鋭敏な嗅覚が，ラットやマウスと同様に出生後のニップル・アタッチメント形成，そして母子関係の形成に大きな役割を演じていることを示している。

　ヒト胎児の聴覚刺激に対する反応については，妊娠34週から37週にかけて，0.5kHzの純音に対して運動反応が生じ，その反復提示で運動反応は減少することが明らかとなった(Lecanuet et al., 1995)。また，妊娠34週から36週にかけて，0.25kHzの純音に対して頭部運動・胴体運動・腕の運動が生じ，その反復提示でこれらの運動反応は減少する。胎児の心拍の馴化を聴覚刺激への反応として用いた実験では(Lecanuet et al., 1992)，母親の腹部にスピーカーをあて，文や音節などの音を反復提示すると，妊娠36週から39週の胎児の心拍は馴化を示す。また，ba, biの順で繰返しこの音節を提

示すると心拍の馴化が起こるが，bi, ba と逆の順序で提示すると脱馴化が起こる。出生後 21 時間の新生児は，200Hz と 1,000Hz の音を弁別することができる（Leventhal & Lipsitt, 1964）。さらに，出生後 33 時間から 64 時間の新生児は，自分の母親の声を他の母親の声よりも好み（Fifer, 1987），出生後 40 時間から 93 時間の新生児は，ブザーと楽音とを弁別できる（Siqueland & Lipsitt, 1966）。後者の研究では，甘い液を飲むとき，楽音がなったら右に，ブザーが鳴ったら左を向く訓練をすると，新生児は数回の試行で学習し，逆に，ブザーが鳴ったら右，楽音が鳴ったら左を向く逆転試行を行ってもすぐに学習することができた。これらのことは，周生期には胎児と新生児の聴覚がよく発達していること，そして聴覚刺激に対する馴化と弁別が生じていることを示している。馴化は，単純ではあるが学習の成立を示すものであり，音や声の弁別は馴化よりも複雑な学習の成立を示している。周生期の胎児と新生児の学習能力は，確かにそれなりに発達していると考えられる。

2.2.4 嫌悪学習

妊娠 20 日のラット胎児は，レモン溶液に対して活動性の増加とともにフェイシャル・ワイピングという前肢を頭から下へ向かって振り下ろす嫌悪的反応を示す。そこでこれを用いて，羊膜からラット胎児の周口部付近にサッカロース溶液（条件刺激，Conditioned Stimulus；CS）を注入し，すぐにレモン溶液（無条件刺激，Unconditioned Stimulus；US）を注入すると，嫌悪的反応が現れた。その後にサッカロース溶液の単独で提示すると，活動性と嫌悪的反応の増加が認められた（Smotherman & Robinson, 1991）。すなわち，味覚／嗅覚嫌悪学習の成立である。また，2 日齢のラットではレモンのにおい（CS）と塩化リチウム注射（US）によって，嗅覚嫌悪学習が成立することも確かめられている（Rudy & Cheatle, 1977）。

2.2.5 ニップル・アタッチメントに関する記憶と学習とオピオイド・システム

　胎児は，記憶し学習する能力を胎児期に発達させ始めている。このことから，周生期では，出生直後から始まる哺乳という仕組みに胎児の学習能力が深く関与しているのではないかと考えられるようになった。それが，ニップル・アタッチメントに関する研究である。

　哺乳類の新生児は，出生直後から吸乳を開始する。これは反射の組合せによって生じると従来は考えられてきた。しかし，帝王切開したマウス胎児が尾や手をくわえること（児玉，未発表），ヒト胎児で指しゃぶりが観察されたこと（Birnholz, 1988），前述した味覚／嗅覚嫌悪学習の研究が示すように，胎児が記憶し学習する能力を持ち周口部刺激に対して運動を活発化させることから，柔らかで先端の突き出した身体の一部をくわえることを胎児が練習し，それが胎児の学習能力と関連しながら出生後の吸乳へとつながっていくと考えられ始めている。

　この裏づけとなるのが，内因性オピオイド・システムの研究である（Robinson & Méndez-Gallardo, 2010）。一般にランナーズハイを引き起こす脳内麻薬様物質として知られている

　内因性**オピオイド**（opioid）は，高分子の伝達物質として脳内の受容体を刺激する。オピオイド受容体には μ, κ, δ などがある。ラットでは，δ 受容体は出生後第2週の間に発達するので周生期には関与しないが，**μ 受容体**と**κ 受容体**は周生期のラット胎児で機能し，行動を調節することができる。また，出生時に新生児の脳と脊髄で同定されている。μ 受容体の密度は，周生期を通して安定して成長するが，κ 受容体の密度のピークは2つあり，最初のピークは妊娠約20日，次のピークは出生後1〜2週である。

　羊水の刺激は，妊娠20日から21日のラット胎児の κ オピオイド・システムを活性化させる（Korthank & Robinson, 1998）。これを働かせる因子は胎児の尿中に存在しているので，それは排尿の結果として検出されたと考えられている。

ミルクもまた，オピオイド・システムに関与している。ソフトビニールで作った人工ニップルとミルク（市販のハーフ・アンド・ハーフ）を用いた研究が明らかにしたことは，欲求性の古典的条件づけとオピオイド・システムとの関係である。妊娠20日で帝王切開したラット胎児の周口部を人工ニップル（CS）で刺激し，その後すぐにミルク（US）を口腔に流してやると，胎児は人工ニップルをくわえることを学習する（Smotherman & Robinson, 1994；Robinson & Smotherman, 1995）。人工ニップルの刺激だけでは，μオピオイド・システムもκオピオイド・システムも働かないので，これは当初中性刺激であったことがわかる。しかし，ミルクに対してはκオピオイド・システムが活性化する。そして，人工ニップルとミルクを複数回提示した後，人工ニップルだけを再提示するとμオピオイド・システムが，ミルクだけを再提示すると今度はμオピオイド・システムとκオピオイド・システムがともに活性化する。このことから，古典的条件づけが成立し，同時にそれが脳内の異なるオピオイド・システムの活性化にもとづいたものであること，学習とμオピオイド・システムが結びついていることが推定できる。

　上記の研究で用いているミルクは，ラットの母乳そのものではない。両者に共通する成分があるとしても，その動物種の母乳がもっとも胎児と新生児を引きつけるはずである。この考え方にもとづいて，マウスの母親の体毛に羊水と初乳を付着させると，妊娠18日の帝王切開胎児は，羊水刺激と羊水および初乳を混ぜた刺激に対して活発な頭部運動と開口運動を示したが，意外なことに初乳そのものに対してはそれほど運動を活発化させなかった（Kodama, 2002）。また，妊娠18日の胎児に対し，羊水と母乳でそれぞれ3セッション反復刺激すると，羊水に対しては開口運動が活発化したが，母乳に対しては変化が認められなかった（兒玉，2008）。つまり，妊娠18日では，羊水が胎児を引きつける強い刺激であるのに対し，母乳はまだ引きつける刺激とはなっておらず，母乳への選好は生じていない。母乳への選好が生じるのは，やはり羊水と母乳が同時提示されるときだと考えられる。

哺乳類が出生するときには，胎児期から慣れ親しんだ羊水が巣材や母親の体毛に付着する。そして，母親と接触して母乳を飲むときには，必ず母親の体毛（そして体毛に付着した羊水）と乳首が同時提示される。ヒトの場合には，母親の乳房の触覚刺激が体毛の代わりとなっている。この一連の刺激が意味していることは，胎児が自ら行う尾や指による周口部刺激，母親の体毛（あるいは乳房の刺激）および乳首による新生児への周口部刺激，羊水と母乳の刺激による κ オピオイド・システムの活性化，さらに学習による μ オピオイド・システムの活性化である。そして前述のように，新生児が乳首をくわえるときに付着した唾液の二硫化ジメチルは，κ オピオイド・システムを活性化して新生児を母親へと引きつける。このような過程によって，哺乳類に共通したニップル・アタッチメントが形成されていくのであろう。

　胎児期と周生期の発達研究では，ヒトを含む哺乳類の研究により，遺伝・神経発生・神経伝達物質というメカニズムを考えながら，反射・自発的身体運動・学習などの機能に関する研究が行われてきた。このことは逆に，行動を手がかりとして，進化という大きな視野で発達を見直すことに貢献している。発達心理学は，従来からさまざまな領域の知見を取り入れて発展してきた。この発達心理学の流れからみても，とくに胎児期と周生期の研究は，今後も積極的に他の領域の知見を取り入れることにより，一層発展していくものと考えられる。

乳幼児期の知性の発達 3

　生まれてから5〜6年の乳幼児期に，人は知性の側面で人生上もっとも大きな成長を遂げるといえるだろう。この時期ほど新しいものに出会い，学ぶ時期はほかにない。知性というと教育的な活動の中で獲得され発達するものと思うかもしれないが，乳幼児期で注目する知性は生きていくための知性，生活の中で獲得されていく知性である。言い換えればこの時期の知性の発達が適応的に進んでいかなければ，生きていくことやその後の人生に大きな困難をもたらすことになるのである。その意味でも，乳幼児期の知性とはどのようなものか，またそれがどのようなプロセスで発達するのか，について理解しておくことは，人間の発達と成長を理解する者にとって大きな意味を持つだろう。

3.1　乳児期の知性の発達
──乳児には生きていくための力がどれくらいあるのか

　出生から1歳半頃までの**乳児期**は，新しい世界に適応していくための大切な時期である。知性は適応の問題についても重要な役割を果たしている。そもそも自分自身に適応し外界にも適応することは，知的な活動なくしてありえないのである。では，生まれて間もない乳児がどのような意味で知的だと考えられるのかみていきたい。

3.1.1　新生児反射による外界への適応

　胎児は，母親の柔らかな母胎や羊水に護られ，また臍帯（さいたい）から酸素や栄養素を取り入れている。いわば胎内は能動的に行動を起こさなくても生きていくことのできる環境である。しかし，出産を経てこの世に産み落とされると，

表 3.1 のちの適応行動と新生児反射との対応 (高橋道子，2006 より一部改変)

乳を飲む行動	口唇探索反射——口元を軽くつつくと，さわった方向に頭を向ける。 吸てつ反射——口の中に指を入れると吸う。
危険なものから身を守る行動	引っ込み反射——足の裏をピンでつつくと，足を引っ込める。 瞬目反射——物が急速に迫ってきたり，まぶしい光を急に当てるとまぶたを閉じる。
抱きつく行動	モロー反射——仰向けに寝かせ，頭の支えを急にはずすと，両腕を広げ，誰かを抱きしめるかのように腕をもどす。
物をつかむ行動	把握反射——手のひらに指を入れ，押すと，その指を握りしめる。
歩く行動	歩行反射——わき下で身体を支え，床に立たせると，律動的なステップ運動が起こる。
泳ぐ行動	泳ぎ反射——うつ向けて水につけると，腕と脚を使った泳ぐような運動が起こる。

それまでの安定した環境が一変する。まさに乳児は，母親の胎内とは異なる厳しい環境の中，他者に助けられながらも自分の力で生きていかなければならないのである。

　この新しい環境に対して，乳児は**新生児反射**（原始反射）と呼ばれる生得的な機能を用いて適応しようとする（表 3.1）。たとえば，口唇探索反射は，母親の乳首が口元に触れたときに，そちらへ顔を向けるという反射であり，吸てつ反射は，口の中に入ったものを吸う反射であり，乳首から母乳を吸うときに機能するものである。これらの反射によって，乳児はうまく母親の乳を吸い栄養を摂取できるのである。

　このように生まれたばかりの乳児でも，生きていくために必要な一定の能力を持ち合わせていることがわかる。新生児反射は知的な活動とは言い難い

が，未熟な状態で生まれた人間の乳児を，新しい行動が学習されるまでの一定期間，適応的に生存させる上で重要な働きをしている。いわば，乳児が知性的に活動できるようになるまでのつなぎの役割を果たしているのである。その証拠に新生児反射の多くはおおむね生後1～2カ月頃には消失する。新生児反射によってもたらされていた行動は，大脳の急速な発達によって新たに学習された随意運動，すなわち知性を伴った活動へと置き換わっていくのである。

3.1.2 乳児の視覚的能力とその発達

　私たち人間が生きていくために必要な能力の一つは，視覚的にものを認識する力である。成長した私たちにとって，もののかたちや色を認識することは当たり前すぎることであるが，生まれて間もない乳児たちにとっては簡単なことではない。視覚的な知覚能力は，生まれて間もない頃から日々の生活の中で学習されていく知性の一つである。

　そもそも，生まれたばかりの乳児の視力は0.02程度であるといわれている。ほとんどのものはぼんやりと見えている状態ということである。成人とほぼ同じ視力になるのは3～5歳頃である。

　さて，もののかたちや動きを知覚するためには，視線を移動させることが必要となる。ものを目で追う追視は生後2日頃からできる。一方，もののかたちを認識するために必要な視覚走査は図3.1に示されるように，生後2カ月頃にスムーズにできるようになってくる。視線をスムーズに移動させることができるようになるこの頃から，もののかたちが認識されるようになるらしい。

　視覚的にものを弁別できることもまた重要な能力である。ファンツ（Fantz, 1961）は乳児にいくつかの図版を見せ，乳児がそれぞれの図版をどれくらい注視するのか検討した。その結果，注視時間が図版によって異なることがわかった（第4章図4.1参照）。すなわち，乳児はこれらの図版を弁別しているということである。とくに，人間の顔の図版への注視時間が長く，

A. 1 カ月児

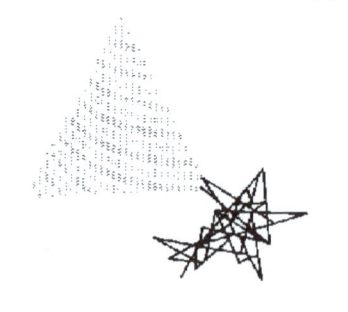

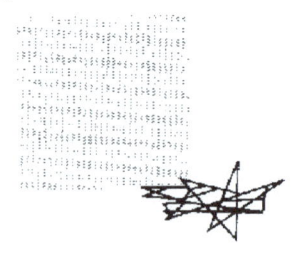

B. 2 カ月児

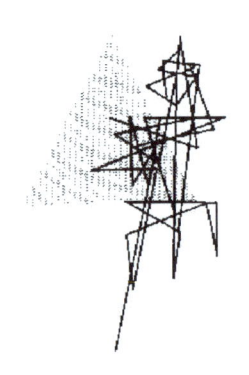

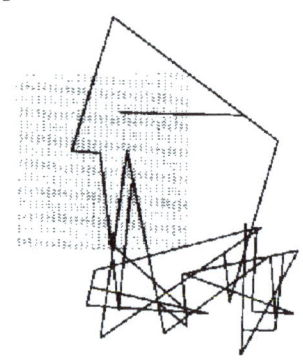

図 3.1　乳児の視覚走査（Salapatek, 1975；内田, 1991）
生後1カ月では，視覚走査は図形の角に集中する。生後2カ月では，視覚走査が図形全体に及んでいる。図形全体に視覚走査をすることができるようになり，もののかたちを知覚できるようになる。

乳児が早い段階から人間とそのほかのものを視覚的に区別する力を備えていることがわかる。

3.1.3　乳児の嗅覚の発達

　においを弁別する力も生きていく上では重要である。嗅覚に関する検討からは，生まれたばかりの乳児は微妙なにおいの違いを弁別できることが明ら

かにされている。たとえば，新生児の顔の両側に自分の母親の乳を染みこませたパッドと別の人の乳を染みこませたパッドを置く。すると，乳児は自分の母親の乳を染みこませたパッドのほうにより長い時間顔を向けることが観察された（Russell, 1996。羊水への反応について第 2 章図 2.7 も参照）。大人では識別することが困難なにおいを乳児は区別することができるのである。ただし，この乳のにおいをかぎ分ける能力は次第に低下し，代わりに，母親のにおいや身につけているもののにおいに対して好みを示すようになる。

　乳児は生まれながらにして，においを区別する高い力を備えていることがわかる。しばらく経つと，自分にとって意味のあるにおいをかぎ分ける能力が高まる一方で，意味があまりないにおいを弁別する能力は低まっていく。たとえば，先に説明したとおり，母親が身につけているもののにおいに対しては敏感になる。ただ一方で，腐ったにおいや，バニラやチョコレートなどのにおいに対しては，新生児の段階でも異なった表情（腐ったにおいには嫌悪の表情を，バニラやチョコレートのにおいに対しては快の表情）を示すことが明らかにされている。このことから，においに対する快─不快は一部生得的なものもあると考えることができる。

3.1.4　乳児の味覚

　乳児は胎児期からすでに母親の羊水をなめたり飲んだりしている。味覚の発達はすでにこの時期からはじまっているといえるだろう。スタイナー（Steiner, 1979）は実験によって，新生児が甘味，酸味，苦味に対して異なった反応をすることを確認した。これらの味を弁別する力は生得的なものであると考えられるだろう。確かに，エネルギーのもととなる炭水化物や糖類が甘いことや，毒性のあるものには酸味や苦味のあるものが多いことを考えると，これらの味の弁別は乳児が生きていくための重要な力といえるだろう。

3.1.5　乳児の能力をどのように知るのか──心理学的研究方法

　これまで，乳児に関する多くの心理学的知見がもたらされてきたが，それ

らはどのような方法によって明らかにされたのだろうか。話をすることができない乳児の心理的側面を理解するため，言葉に依存しない研究方法が考案されてきた。ここでは代表的なものとして選好法と馴化法について紹介する。

1. 選好法

乳児の視覚実験における選好注視法が有名である。乳児に刺激を対提示して，いずれかの刺激をより長い時間注視するのであれば，2つの刺激を弁別できているとみなす方法である。どちらかを好んで見ているということは，両者を区別していることの反映ということである。これまで紹介した視覚，嗅覚の研究成果は，選好法によってもたらされたものが多い。

2. 馴化法

同じ刺激を繰返し提示されると人間はそれに対する反応頻度が低くなる。つまり，刺激に馴れるということである。この性質を利用したのが馴化法である。たとえば，乳児にある模様を繰返し提示する。初めのうちは関心を持ってその図形を注視するものの，乳児は次第にその模様に馴れ，反応を示さなくなる（馴化）。その後，新しい図形を提示する。乳児の関心が再び得られれば（脱馴化）古い刺激と新しい刺激とを弁別したとみなし，関心が得られなければ，それらを弁別できていないとみなす。

乳児の心理的世界を探るには，このような人間の反応特性を利用した方法が用いられているのである。乳児にとっての重要な知性とは，ものを感じそこに意味ある違いを見出すことである。乳児にとっての知性は感覚を通して磨かれていくといえるだろう。

3.2　知的能力の発達段階──ピアジェの発生的認識論

幼児期も後半になると，子どもはいろいろなことがわかり，またできるようになる。「いつの間にか」子どもが賢くなったと感じることもあるだろう。しかし，子どもが知的になる過程をていねいにみていくと，そこには一定の順序と連続性とがあることに気づく。乳児期から幼児期にかけての数年の間

に，子どもにどのような知性の変化があるのかを理解しようとするとき，ピアジェ（Piaget, J.）の認知発達の考えは有用である。ここでは，ピアジェの認知発達段階についてみていく。

3.2.1　ピアジェの知性に関する基本姿勢——発生的認識論

　ピアジェの認知発達の理論は発生的認識論（認知的構成主義）（第1章1.4.3参照）と呼ばれる。この理論における基本的な考えとしては次のものがある。第1に，人間は環境からの影響を受け入れるだけの受動的な存在ではなく，自らも環境に能動的に働きかけながら認知能力を発達させる存在だということである。第2に，そのような能動性は同時に生物学的な成熟にも依存しており，それぞれの段階における認知発達は生物学的成熟の程度に影響される，ということである。このことは，乳児が興味を示すものと，青年が興味を示すものとの違いを想像するとわかるだろう。この違いにピアジェは生物学的な成熟という要因があると考えるのである。

　ピアジェが人間の認知発達を説明するときに重要なキーワードがある。それらは，シェマ（認知的構造），同化，調節，均衡化の4つである。

1. シェマ（認知的構造）

　一人ひとりの人間がそれぞれの事象に対して有している「認知の枠組み」である。たとえば，私たちは「メガネ」や「勉強」のシェマを持っている。メガネのシェマには，2つのレンズとフレームからなるもの，目の悪い人がかけるもの，などの内容が含まれている。勉強のスキーマであれば，辛い，苦手，などの内容が含まれるかもしれない。

2. 同　　化

　外界の事象を自分がすでに持っているシェマに取り込んで処理するという心の働きである。たとえば，授業中にメガネをかけてノートをとっている人を見て，この人は目が悪いのだな，と理解した場合，その場面がすでに持っているメガネのシェマに同化されたといえる。

3. 調　節

　外界の事象を自分がすでに持っているシェマでは適切に処理することができないため，持っているシェマそのものを変化させることである。たとえば，あるとき，視力の良い友人がメガネをかけている場面に出会ったとする。よく見るとそのメガネにはレンズが入っていないことがわかった。すると，メガネのシェマは「メガネとは目の悪い人が使うばかりでなく，オシャレとして使う場合もある」というものに変化する。すなわち，メガネのシェマが新しい出来事に遭遇し調節されたということができる。

4. 均　衡　化

　シェマが同化や調節を繰り返した結果，さまざまな事象を安定的に処理することができるようになることを均衡化という。ただし，一度均衡化したシェマであっても，さらに新しい場面では十分なものではなくなる。そのような場合，シェマはさらに調節され新たな均衡化を達成する。このようにしてシェマの調節と均衡化を繰り返しながら人間の認知は発達していくのである。

3.2.2　感覚運動的段階——乳児の認識世界

　ピアジェは，人間の認知発達の段階を感覚運動的段階，前操作的段階，具体的操作期，形式的操作期という4つの段階に区分している。このうち，乳幼児期の認知発達段階に該当するものが，感覚運動的段階と前操作的段階である。以下に，それぞれの発達段階の特徴についてみていく。

　出生から2歳頃までの時期を**感覚運動的段階**と呼ぶ。この時期における認知の特徴は文字どおり感覚や運動を通して外界を認識するということにある。たとえば，五感を通してもののかたちや大きさを認識する方法を学び，体を動かすこと（運動）を通して自分の身体がどのように動くのかということを理解するのである。すでに成長した私たちにとっては当たり前すぎる些細な事柄の一つひとつが乳児にとっては興味深いものであり，学ぶべきものなのである。

　感覚運動的段階はピアジェによってさらに細かく区分されている（**表3.2**）。

表3.2 感覚運動的段階と前操作的段階における発達（郷式，2003を桜井，2006が改変）

段　　階	下位段階（期）	およその年齢	特　　徴
感覚運動的段階	第1段階（生得的なシェマの同化と調節）	0～1カ月	たとえば，赤ちゃんは胎内にいるときから，唇にふれるものをくわえ，吸おうとする行動様式（シェマ）をもっている。生まれ出ると，このシェマを用いて外界にあるもの（乳）を取り入れる（同化）が，乳房またはほ乳びんの形状に合わせて自分のシェマを変化させること（調節）も必要である。認知発達は，まずこの同化と調節が可能になることから始まる。
	第2段階（第1次循環反応）	1～4カ月	手や足をバタバタさせるといった自分の身体に関して経験した反応を繰り返す段階であり，すでにもっているシェマ同士を組み合わせようとしはじめる。
	第3段階（第2次循環反応）	4～8カ月	ベッドの柵を蹴って柵につけてあるモビールを揺らそうとするなど自分の外部に興味ある事柄を見つけ，それを再現しようとする。
	第4段階（2次的シェマの協応）	8～12カ月	1つの結果を得るために，2つの別個のシェマを組み合わせることができる。
	第5段階（第3次循環反応）	12～18カ月	外界に対し，いろいろ働きかけて，その結果を見ようとする行為が見られる。
	第6段階（洞察のはじまり）	18カ月～2歳	活動に移る前に状況を考える。
前操作的段階	前概念的思考期（表象的思考期）	2～4歳	この段階ではバナナを電話の受話器に見立てるといったふり遊びや目の前にいない人のまね（延滞模倣）などが活発に見られる。また，言葉の使用が始まるが，この時期の思考には（大人の概念に見られるような）抽象性や一般性がない。
	直観的思考期	4～7歳	前概念的思考段階に比べると，この段階の思考では大人のものに近い概念を用いることができるようになる。しかし，その思考はものの外観によって影響を受けやすく，一貫性を欠くため「直観的」であると見なされる。

これによると生得的な新生児反射を主たるものとしながらも，それを周囲の環境に合わせていく段階から，自分の身体に興味を示す段階，自分以外のものに興味を示す段階へと続き，さらには，そこから学んだ複数の要素を組み合わせ，物事に働きかけていく段階へと進む。このように，発達とともに興味の幅や対象に働きかけていく方法に広がりがみられる。最後の第6段階では，次の前操作的段階の萌芽ともとらえることができるような高度な思考が可能になる。

1. 対象永続性

感覚運動的段階における重要な認知的発達として，対象永続性の獲得があげられる。対象永続性とは，対象が見えなくなったり触れることができなくなったりしても，それが同一のものとして存在し続けるという認識であり，生後間もない乳児はこれが獲得されていないことが知られている。

たとえば，乳児がおもちゃに興味を示し，手を伸ばしたその瞬間におもちゃに布をかけて見えなくしてしまったとする。すると感覚運動第3段階の乳児は，まるでそこには何もなかったかのように手を引っ込めてしまう。一方，感覚運動第4段階の乳児はその布をどけておもちゃを探そうとする。このように，第4段階で対象の永続性が獲得されていることを示す様子が観察される。ただし，この段階で図3.2に示すような限界があることも確認されており，私たちと同じような対象に関する認識を獲得するのは第6段階になってからといえる。

また，ピアジェの対象永続性の獲得時期に関する考えは後の研究によって反証され，乳児はより早い時期から対象の永続性を獲得していることが示されている。ベヤージョン（Baillargeon, 1987）は馴化法を用いた研究によって，生後3, 4カ月の乳児もすでに対象の永続性を獲得していることを明らかにした。しかしながら，1歳頃までは隠されたものを探し出せないという点ではピアジェの考えと一致している。ものを探すという実際の行動においては，対象永続性の獲得ばかりでなく，運動スキルなどほかのさまざまな能力の発達も必要となるためである。

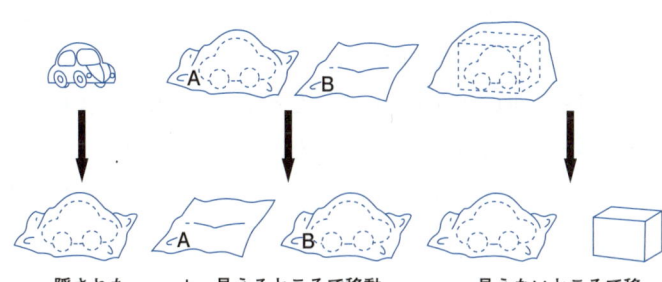

図 3.2 対象の永続性に関する課題状況 (木下, 2005)

a. 隠されたものの探索
b. 見えるところで移動されたものの探索
c. 見えないところで移動されたものの探索

容器の中におもちゃを入れるのを見せ，さらにその容器に布をかける。

子どもには見えないように布の下におもちゃを残し，容器だけを布から出す。

乳児の目の前におもちゃを提示し，手を伸ばしてきたらおもちゃに布をかける (a)。8 カ月くらいまでの乳児は，出しかけた手を引っ込めてしまい，まるで，おもちゃははじめからなかったかのような様子を示す。それに対して 8 カ月以降の乳児は，布を取り除きおもちゃを探し出そうとする。乳児は，ものは見えなくなってもそこに存在するということを認識し始めるということを示している。ただし，この段階の乳児でも，b のように隠れているものを乳児の目の前で移動させた場合には，もとにあった場所 A を探してしまう。適切に場所 B を探すことができるようになるのはおおむね 12 カ月以降である。また，乳児が見ていないところでものが移動された場合 (c) でも，そのものがどこかにあるはずだと認識して，探し出せるようになるのはおおむね 18 カ月以降である。

3.2.3 前操作的段階——幼児の物事のとらえ方・考え方の発達

　感覚運動的段階が終わる 2 歳頃から 7 歳頃までをピアジェは**前操作的段階**としている。この時期には子どもは言葉を話すようになり，単語や文法の獲得が急速に進む。言葉の出現は，子どもの認知に大きな変化が生じたことを意味している。すなわち，対象を心の中でイメージする（これを**表象機能**という）ことができるようになり，さらにそれを言葉などに置き換える（これを**象徴機能**という）ことができるようになることを示している。対象が目の前に存在しなくても頭の中だけで考えられるようになることは，認知発達にとっての大きな変化といえる。そして，前操作的段階ではこの心的な表象を用いながら，子どもはさまざまなことを考え予測することができるようにな

3.2　知的能力の発達段階——ピアジェの発生的認識論　　65

る。

　表象機能や象徴機能の芽生えがあっても，子どもの思考は大人のそれほど十分なものではない。実際に，前操作的段階の子どもは多くの場面で根本的な間違いをしたり，誤った思い込みを持っていたりする。これは前操作的段階の子どもには多くの認知的な限界が存在するためである。ピアジェは，子どもの間違いや誤った思い込みの検討を通して，この時期の子どもの思考の特徴について明らかにしたのである。

3.2.4　前操作的段階における子どもの変化
──前概念的思考期から直観的思考期へ

　ピアジェは，前操作的段階をさらに前概念的思考期と直観的思考期の2つに区別してその発達を説明している（表 3.2 参照）。

1.　前概念的思考期

　前概念的思考は2歳頃から4歳頃までにみられる思考様式である。この時期には象徴機能が発達するため，子どもは言葉やイメージを飛躍的に発達させる。ただし，子どもを観察すると特徴的な言葉の誤用があることに気づくだろう。たとえば，あるイヌを指して子どもが「ワンワン」という言葉を発したとしよう。大人は「イヌ」のことをワンワンと言っているのだと理解するだろう。しかし，この時期の子どもにとっては，自分の家で飼っているイヌやよく出会うイヌのことが「ワンワン」であり，必ずしもイヌ全般をワンワンと呼んでいるのではない。この例のように本来の意味より限定して言葉を用いている場合（**過小限定**）や，逆に本来の意味以上に言葉を用いている場合（**過大拡張**；図 3.3）がある。このように言葉と概念との関連は必ずしも十分ではない。言葉とその意味するものとの関連が適切に理解されるためには概念的思考が必要であり，さらなる発達を待たねばならない。

　この時期には子どもの遊びにも大きな変化がみられるだろう。いわゆるごっこ遊びやふり遊びができるようになるのである。これは表象機能や象徴機能が発達している証拠でもある。たとえば，泥ダンゴをおまんじゅうに見立

子どもの発話	初めの指示対象	その後の対象	推定される共通性
トリ	スズメ	ウシ，イヌ，ネコ，動く動物	動く
ムーイ	月	ケーキ，窓の丸いマーク 革に押された型，本のカバー	形
ハエ	ハエ	泥の粒，ほこり，自分の足の指 パンの切れ端，小さなカエル	大きさ
ココ	雄鶏の鳴き声	バイオリン，ピアノの音 すべての音楽，メリーゴーランド	音
ワウワウ	イヌ	すべての動物，おもちゃのイヌ 柔らかいスリッパ 毛皮を着た老人の絵	手触り

図 3.3　子どもにおける過大拡張の例
(Clarke-Stewart et al., 1985；高橋義信, 2006)
子どもの発する単語の意味は，必ずしも大人が理解しているものと一緒ではない。ある単語に適用できる対象を拡大して使用している場合がある。たとえば，子どもは，ワンワンという言葉を教えられても，ネコやネズミに対してもワンワンという語を使うことがある。上の表では，その他の過大拡張の例を示している。

てながら遊んでいる子どもからは，実際には食べることができない泥ダンゴを，心の中でおまんじゅうとして見立てて楽しむことができるようになったことがわかる。

2. 直観的思考期

　直観的思考は 4 歳頃から前操作的段階が終わる 7 歳頃までみられる思考様式である。次第に児童に近い思考ができるようになる。たとえば、対象を「大きい―小さい」といった観点から評価できるようになる。このようなとらえ方はより抽象度の高いものである。ただし、こうした思考も、物事の見た目に大きく左右されてしまうという限界を持っている。すなわち、適切な概念や論理にもとづいて思考が行われているのではない。それらのことをふまえて、ピアジェはこの時期を直観的思考期と呼んでいるのである。

(1) 保存の実験

　直観的思考期の特徴を象徴的に示しているのが、ピアジェの保存に関する実験である。この実験では、初め、子どもに 2 つの同じ量の水を提示する。子どもはどちらも同じだけの量が入っていることを認める。続いて、子どもの目の前で一方の水をフラスコ状の容器に移し替え、子どもに改めてどちらのほうの量が多いかを尋ねる。すると子どもはフラスコ状の容器に入った水のほうが量が多いと答えてしまう。子どもの目の前で移し替える様子を見せてもである（表 3.3。第 5 章図 5.2 も参照）。

　子どもがなぜこのような誤りをしたのかというと、水の「高さ」に惑わされたためである。つまり、この時期の子どもはまだ「見た目の高さ」と「量の多さ」を区別して考えることができないのである。このような傾向は、多くの課題に共通にみられている。正答できるようになるのは、課題によって多少の違いがあるものの、具体的操作期（7〜11 歳頃）に入る頃からである。保存課題に正答するためには、可逆性、同一性、相補性という概念を獲得することが必要となる。

(2) 自己中心性の実験

　ピアジェは前操作的段階の子どもの思考を自己中心的とも表現している。これは、自分の視点にとらわれてしまい、他者の視点から物事をとらえられないことを示す用語である。三つ山課題を用いた実験（図 3.4。第 5 章も参照）では、この時期の子どもの自己中心性をみることができる。子どもを A

表 3.3 保存課題における直観的思考期と具体的操作期での思考の特徴
(鈴木, 2010 を一部改変)

ピアジェの課題		直観的思考期	具体的操作期
数の保存	○○○○ ○ ○ ○ ○	子どもは2つの列の長さや密度の違いに惑わされて、並べ方しだいで数が多くも少なくもなると判断する。	子どもは、2つの列は長さと密度が異なるが、ともに同じ数であることを理解する。
液量の保存	A B C	子どもはA, Bの容器に等量の液体が入っていることを認める。それからBをCに移し替えると液面の高さに惑わされCの方を「たくさん」と答えたり、容器の太さに惑わされCの方が「少しになった」と答える。	子どもはA, Bの容器に等量の液体が入っていることを認める。それからBをCに移し替えると、液面の高さは変わるが、CにはAと等しい液体が入っていることを理解する。
物理量と重さの保存	A B C	子どもはA, Bの粘土のボールが等しい量で、同じ重さであることをまず認める。それからBをつぶしてCのソーセージ型にすると、大きさの違いや長さの違いに着目して、量は変化し、重さも変わると答える。	子どもはA, Bの粘土のボールが等しい量で、同じ重さであることをまず認める。それからBをつぶしてCのようにしても、それはBのときと等しい量でしかも同じ重さであることを理解する。
長さの保存	A B	子どもは個数の異なった積み木を使って、Aと同じ高さの塔をつくることができない。	子どもは個数の異なった積み木を使って、Aと同じ高さの塔をつくることができる。

の場所に座らせ、Cの場所にいる人形からは三つ山がどのように見えるのか尋ねると、3つの山頂が見えると答えてしまう。この課題に正答できるようになるためには、自分の視点に引きずられない視点取得の能力を持つことが必要になる。適切な視点取得ができるようになることを、ピアジェは脱中心化と述べており、これを達成する時期は小学校の中学年程度としている。

3.2 知的能力の発達段階——ピアジェの発生的認識論 69

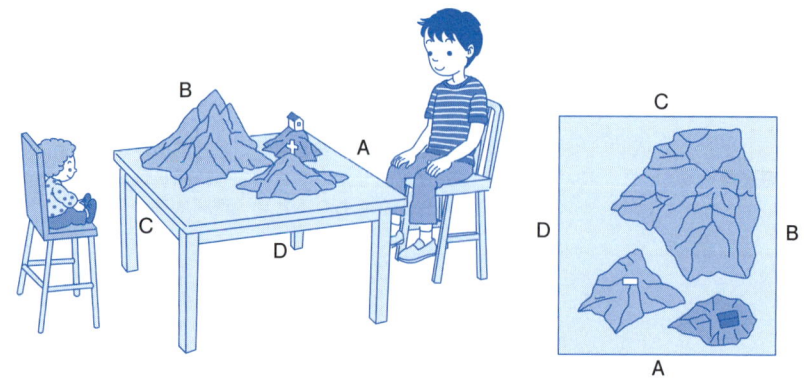

図 3.4　三つ山課題を用いた実験の様子（鈴木，2010）
この課題では，座る場所によって見える山頂が異なる。Aの位置からは山頂が 3 つ見えるが，C の位置からは 2 つしか見えない。子どもにそれぞれの場所から，山頂がどのように見えるのかを確認した後，A に座ってもらい，C の位置にいる人形からは山頂がいくつ見えるか尋ねる。すると，直観的思考期の子どもは 3 つと答えてしまう。

　これまでみてきたように，乳幼児期にはその後のより高度な思考につながるさまざまな知的能力が育まれていく。幼児期後期には物事についての不十分ではあるが単純な直観的法則は獲得されるのである。とくに幼児期は子どもの知性の変化を実感しやすいが，子どもにどのような言葉が獲得され，そこにどのような前概念や直観が作られていくのかに関心を向けてみていくと，この時期がさらに興味深いものになるのではないだろうか。

3.3　乳幼児の言葉の発達
──知的な活動の基礎としての言語発達

　これまで述べたように，知性の発達における言葉の役割はとても重要である。言語の発達をみていくことは，子どもの知性の発達を知ることにもつながる。ここでは，子どもの言語とその発達をどのような観点からみていくこ

とができるのかについて紹介していく。

3.3.1 子どもの言語発達の様相

　新生児は泣いたり，ぐずったり，咳をしたりすることはあるものの言葉の直接の起源となるような音は発しない。これは，口から喉にかけての特徴が言葉を発するより，乳を吸うのに適した構造であるためともいわれている。乳児が言葉のもととなる音を発するようになるのは，生後6カ月になる頃である（**表3.4**参照）。この時期には喃語（babbling）と呼ばれる発声がみられるようになる。喃語とは，dadada［ダダダ］，mamama［マママ］のような一続きの音であり，地域・文化を越えて共通していることが知られている。12カ月頃になると初語がみられる。「mamma マンマ」がその代表的なものであるが，この頃から単語（一語文）が発せられるようになる。その多くは名詞であり，また乳児が直接触れることのできるものである場合が多い。子どもは単語でコミュニケーションをとろうとしているが，過大拡張や過小限定といった特徴もみられ，まだ言葉とその概念との関連は十分に理解されてはいない。

　18カ月頃からは，「くつ はく」「ママ いない」など，一度に2つの単語を組み合わせた二語文を発するようになる。2歳頃からは，発することのできる単語の数は爆発的に増える。30カ月になる頃には，三語文や五語文といった多くの単語を組み合わせた発話もみられるようになる。ただし，発せられる言葉そのものの意味を大人が理解するのは困難な場合が多く，状況や文脈，その子どもの性格などを把握しながら理解することがほとんどである。子どもの発話における語彙や言い回しは，その後もさらにひろがりをみせてゆく。小学校に入る頃には発音や構文は大人のそれにかなり近いものとなる。

3.3.2 考える道具としての言葉へ

　子どもは2歳以降，多くの単語やさまざまな表現を獲得していく。それらは子どもとの言語的コミュニケーションの中で実感されるだろう。一方，誰

表 3.4 **言語発達の筋道**（レネバーグ，1974；高橋義信，2006 を一部改変）

経過時間	発声と言語
12 週	8 週間時点よりも泣くことが顕著に少なくなる。周囲から話しかけられたり，うなずかれたりすると，ほほえみ通常喉音とよばれる喉を鳴らすような音を発する。これは母音に類似し，高さを変化させることができ，15 秒から 20 秒間持続する。
16 週	人間の音声に明確に反応する。声の方に顔を向け，目は，話し手を探し求めるように見受けられる。時に，くすくす笑うような声を発する。
20 週	母音のような喉音の間に，より子音に近い音が混じりはじめる。口唇摩擦音，摩擦音，および鼻音が多く発せられる。音響学的には，すべての音は周囲の成人の言語とはまったく異なっている。
6 カ月	喉音は 1 音節の喃語に近い音に変わる。母音も子音も，まったく同じ音を反復することはできない。通常発せられる大部分の音は，ma, mu, da, di に幾分類似している。
8 カ月	重複（またはより継続的な繰返し）が頻繁となる。イントネーションパターンが明確になり，発声は強調や情緒を表すことができる。
10 カ月	発声行動と，うがいやシャボン玉吹きのようにして音を出すなどの音遊びとが入り混じっている。周囲の人々の音声を真似しようとしているように見受けられるが，成功しない。周囲から発せられた単語に応じて異なった反応を行い，それらを区別しはじめる。
12 カ月	同音の連続が他の発話に比べより多く繰り返され，単語（mamma, dadda など）が出現する。若干の単語および単純な命令（オメメ見せてごらん，など）を理解している兆しが明確に認められる。
18 カ月	3 以上 50 以下の単語のレパートリーをもつ。喃語を発するが，複雑なイントネーションパターンが見られ数音節から成る。しかし，情報を伝達する試みは見られず，理解されない場合にも欲求不満には陥らない。発せられる単語には"Thank you"や"Come here"などが含まれるが，語を組み合わせて自発的な 2 語句を形成する能力はほとんど認められない。理解は急速に進歩する。
24 カ月	50 項目以上の語彙をもつ（環境内のすべてのものの名称を言うことができる幼児もいるようである）単語を自発的に組み合わせて，2 語句を作り始める。すべての句は，幼児自身の創造したもののように見受けられる。伝達行動，および言語への関心が明らかに増す。
30 カ月	語彙の増加が極めて著しく，月ごとに多くの新しい語が加わる。喃語はまったく見られない。発話には，伝達の意思が認められ，成人に理解されない場合には欲求不満が生じる。発話は少なくとも 2 語で構成され，多くは 3 語，5 語になることもある。分および句は特徴的な幼児文法をもち，成人の発話の逐語的な模倣であることはまれである。しかし，幼児により大きな個人差はあるが，いずれもあまりよく了解はできない。幼児に向かって言われた言葉は，すべて理解しているようである。

かに向けられてはいない発話があること，たとえば，子どもが「どうしようかなぁ。あ，こうしよう」と独り言のように話している場面に気づく人もいるだろう。ピアジェはこのような発話を**自己中心的言語**と呼んだ。彼の観察によると，自己中心的言語は3～5歳児では発話の6割を，6歳児では5割を占め，7，8歳以降は減少するという。

ピアジェは自己中心的言語を，社会的性格を伴わない不完全な言葉であると考え，社会的な言語を適切に操ることができるようになれば消失すると考えた。一方，旧ソビエト連邦のヴィゴツキー（Vygotsky, L. S.）は，言語はもともと社会的機能を持つ「**外言**」であるが，次第に思考の道具となる「**内言**」へと移行するとしている。私たち大人は常に心の中で言葉を発しながら，考えたり，行動を調節したりしており，これが内言といえる。ヴィゴツキーは，自己中心的言語は，思考のための言語が外言から内言へ移行する過渡期の状態だと考えている。ピアジェが自己中心的言語を，未熟な言語発達の状態として位置づけたのに対して，ヴィゴツキーは言語機能が発達していく際の重要なポイントとしてとらえているのである。

3.3.3　言語の行動調整機能

言葉には，行動をコントロールするという重要な働きがある。これを**言語の行動調整機能**と呼ぶ。私たちは，たとえば慣れないダンスをしようとするときに，心の中で「イチ，ニ」と声を出して自分の身体を動かすタイミングをとろうとしている。まさに言語によって自分の行動をコントロールしている瞬間である。

旧ソビエト連邦のルリア（Luria, A. R.）が言語の行動調整機能の発達に関する検討を行っている。ルリアは，子どもを光の点灯が見える窓の付いた装置の前に座らせ，光が点灯したらボールを2度（または3度）押させるという実験を行った（図3.5）。その結果，3，4歳児は指示に従えなかった。次に，光が点灯したときに大人が「押せ，押せ」と声をかける，あるいは，子ども自身に「押せ，押せ」と言わせると，適切に押せた。しかし，黙ってボ

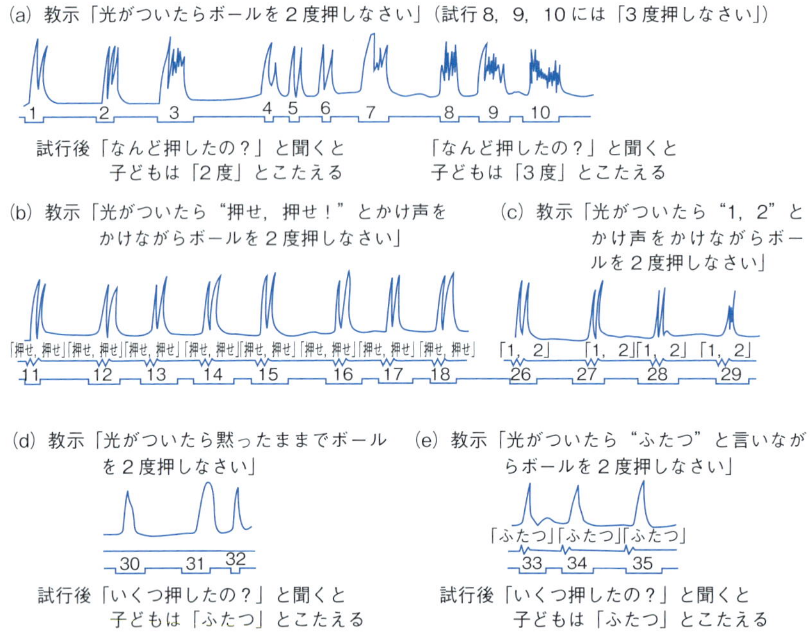

(a) 教示「光がついたらボールを2度押しなさい」（試行8，9，10には「3度押しなさい」）

　　　　1　　2　　3　　　4 5 6　　7　　　8　　9　　10

　　試行後「なんど押したの？」と聞くと　　　　「なんど押したの？」と聞くと
　　　　　子どもは「2度」とこたえる　　　　　　子どもは「3度」とこたえる

(b) 教示「光がついたら"押せ，押せ！"とかけ声を　　(c) 教示「光がついたら"1，2"と
　　　　かけながらボールを2度押しなさい」　　　　　　　かけ声をかけながらボー
　　　　　　　　　　　　　　　　　　　　　　　　　　　ルを2度押しなさい」

「押せ，押せ」「押せ」「押せ」「押せ，押せ」「押せ，押せ」「押せ，押せ」「押せ，押せ」「押せ，押せ」　　「1，2」　「1，2」「1，2」「1，2」
　11　　12　　13　　14　　15　　16　　17　　18　　　　26　　　27　　28　　29

(d) 教示「光がついたら黙ったままでボール　　(e) 教示「光がついたら"ふたつ"と言いなが
　　　　を2度押しなさい」　　　　　　　　　　　　　らボールを2度押しなさい」

　　　　　　　　　　　　　　　　　　　　　　　　　「ふたつ」「ふたつ」「ふたつ」
　　　　30　　31　　32　　　　　　　　　　　　　　33　　34　　35

　試行後「いくつ押したの？」と聞くと　　　　試行後「いくつ押したの？」と聞くと
　　　　子どもは「ふたつ」とこたえる　　　　　　　　子どもは「ふたつ」とこたえる

図 3.5　子どものボール押し反応からみる言語の行動調整機能の発達
(Luria, 1961より内田, 2008が作成)

　光が点灯するとボールを2度押すように教示されたときの3・4歳児の典型的な反応を図示したものである。左から右に行くにしたがって，時間が経過している。数字の時点で光が点灯する。子どもがボールを押すと線がとがった形で描かれる。(a) では，子どもは光が点灯しても適切に2度ボールを押すことができていない。(b) (c) では2度ずつ押すことができている。しかし，(d) (e) では適切にボールを押すことができていないことがわかる。

ールを押すように指示すると，再び適切にボール押し反応ができなくなった。一方，4歳半から5歳半の子どもは，始めの教示だけで適切にボール押し反応ができる。すなわち，この年齢の子どもでは，心の中で言葉を発することによって自分の行動をうまくコントロールできていることが明らかとなったのである。

　このように幼児期後半になり，内言が発達することによって，子どもは自

74　第3章　乳幼児期の知性の発達

分自身の行動を言葉で適切に調整できるようになる。その意味でも，コミュニケーションの道具としての言葉ばかりでなく，考え行動するための道具としての言葉の側面をも意識しながら，子どもに関わることには意味があるだろう。

コラム 3.1　母親の労働スケジュールと子どもの知的発達

　子どもを持つ母親にとって「子育て」と「働くこと」の両立は頭を悩ませる問題であるかもしれない。厚生労働省の労働力調査（平成 23 年 10～12 月期平均（速報））によると子育て世代と考えられる 25 歳から 44 歳の女性の 70％弱が何らかのかたちで就業している。ただし，派遣やパートなどの非正規形態での就業も多い（25～34 歳で約 40％，35～44 歳で約 55％）。どのように働くのかということは，直接的に子育ての仕方に関わる問題である。両者のバランスをどのように考えるべきなのか，そして，実際にどのようにバランスをとっていくことができるのか，工夫と努力が求められるだろう。

　では，子どもの発達と親が働くこととの間にどのような関連があるのだろうか。

　アメリカ合衆国の研究ではあるが，母親の労働スケジュールと子どもの知的発達との関連について検討した興味深い研究がある。この研究は NICHD（National Institute of Child Health and Human Development）による大規模な調査によって得られたデータを分析したものである。961 人の乳児とその親について追跡調査が行われた。対象者となる母親（この分析では子どもの生後 3 年以内に働いた経験のある母親のみ）は，その労働状況によって，非標準的労働スケジュール未経験群（日中に労働をする群）と非標準的労働スケジュール群（午後 3 時頃から夜半まで，夜 11 時頃から翌朝まで，労働時間が変動的な場合もここに含まれる）にまず分けられ，非標準的労働スケジュール群はさらにそれが子どもの生後 1 年以内に開始された群と，2 年目以降に開始された群とに分けられた。子どもは 15，24，36 カ月のときに検査が実施され知的能力が測定された。

　結果から，非標準的な労働スケジュール群の母親を持つ子どもの知的能力の得点は，非標準的労働スケジュール未経験群の母親を持つ子どもの得点に比べて全般的に低いこと（一例を，図 3.6 に紹介する），また，知的能力の

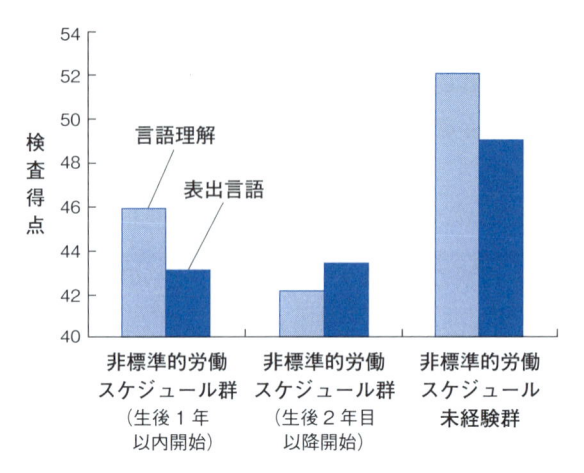

図 3.6 母親の労働スケジュールごとの子どもの言語理解検査・言語表出検査得点（Han, 2005）

伸びとの関連について詳細に検討した結果からは，生後1年以内に非標準的労働スケジュールが開始されることが子どもの知的能力に負の影響を与えることが明らかとなった。

なぜ労働スケジュールの違いが子どもの知的能力に影響を及ぼすのだろうか。この研究では，その要因として子育ての質的な違いが指摘されている。そもそも，非標準的労働スケジュールの母親は，働いている間の子どもの世話を父親や親戚などに頼んでいることが多い。一方，標準的な労働スケジュールの母親の場合，働いている間の子どもの世話は，ケア・センター（日本では保育園にあたる）で行われていることが明らかになっている。このような，母親不在時の子どもの世話が行われる環境の違いが知的能力に影響を及ぼしていると考えているのである。すなわち，母親の不在時にどれくらいていねいに子どもに関わり，適切な刺激を与えることができるのかということが，知的な能力を高めることにつながることを示唆している。

この研究結果をふまえると，より多くの子どもに質の高い保育を受ける機会を提供できるようにすると同時に，家庭やコミュニティにおける子育ての質を高めるような支援を考えていくことも必要といえるだろう。

乳幼児期の社会性の発達 4

　私たちは，社会的存在として生まれ，社会的存在として育つ。乳幼児期においては，養育者との関わりを始まりとし，子どもをとりまく社会的環境は徐々に広がっていく。そのような中で，乳幼児は，社会性をはぐくんでいくのである。
　社会性とは，広義には「個人が自己を確立しつつ，人間社会の中で適応的に生きていく上で必要な諸特性」（繁多，1991）と定義される。すなわち，個人の所属する社会が持つ価値規範や行動様式を習得し，これらに適合した行動がとれるようになることを指す。しかし，これは単に「社会に順応する」ことではない。社会性とは，個人が社会に対して働きかけたり，新しい価値を創造したりするといった，より積極的で能動的な態度を含む概念なのである。また，社会性は，狭義には，対人関係能力としてもとらえられる（繁多，1995）。
　それでは，乳幼児はいかにして他者との関わりを深め，社会的なものの見方や考え方，行動を身につけていくのだろうか。本章では，他者との関わりの発達，ことばとコミュニケーションの発達，向社会性の発達について説明する。

4.1　他者との関わりの発達

　ハーロウ（Harlow, 1966）は，誕生直後から1匹だけ完全に隔離された状態で6カ月以上飼育されたアカゲザルが，その後，仲間と接触させても交流しようとせず，ほかのサルに対して異常な恐怖を示すことを明らかにした。この実験からわかるように，社会性の発達には，適切な社会的接触を経験することが重要である。それでは，人間の乳幼児はいかに他者との関わりを開始し，深めていくのだろうか。

4.1.1 他者への関心の芽生え

　他者への関心の芽生えは，ごく早い時期からみられる。後述するように，乳児は人の顔や話し声，しぐさによく反応する。これらは他者と関わりを持つための基本的な能力といえよう。このような反応を示す乳児に対して，私たちは愛情や庇護の感情を持ち，より一層関わりを持とうとする。また，私たちの働きかけがさらに乳児の反応を促し，両者の関係は深まっていくのである。

1. 乳児による顔の認知

　ファンツ（Fantz, 1961）は，図 4.1 のようなさまざまな図形を乳児に見せ，どの図形を長く注視するかを調べた。その結果，乳児は人の顔の図形をより長く注視することが示された。また，乳児は，無表情の顔やゆっくりと左右に動いている顔よりも，話している顔を長く注視する（Haith et al., 1977）。乳児は，人の顔に対して選択的に注意を引きつけられるだけではなく，黙った顔よりも話している顔を，写真よりも実際の顔を，知らない顔よりも知っている顔をより注視するのである。

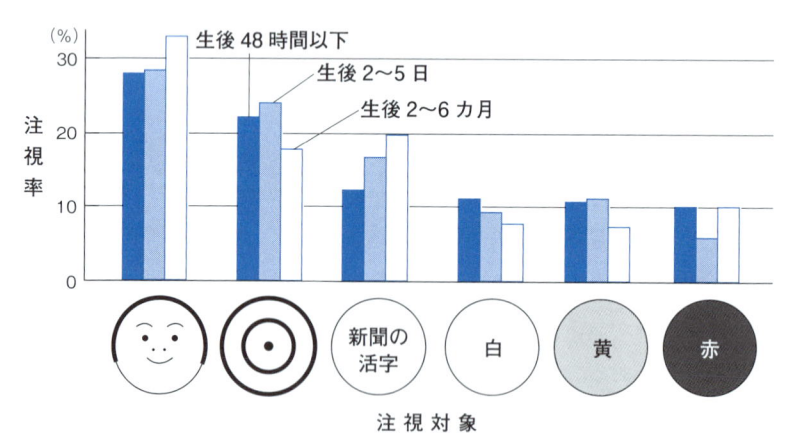

図 4.1　乳児による図形パターンの注視（Fantz, 1961）

2. 乳児による声の認知

コンドンとサンダー（Condon & Sander, 1974）は，人の声に対する乳児の反応を観察した。その結果，生後1，2日目の乳児であっても話し手のリズムに合わせて頭や足を動かすことが示された。無意味なことばや音ではこのような反応はみられなかったことから，乳児は人の話し声に対して敏感に反応しているといえる。

3. 乳児による共鳴反応

出生直後の新生児は，他者のさまざまな表情に対し，模倣するかのような反応（**共鳴反応**）を示す。メルツォフとムーア（Meltzoff & Moore, 1977）は，生後1カ月未満の乳児を対象に，大人が口をすぼめたり舌を出したりした際の乳児の反応を観察した（図 4.2，図 4.3）。その結果，乳児は大人と同じ動作で反応することが多いことが明らかになった。共鳴反応は，意図的な模倣というよりは，より原始的な反応であると考えられており，出生直後の新生児であっても，人の表情に対して特別な感受性を示すといえる。

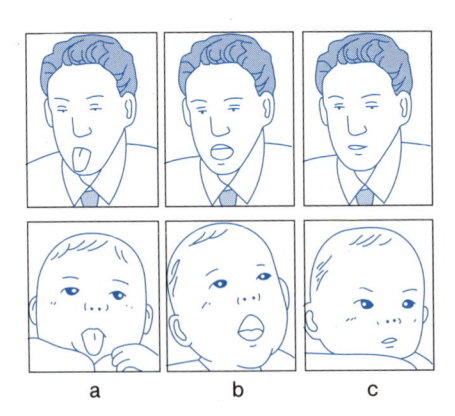

図 4.2 乳児による共鳴反応（Meltzoff & Moore, 1977）
a. 舌出し（あかんべえ），b. 口を大きく開ける，c. 口をすぼめて突き出す。

ビデオ観察者の判断基準

a. 口をすぼめて出す　b. 口をあける　c. 舌出し（あかんべえ）　d. 「にぎにぎ」のしぐさをしたか

①は「口をすぼめて突き出す」，②は「口を大きく開ける」，
③は「舌出し（あかんべえ）」，④は「にぎにぎのしぐさ」。

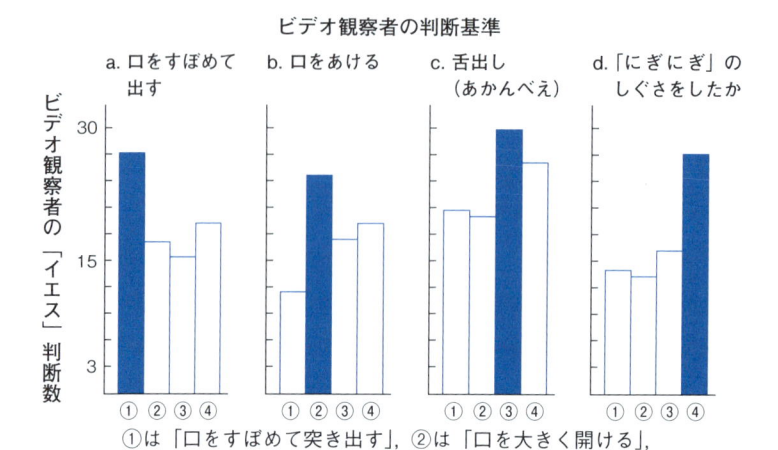

図 4.3　メルツォフらによる実験結果（Meltzoff & Moore, 1977；内田，2008）
新生児に対し，実験者が①〜④のしぐさをやって見せる。ビデオ観察者は，その際の新生児の様子を収録したビデオを見て，新生児の反応について判断するよう求められた。その結果，4つのしぐさのいずれの場合においても，新生児の反応は実験者と同じ動作であるとの判断がもっとも多かった。

4.1.2　養育者との関わり

　乳幼児期に主に関わる他者は，多くの場合において養育者である。とくに，発達初期にあたる乳児期には，養育者（主に母親）との関わりが重要である。乳幼児は，養育者が側にいると安心するが，養育者の姿が見えないと不安を感じ泣き出したりする。これは，子どもと養育者との間に特別な絆ができている証でもある。このような絆はどのように形成されるのだろうか。また，その後の発達にどのような影響を及ぼすのだろうか。

1. 子どもと養育者の絆

　従来，乳児と養育者との間の絆は，飢えや渇きといった生理的欲求の充足を通じて2次的に派生するものと考えられてきた。しかし，いくつかの研究によって，この絆の起源が生得的なものであると考えられるようになった。

図4.4　ハーロウのアカゲザルの赤ちゃんによる実験（Harlow, 1958）
ハーロウは，子ザルを母親代わりの人形（代理母）を2体置いた飼育箱の中で飼育した。代理母のうち，1体は針金で作られたもので，授乳できるようミルクが出る仕組みになっている。もう1体は，布でくるまれた柔らかい感触のもので，ミルクは出ない。
実験の結果，子ザルはミルクを飲むときには針金製の代理母のもとに行くが，それ以外の大部分の時間は，布製の代理母のもとで過ごした。そして，布製の代理母を拠点としてさまざまな探索活動を行った。
この結果から，子ザルにとっては栄養を与えてくれる存在よりも，接触によって暖かな感覚やそれに伴う安心感を与えてくれる存在のほうが重要であることが示唆された。

たとえば，ローレンツ（Lorenz, 1935/1977）は，カモやガンなどの鳥類が，生後間もない時期に最初に出会った対象に対して後追い行動をすることや，これらの行動が生理的欲求を満たさない場合であっても行われることを明らかにした。また，ハーロウ（Harlow, 1958）は，アカゲザルの赤ちゃんによる実験を行い，子ザルにとって，空腹を満たすこととは別に，安心感を与えてくれる存在が重要であることを明らかにした（図4.4）。

　これらの研究から，ボウルビィ（Bowlby, J.）は，人間の乳児が他者との関係を築き維持しようとする行動傾向を生得的に備えていると考えた。

表 4.1 愛着行動のカテゴリー (Bowlby, 1969：矢野・落合, 2000)

愛着行動のカテゴリー	行動例
1. 発信行動 （signalling behavior）	泣き，微笑，発声
2. 定位行動 （orienting behavior）	注視，後追い，接近
3. 能動的身体接触行動 （active physical contact behavior）	よじ登り，抱きつき，しがみつき

2. 愛着の発達

愛着（**アタッチメント**；attachment）とは，「人が特定の他者との間に築く緊密な情緒的結びつき」（Bowlby, 1988/1993）と定義される。また，**愛着行動**とは，特定の他者（主に母親）との近接を維持するための行動である（**表 4.1**）。ボウルビィは愛着行動が 4 つの段階で発達するとした（**表 4.2**）。第 1 段階は，特定の他者というよりは人間全体に対して愛着行動を行う段階である。第 2 段階に入ると，特定の他者（主に母親）に対して愛着行動を行うようになる。第 3 段階では，この傾向がさらに強まり，愛着対象以外の人物が接触しようとすると泣き出すなどの「8 カ月不安」を示すようになる。第 4 段階では，愛着対象が実際に目の前にいなくても，自分を支えてくれるであろう愛着対象を心の中に想起することで，安定して行動できるようになる。このように，愛着行動は，他者への行動レベルでの接近から，表象レベルでの接近へと発達するのである。

3. 愛着の個人差

子どもの気質や養育者の養育態度などの違いによって，両者の間で形成される愛着のスタイルは異なってくる。エインズワースら（Ainsworth et al., 1978）は，愛着の個人差を把握するために，**ストレンジ・シチュエーション法**（strange situation procedure）を考案し，母子の分離・再会場面における

表 4.2　愛着行動の発達（Bowlby, 1969；遠藤, 1997）

第1段階：人物の識別を伴わない定位と発信（誕生から生後 8〜12 週ごろ）

　人物を弁別する能力にまだ限りがあるので，主たる養育者，たとえば母親以外の対象に対しても広く愛着行動を向ける。その具体的な行動レパートリーは，追視，リーチング，微笑，泣き，発声，喃語などで，人の顔や声を知覚するとすぐに泣きやむというようなことも多い。

第2段階：1人または数人の特定対象に対する定位と発信（12 週ごろ〜6 カ月ごろ）

　行動レパートリーそのものは第1段階からそのまま引き継がれているが，それを向ける対象が1人か数人の人物（多くの場合母親）に絞り込まれてくる。視覚的にも，聴覚的にも，その特定人物の特徴を弁別的に知覚し，その対象との間で際だって親密な相互交渉を展開するようになる。

第3段階：発信および移動による特定対象への近接の維持（6 カ月ごろ〜2, 3 歳）

　この時期はさらに特定対象に対する選好が強まり，いわゆる「人見知り」や「分離不安」が顕在化してくる。家族などの見慣れた対象は2次的な愛着対象となりうるものの，見知らぬ人の働きかけに対しては頑なに応じない，あるいは，むしろおそれと逃避の反応を示すというようなことも生じ始める。運動能力が急速な高まりを見せ，はいはいや歩行などによる移動が可能となるため，愛着行動のレパートリーもさらに多様化する。離れていく母親の後追いをしたり，戻ってきた母親にかけより抱きついたり母親を安全基地として探索行動をしたり（母親と玩具などの目当ての対象との間を行きつ戻りつしながら安心して遊ぶ）と前段階にはない行動が見られるようになる（能動的身体接触行動が顕著に増加する）。また，認知能力の発達により，母親などの特定対象の行動や自分が置かれた状況に合わせて，自分の行動プランをある程度意図的に調整・変更できるようになる。もっとも，この段階ではまだ他者の感情や動機を読み取ることが困難なため，そうした行動の調整にも自ずと限りがあるといえる。

第4段階：目標修正的な協調性形成（3 歳前後〜）

　特定対象と自分（の関係）に関する認知的なモデル（表象モデルあるいは内的作業モデル）が安定した形で機能するようになり，たとえ絶えず接近していなくても，その対象は自分のところへ必ず戻ってきてくれる，何かあったら必ず助けてくれるという確認を持てるようになる。また，愛着対象が自分とは異なる意図や感情をもった存在であるということに気がつき始め，そのうえでその対象の行動をある程度予測できるようになる。すなわち，この段階になると，子どもは，自分と愛着対象相互の感情や意図の一致・不一致を敏感に察知し，それに応じて行動目標を適宜柔軟に修正することができるようになる。そして，結果的に愛着対象との間で協調的な相互交渉を持つことが可能になる。この段階にいたって，泣き，発声，後追いといった具体的な愛着行動はしだいに影を潜め，愛着対象そのものの存在ではなく，内在化した愛着対象のイメージ，モデルを心の拠りどころ，安心感の源泉として，特定の愛着対象以外，あるいは家庭外の人物，仲間と幅広く相互作用することができるようになる。

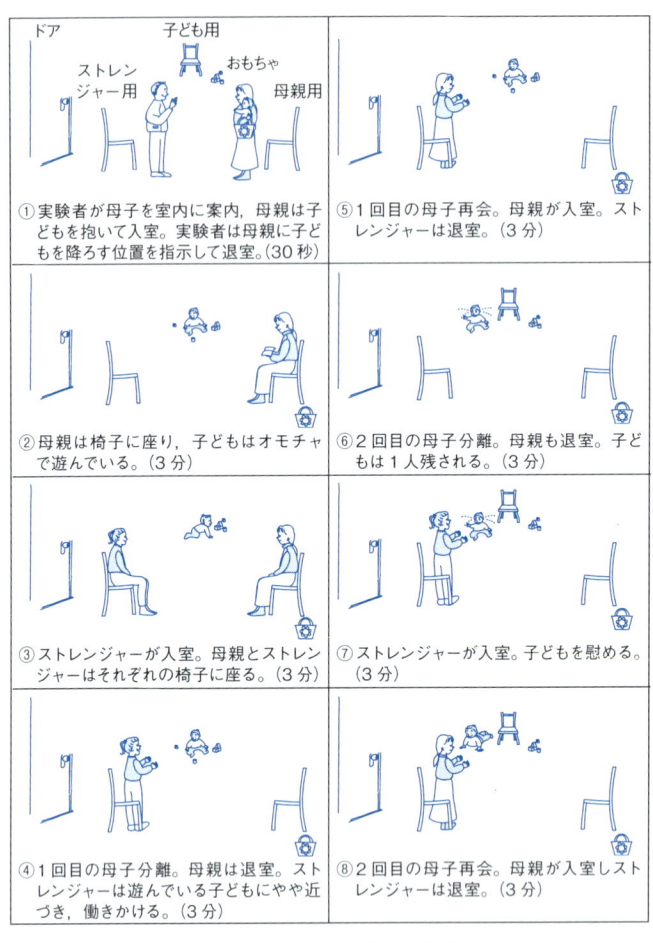

①実験者が母子を室内に案内，母親は子どもを抱いて入室。実験者は母親に子どもを降ろす位置を指示して退室。(30秒)	⑤1回目の母子再会。母親が入室。ストレンジャーは退室。(3分)
②母親は椅子に座り，子どもはオモチャで遊んでいる。(3分)	⑥2回目の母子分離。母親も退室。子どもは1人残される。(3分)
③ストレンジャーが入室。母親とストレンジャーはそれぞれの椅子に座る。(3分)	⑦ストレンジャーが入室。子どもを慰める。(3分)
④1回目の母子分離。母親は退室。ストレンジャーは遊んでいる子どもにやや近づき，働きかける。(3分)	⑧2回目の母子再会。母親が入室しストレンジャーは退室。(3分)

図 4.5 ストレンジ・シチュエーション法の手続き（遠藤・田中, 2005）
ストレンジ・シチュエーション法では，母子が分離し，再会する場面における子どもの行動を下記の6つの観点でとらえている。また，子どもの行動の組織化の程度（一貫性があるか）も同時に検討される。①養育者に対して近接を求める行動，②近接を維持しようとする行動，③近接や接触に対する抵抗行動，④近接や相互交渉を回避しようとする行動，⑤実験室から出て行った養育者を捜そうとする行動，⑥距離をおいての相互交渉。

子どもの行動によって，愛着のタイプを3つに分類した（図4.5）。

(1) Aタイプ（回避型）

分離の際にあまり混乱や困惑を示さない。また，再会においても母親（養育者）を喜んで迎え入れる様子が示されず，母親から目をそらすなど，明らかに母親を避けようとする行動がみられる。母親との身体接触を好まないばかりか，それに対する抵抗を示す場合も多い。また，母親を安全基地として実験室内の探索を行うことはほとんどみられず，母親とは関わりなく行動することが相対的に多い。

(2) Bタイプ（安定型）

分離の際に多少の泣きや混乱を示す。再会時には積極的に身体接触を求め，それまでの怒りや混乱が容易に治まる。実験全般にわたって，母親やストレンジャーに対して肯定的な感情や態度をみせることが多く，親との分離時にストレンジャーが慰めようとすれば，それを素直に受け入れることができる。母親を安全基地とした探索行動を積極的に行うことができる。

(3) Cタイプ（アンビバレント型）

分離の際には強い混乱や不安を示す。再会時には母親に強く身体的接触を求める一方で，母親に対して怒りを示したり，強く叩いたりする。このように親への近接と怒りに満ちた抵抗という相反する行動を示す。実験全体にわたって行動が不安定であり，用心深い態度がみられる。母親を安全基地とした探索行動はあまりみられず，執拗に母親にくっついていようとすることが多い。

また，マインとソロモン（Main & Solomon, 1990）は，上記の3つのタイプのいずれにも分類ができない子どもが存在することに着目し，Dタイプ（無秩序・無方向型）と名づけた。今日では，愛着のタイプは，Dタイプも含めた4つに分類されることが多い。

(4) Dタイプ（無秩序・無方向型）

顔を背けながら母親に接近する，母親にしがみついたかと思うとすぐに床に倒れこむなど，近接と回避という本来であれば両立しない行動が混在する。

4.1 他者との関わりの発達

不自然でぎこちない動きをみせたり，タイミングのずれた場違いな表情を浮かべながらじっと固まって動かなくなることもある。全体的に統一感のない行動を示す。

　これらの愛着の個人差を規定する要因の一つに，養育者による子どもへの関わり方があげられる。Ａタイプの養育者は，子どもの働きかけに対して否定的に振る舞うことが多く，子どもに対する働きかけも積極的ではない。こういった養育者のもとでは，子どもの愛着行動がかえって親を子どもから遠ざけてしまう可能性がある。そのため，子どもは，愛着行動をとらない（すなわち，回避型の愛着パターンをとる）ほうが，養育者との距離を一定範囲内にとどめておくのに効果的であるととらえるのである。

　また，Ｃタイプの養育者は，子どものシグナルに応じるものの，それが一貫していなかったり，敏感でなかったりする。こういった不安定な行動をとる養育者の注意を引きつけるために，子どもは，常に強烈なシグナル（怒りなどの強い情動）を送り続けたり，養育者に絶えず注意を払ったりする（執拗な後追い）と考えられる。

　Ｄタイプの養育者は，極度の精神的不安定さや虐待などの不適切な養育態度を示すことが多い。子どもに対する日々の態度は非常に不安定であり，そのため，子どもは不安や恐怖を感じ，どのように行動してよいか混乱する。その結果，Ｄタイプに見られる不可解な行動を示すと考えられる。

　一方，Ｂタイプの養育者は，子どものシグナルに対して敏感かつ適切に応答し，その行動は一貫している。子どもは養育者に対して高い信頼感や安心感を持つことができる。そのため，Ｂタイプの子どもは情緒的に安定しており，また，安心できる養育者のもとでのびのびと探索行動をすることができるのである。

　もちろん，愛着の個人差を規定するのは養育者の要因だけではない。気質などの子ども側の要因もある。養育者と子どもの相互作用の中で，愛着は徐々に形成されるのである。

4. 養育者との関わりと内的ワーキングモデル

　養育者との温かな関わりを通して，子どもは，他者に対しては「他者（世の中）は自分を受け入れてくれ，安心し信頼できる存在である」という表象を，自分に対しては「自分は他者から愛される価値のある存在である」という表象を形成する。一方，そのような関わりが十分に持てなかった場合には，「他者（世の中）は自分を拒否する，信頼できない存在である」「自分は愛される価値のない存在である」という表象が形成される。このような他者と自分に関する一般化された期待や確信を**内的ワーキングモデル**（internal working model）という。内的ワーキングモデルは，その後の対人関係においてひな型として働く。たとえば，ポジティブな内的ワーキングモデルを形成した子どもは，他者に対して積極的に働きかけたり，大きな混乱をすることなく他者との関係を開始することができる。一方，ネガティブな内的ワーキングモデルを形成した子どもは，他者との関係を形成することを回避したり，大きな不安を感じたりする。

　内的ワーキングモデルは乳幼児期や児童期に徐々に構成され，その後，簡単には変化しないと考えられている。こういった意味でも，乳幼児期における養育者との関わりは非常に重要なのである。

4.1.3　仲間との関わり

　無条件の愛情や身の回りの世話を中心とした養育者との関係とは異なり，仲間との関係は，遊びを共有し協力する喜びとともに，葛藤や競争を経験する貴重なものである。それでは，乳幼児はどのようにして仲間との関係を深めていくのだろうか。

1.　乳児期における仲間との関わり

　ルイスら（Lewis et al., 1975）は，12〜18カ月の乳児が，他児とその母親に出会った際の様子を観察した。その結果，乳児がもっとも多く接触したのは自分の母親であったが，もっともよく見つめたのは他児であった（**図4.6**）。また，生後2，3カ月頃には，仲間への注視，発声，微笑，手伸ばし

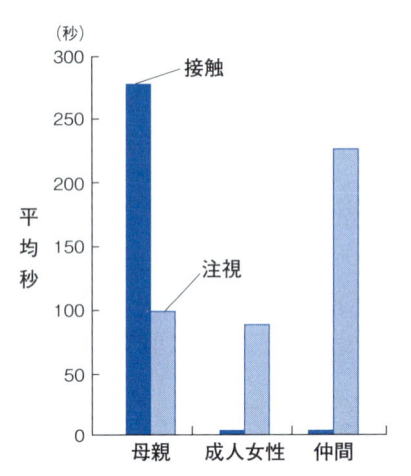

図 4.6 乳児が接触，注視した相手（Lewis et al., 1975；中澤，2008）
12〜18 カ月児が，自分の母親とともに，他の乳児（仲間）とその母親（成人女性）とプレイルームで初めて出会った。プレイルームで 900 秒間ともにすごした結果，乳児がもっとも接触したのは母親であった。一方，もっとも注視したのは他の乳児（仲間）であった。

といった行動がみられるようになる。このように，乳児は早い段階から仲間に対して高い関心を持っているといえる。

　乳児同士の相互作用は，生後 4，5 カ月から開始される。この時期には，他児の声に対してその子を見たり接近したりするといった応答行動や，微笑や発声を伴ったアイコンタクトをとるようになる（川井ら，1983）。その後，運動能力の発達とともに，動作による相互作用が増加し，とくに，触ったり触り返したりといった身体的な相互作用が頻繁にみられるようになる（Hay et al., 1983；櫃田ら，1986）。さらに，この時期には他児から玩具を取りあげるといった，物を媒介とした相互作用も可能になる。

　ただし，乳児同士の相互作用は，一時的で単方向のものがほとんどである。持続的で双方向的な相互作用がスムーズにできるようになるのは，幼児期以降となる。

2. 幼児期における仲間との関わりと遊びの発達

　幼児期に入ると，仲間への働きかけは増加する。エッカーマンら（Eckerman et al., 1974）は，10～24カ月の乳幼児の母子2組ずつを同じ部屋で遊ばせ，その様子を観察した。その結果，10～12カ月の乳幼児では母親への接触と仲間への接触が同程度であったが，16カ月以降の乳幼児になると，母親への接触が減少し，仲間への接触が増加した（**図4.7**）。幼稚園での仲間との生活が始まることもあり，養育者との関わりが中心であった乳児期と比べ，幼児期は仲間との関わりが急増するのである。

　幼児期における仲間との関わりは，多くの場合，**遊び**を通して行われる。パーテン（Parten, 1932）は，遊びを社会的行動ととらえ，社会性の観点から遊びを分類し，その発達を明らかにした（**表4.3**，**図4.8**）。2歳代では**ひとり遊び**や**並行遊び**が多く，仲間とともに遊ぶことは少ない。しかし，2歳半から3歳で**傍観者遊び**がもっとも多いことから，この年齢の子どもたちは，ほかの子の遊びには参加していないが，他児の活動に興味を持ち始めている

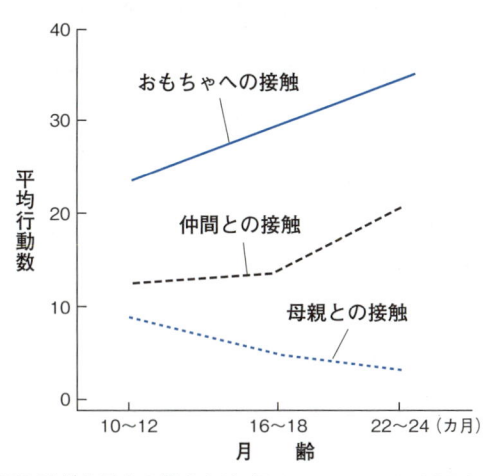

図4.7　初対面の子ども同士の働きかけ（Eckerman et al., 1974；小林，2010）

表 4.3 遊びの分類と発達 (Parten, 1932)

分類	内容	年齢差
専念しない行動	興味を持ったものをじっと見ていることもあるが，そうでないときは，ぼんやり立っていたり，部屋の中をちらちら見ながら座っている。	2〜3歳の年少の子どもにのみ見られる。
ひとり遊び	他の子どもと話ができる距離にいるが，近くにいる子どもとは違う玩具で，一人で独立して遊んでいる。他の子どもに近寄ったり，話しかけることはなく，自分の遊びに専念している。	2歳半でもっともよく見られるが，3歳さらに4歳になると減少する。
傍観者遊び	ほとんどの時間を他の子どもたちが遊ぶのを見て過ごす。観察している子どもたちに話しかけたり，質問することもあるが，明らかに遊びの中に入っていない。「専念しない行動」との違いは，特定のグループの子どもたちを観察していることである。	2歳半〜3歳でもっともよく見られる。
並行遊び	一人で遊んでいるが，他の子どもたちの近くで，同じような玩具で遊んでいる。しかし，他の子どもの遊びには関心を示さず，自分の遊びに夢中になり一人で遊ぶ。	2歳でもっとも多く，3〜4歳でもっとも少ない。
連合遊び	集団遊びの一つ。共通の活動，興味があり，玩具の貸し借りや遊びに関する会話がある。遊びの役割分担や組織化は見られない。	年長になるに従って増加する。
協力遊び	組織化された集団遊び。リーダーがいて役割分担したり，組織化されたグループの中で遊ぶ。ある物を作ろうとか，あることを達成しようとする目的がある。	3歳から顕著に増加する。

ことがうかがえる。3歳以降になると連合遊びや協力遊びが増加する。このように，乳幼児の遊びは，自分一人での遊びから，仲間の遊びの観察を経て，共通のルールや目的を持った遊びへと発達するのである。

3. 仲間との関わりの役割

仲間との関わりは，私たちの社会性の発達においてどのような役割を果たしているのだろうか。斉藤（1986）は，幼児期における仲間関係の役割について，①他者理解・共感の発達，②社会的カテゴリーの理解，③社会的規則の理解，④コミュニケーション能力の発達，⑤自己統制能力の発達，の5つをあげている。認知能力や社会性の発達によって仲間との関わりが促進され，仲間との関わりによってさらに発達が促されるのである。

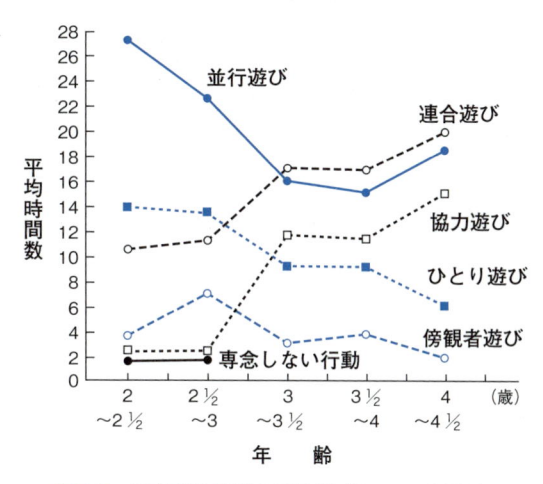

図 4.8　保育所の子どもの遊び（Parten, 1932）
平均時間数は 1 日 1 分間の観察を各児で 60 日（回）行ったものの平均である。

4.2　ことばとコミュニケーションの発達

　他者と関わる際の重要なツールにことばがある。私たちはことばを使って自分の感情を表現し，また，他者と意思疎通を図る。乳幼児期に使用される，いわゆる「話しことば」は一次的ことばと呼ばれ，遊びと一体化した子ども自身の生活の場で獲得されていく（岡本，1985）。一次的ことばは，親や友だちなど特定の他者との会話場面で使用され，ことば以外の手段（表情・身振り）によっても支えられる。それでは，ことばとコミュニケーションはどのように発達するのだろうか。

4.2.1　ことば以前のコミュニケーション

　乳児はまだことばを使うことができない。しかし，声や指差しによることば以前のコミュニケーションは，生後間もなくから行われている。乳児は，「おなかが減った」などの不快感を表すために，「泣く」という声によってコ

ミュニケーションをとる。生後6〜8週間頃になると，クーイング（cooing）と呼ばれる「アー」などの声を出す。クーイングは，機嫌のよいときによくみられ，「泣く」こととは明確に区別される。生後6カ月頃になると，「ババババ」「ママママ」などの喃語（babbling）がみられるようになる。喃語は，他者がそばにいると発声する頻度が高まることから，コミュニケーションの機能を持っていると考えられる。喃語は，レパートリーが増えたり音節が長くなったりして，徐々に言語音へと近づいていく。これらの音は「言語」ではない。しかし，「アー」「ババババ」などの発声であっても，要求や感情の表出によって微妙に音調が異なっており，言語に近い機能を果たしていると考えられる。

4.2.2　3項関係の成立

3項関係とは，1歳頃に成立する「私―あなた―もの・こと」の関係である。母親に抱かれた乳児は，玩具を指差し，「母親（あなた）」と「玩具（もの・こと）」を見ていることに満足する。これは共同注視（joint attention）行動と呼ばれ，「私―あなた」と「私―もの・こと」という2つの2項関係が形成されていることを示す。そして，この2つの2項関係が結合し，「私―あなた―もの・こと」という3項関係が成立する。

3項関係が成立すると，人を介して物事と関わったり，物事を介して人と関わったりすることが可能になる。この3項関係は，最初は「今，目の前にいるあなた」との間にのみ形成するが，徐々に時間的・空間的制限を超えても成立するようになる。つまり，相手が目の前にいなくても，また，今の事柄でなくても，他者とコミュニケーションがとれるようになる。3項関係は，ことばのシンボル（象徴）としての機能に対する理解を高める（岩田，1990）。すなわち，3項関係の成立は，ことばを用いるための重要なステップであるといえる。

4.2.3 ことばを用いたコミュニケーション

1歳頃になると，同じ内容のことについて一貫して同じことばを発するようになる。これは，初語(しょご)と呼ばれ，子どもの欲求と結びついた形で習得されることが多い（表4.4）。この時期には，「ママ」「ワンワン」などの一語文がみられる。一語文は，1つの単語であるものの主語・述語などを含んだ文

表 4.4　13 カ月の乳児の初語 (戸田, 2005)

領　　域	ことば（人数）
動物	ニャンニャン（5），ワンワン（5），カエル（1）
食物	マンマ（12），ジュージュー（2），パン（1），お茶（1），アナナ（バナナ）（2）
車類	ブー（3）
衣類	くつ（1）
身体の部位	目ンメ（1），おっぱい（1）
人	パパ（14），ママ（14），バッチャン（4），ジッチャン（2），自分の名前（1）
動詞・活動語	イヤ（6），あった（2），バイバイ（5），ナイナイ（3），イナイイナイバ（7），ダメ（1），ネンネ（3），イナイ（1）
質・属性	アーア（6），うまい（2），イタイ（8），はい（3），アチー（1）
代名詞	こっち（1），これ（2），あっち（2），もっと（1），ここ（1）
その他	チャプチャプ（風呂），アンパンマン，ユンボー（テレビのキャラクター），ごつん，イエーイ など （各1）

注）（　）内の数字は人数を表す。
もっとも多い初語は，「パパ」「ママ」，ついで「マンマ（ご飯）」であった。養育者と食べ物は，子どもと非常に関わりの強いものであり，初語が基本的な欲求と結びついていることがわかる。

4.2　ことばとコミュニケーションの発達

に近い機能を果たしている。したがって，そのもの自体を表す場合もあるが，それ以外の意味が含まれる場合も多い。たとえば，「ワンワン」は「ワンワンがいた」という叙述的意味かもしれないし，「ワンワン，こっち向いて」という呼びかけかもしれない。また，イヌだけではなく「動物」全般を表すために「ワンワン」ということばが使用される場合もあるし，イヌ全般ではなく自分の飼い犬のみを「ワンワン」と表す場合もある。

2歳頃には「ママ，ごはん」などの二語文が使えるようになる。生活空間の広がりに伴い，子どもは新しい物事や現象に出会うようになる。この時期は，第1質問期と呼ばれ，大人に対して「あれ何」「これ何」と頻繁に尋ねるようになる。こうして，語彙は急激に増加していく（図4.9）。

3歳をすぎると「の」「が」「に」「と」などの助詞や，「それから」「それで」などの接続詞が使えるようになる。加えて，単に物の名称だけではなく，「なぜ」「どうして」といった事象の理由や原因を問う質問が急増する（第2質問期）。

もちろん，子どものことばには間違いも多い。大人のことばを模倣したり

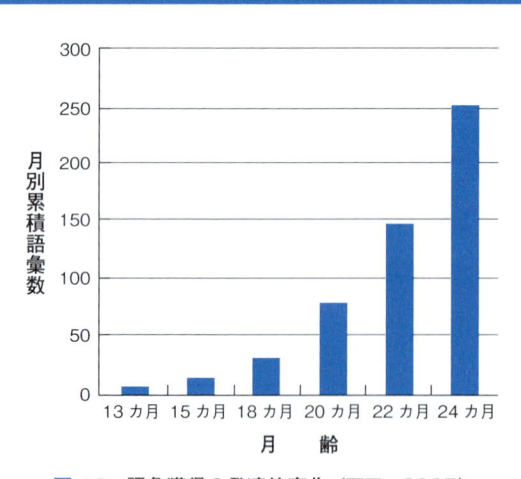

図4.9 **語彙獲得の発達的変化**（戸田，2005）

他者から間違いを訂正されたりすることを通して，子どもは正しい語彙や文法を獲得していくのである。ことばの発達には大人や仲間とのコミュニケーションが大きな役割を果たしているといえよう。

4.3 向社会性の発達

向社会性とは，他者へのポジティブな行動傾向や関心などを意味する（橋本，2000）もので，一般的には「思いやりがある」「誠実である」といった言葉で表される。

向社会性がいかに発達するのかについては，精神分析学の観点，社会的学習理論の観点，認知的発達理論の観点からの説明が代表的である（Eisenberg & Mussen, 1989/1991）。精神分析学の観点においては，同一視による内在化のプロセスが重視され，このプロセスはとくに道徳性の発達に不可欠であるとみなされている。すなわち，重要な他者（主に親）が持つ規範や価値を自分の中に取り入れ（同一視），自分自身がこれに合致した規範や価値を身につけていく（内在化）と考えられている。また，社会的学習理論の観点においては，行動的側面に焦点があてられており，向社会的行動は，賞罰による強化やモデリングによって学習されると考えられている。認知的発達理論の観点では，子どもを自ら主体的に社会に関わろうとする存在としてとらえ，子どもと環境との相互作用によって向社会性に関わる認知的発達がなされると考えられている。

4.3.1 向社会的行動の発達

向社会的行動（prosocial behavior）とは，「困っている人を助ける」「募金をする」「自分の玩具を貸す」といった，他者に利益をもたらす自発的行動全般を指す（『心理学辞典』中島ら，1999）。向社会的行動の中でも外的報酬を期待することなく行われるものを**愛他的行動**（altruistic behavior）といい，これは「自らの利益よりも他者のために行動したい」という愛他性の動機を

前提としている。

　向社会的行動の芽生えは，1歳半から2歳頃にみられる。この時期の子どもは，苦痛を示している他者をなでたり触ったりするといったように，身体接触の形で積極的に関わろうとする（Eisenberg, 1992/1995）。その後，向社会的行動がいかに発達するのかについては，研究によって取りあげた向社会的行動の種類や研究方法がさまざまであり，一貫した結果は得られていない。しかし，全体的には加齢とともに向社会的行動は増加し，その内容もより適切で効果的なものになるといえる（Eisenberg, 1992/1995）。

　それでは，向社会的行動の生起にはどのような要因が関連しているのであろうか。ここでは，共感性と向社会的判断を取りあげ，その発達について説明する。

1. 共感性の発達

　共感性（empathy）とは，「他者の経験についてある個人が抱く反応を扱う一組の構成概念」と定義される（Davis, 1994/1999）。フェシュバック（Feshbach, 1975）によれば，共感性には①他者の感情状態を認識する能力，②他者の視点，役割をとる能力，③共有された感情反応の喚起，の3つの成分があるとされる。デイビス（Davis, 1994/1999）は，共感性を向社会的行動の動機づけ要因と考えており，共感性の成分や向社会的行動の種類によっても異なるが，大まかに言えば，共感性が高いほど向社会的行動が生じやすいといえる。

　では，共感性はどのように発達するのだろうか。ホフマン（Hoffman, 1987）は共感性の4つの発達段階を提唱している（表4.5）。第1段階（1歳以前）では，自己と他者が未分化であるために，他者の苦痛と自分の苦痛を混同してしまう。第2段階（1歳頃）になると，苦痛を感じているのが自分ではなく他者であることは理解できるものの，他者の思考や欲求が自分のものと同じであると考える。したがって，「自分にとって心地よいことは相手にとっても心地よい」ととらえてしまい，悲しそうな表情をしている大人に対して自分のぬいぐるみを与えようとしたり，泣いている友だちを慰めるた

表 4.5　共感性の発達 (Hoffman, 1987；伊藤・平林, 1997)

1. 全体的共感	自己と他者を区別できるようになる以前に，他者の苦痛を目撃することで共感的苦痛を経験する。他者の苦痛の手がかりと自分に喚起された不快な感情を混同して，他者に起こったことを自分自身に起こっているかのようにふるまう（例：他の子どもがころんで泣くのを見て自分も泣きそうになる）。
2. 自己中心的共感	自己と他者がある程度区別できるようになり，苦痛を感じている人が自分ではなく他者であることに気づいているが，他者の内的状態を自分自身と同じであると仮定する（例．泣いている友だちをなぐさめるために，その子の母親ではなく，自分の母親を連れてくる）。
3. 他者の感情への共感	役割取得能力が発達するにつれて，他者の感情は自分自身の感情とは異なり，その人自身の欲求や解釈にもとづいていることに気づく。言語獲得に伴い，他者の感情状態を示す手がかりにますます敏感になり，ついには他者が目の前にいなくてもその人の苦痛に関する情報によって共感する。
4. 他者の人生への共感	児童期後期までに，自己と他者は異なった歴史とアイデンティティをもち，現在の状況のみならず人生経験に対しても喜びや苦しみを感じることを理解して共感する。社会的概念を形成する能力を獲得すると，さまざまな集団や階層の人々に対しても共感するようになる。

めに，その子の親ではなく，自分の親を連れてきたりするなどの行動をとる。第3段階（2～3歳）では，認知的な発達に伴い，他者の感情や思考が自分とは異なったものであると考えられるようになる。向社会的行動はより適切なものとなり，泣いている友だちを慰めるために，その子の親を連れてくるようになる。そして，第4段階（児童期後期以降）では，不特定の人々に対して共感したり，他者の一般的な状態に対して共感することが可能になるのである。

2. 向社会的な道徳判断の発達

　困っている他者を前にしたとき，手助けをするか否かの判断は何にもとづいてなされているのだろうか。アイゼンバーグ（Eisenberg, 1986）は，自分の要求と他者の要請が対立するようなジレンマ場面を取りあげ，なぜ自分が

向社会的行動をするのか（あるいは，しないのか）の理由づけが，年齢とともに変化することを明らかにした（表4.6）。これによると，幼児期はレベル1にあたり，自分自身に対する関心（援助の結果，自分にどのような結果が生じるか）によって判断する段階といえる。その後，他者の要求に気づいたり，ステレオタイプ的な善悪にもとづいたりして判断する段階を経て，相手の立場になって考え判断する段階に至り，最終的に，自分自身の中に内在化された基準にもとづいて推論を行う段階へと発達する。

4.3.2 道徳性の発達

道徳性（morality）は広い分野から研究される概念であり，規範や慣習を尊重する意識を道徳性ととらえるもの，正義や公正さの観点からとらえるもの，あるいは，道徳的な問題を解決する能力ととらえるものなど，その定義は実にさまざまである。多様な側面を持つ道徳性であるが，それはいかに発達するのだろうか。

1. 規則に対する認識の発達

ピアジェ（Piaget, 1932/1954）は，子どもの規則に対する認識についての3つの発達段階を提唱した。

第1段階……規則が子ども個人にとって強制的でない段階（〜3歳）。

第2段階……規則は大人が決めたものであり，神聖なものであるから修正できないと考える段階（4〜9歳）。

第3段階……規則は参加者の同意にもとづく一つの法律のようなものであり，その規則への尊敬が必要であるが，皆の同意によっては修正も可能であると考える段階（10歳〜）。

第1段階の子どもは，規則の認識の芽生えはあるものの，それは義務や拘束としての意味を持っていない。第2段階に入ると，規則は絶対的なものとなり，子どもは示された規則どおりに振る舞おうとする。しかし，10歳をすぎると，規則は相互の同意によって形成されるものであるという認識ができるようになる。つまり，発達するにしたがって，規則は拘束的で他律的な

表 4.6 向社会的な道徳判断のジレンマの例と向社会的な道徳判断のレベル
(Eisenberg, 1986 ; 広田, 2008)

　ある日，メアリー（エリック）という名前の女の子（男の子）が，友達の誕生会に行こうとしていました。その途中メアリー（エリック）は，ころんで足にけがをした女の子（男の子）に出会いました。その子はメアリー（エリック）に，その子の家まで行って，病院に連れて行くために親を呼んできてくれるよう頼みました。しかしたとえ，その子の親を呼びに走っていったとしても，メアリー（エリック）は誕生会に遅れてしまい，アイスクリームやケーキを食べ損なったり，ゲームに参加できなくなったりするかもしれません。メアリー（エリック）はどうするべきなのでしょうか？またその行動をする理由は？　（　）は男子用
（幼稚園児と小学生用）

レベル1：快楽主義的・自己焦点的指向
道徳的な考慮よりも自己に向けられた結果に関心を持っている。他者を助けるか助けないかの理由は，自分に直接得るものがあるかどうか，将来にお返しがあるかどうか，自分が必要だったり好きだったりする相手かどうか（情緒的な結びつきによる），といった考慮である。〔小学校入学前および小学校低学年で有力〕

レベル2：（他者の）要求指向
他者の要求が自分の要求と対立するものであっても，他者の身体的，物質的，心理的要求に関心を示す。この関心は，思慮深く考えられた役割取得，同情の言語的表現，罪のような内面化された感情への言及といった明確な証拠なしに，きわめて単純なことばで表明される。〔小学校入学前および多くの小学生で有力〕

レベル3：承認および対人的指向，あるいはステレオタイプ化された指向
良い人・悪い人，良い行動・悪い行動についてのステレオタイプ化されたイメージ，もしくは他者からの承認や受容を考慮することが，向社会的行動あるいは援助行動を行うかどうかを正当化する理由として用いられる。〔一部の小学生と中・高校生で有力〕

レベル4a：自己反省的な共感的指向
このレベルの人の判断には，自己反省的な同情的応答もしくは役割取得，他者の人間性への関心，人の行為の結果に関連した罪もしくはポジティブな感情などが含まれている。〔小学校高学年の少数と多くの中・高校生で有力〕

レベル4b：移行段階
助けたり助けなかったりする理由は，内面化された価値や規範，義務および責任を含んでおり，より大きな社会の条件，あるいは他者の権利や尊厳を守る必要性への言及を含んでいる。しかし，これらの考えは明確に述べられるわけではない。

レベル5：強く内面化された段階
助けるか助けないかを正当化する理由は，内面化された価値，規範，責任性，個人的および社会的に契約した義務を維持したり社会の条件を改善しようとする願望，全ての個人の尊厳，権利および平等についての信念に基づいている。
自分自身の価値や受容した規範に従って生きることにより，自尊心を保つことにかかわるプラスあるいはマイナスの感情も，この段階の特徴である。〔中・高校生のごく少数で有力で，小学生ではまったくみられない〕

もの（他律的道徳性）から，協同的で自律的なもの（自律的道徳性）へと変化していくのである．

この2つの道徳性を規定する要因は，認知的能力と社会的関係であると考えられている．他律的道徳性は，自己中心性と大人への一方的な尊敬によって規定される．一方，自律的道徳性は，自己中心性からの脱却と，仲間関係のような互恵的・協同的な関係によってもたらされるのである．

2. 過失，盗み，嘘に関する道徳判断

ピアジェは，5歳から13歳の子どもを対象に，過失や盗み，嘘に関する善悪の判断の発達について検討した．そこでは，以下のような例話が用いられ，「どちらが悪いのか」「なぜそう思うのか」が尋ねられた．

> 【過失に関する例話（要旨）】
> A：ジャンは，食事に呼ばれたので食堂へ入っていきます．食堂の扉の後ろに椅子があり，椅子には15個のコップがのったトレイが置かれていました．ジャンは扉の後ろにトレイがあるとは知らないで扉をあけたので，コップは15個ともみんな割れてしまいました．
> B：アンリは，お母さんの留守に戸棚の中のジャムを食べようとしました．椅子にのぼって腕を伸ばしましたが，高すぎてジャムまで手が届きません．無理にとろうとしたので，そばにあった1つのコップが落ちて割れました．

10歳以前の子どもは，「コップをたくさん割ったから，ジャンのほうが悪い」のように，「行為による物理的結果」によって善悪を判断する（客観的責任概念）．10歳以降になると「お母さんの留守中にジャムを取ろうとしたから，アンリのほうが悪い」など，「行為の動機」によって善悪を判断するようになる（主観的責任概念）．幼児期は，物理的な結果から判断する客観的責任概念の段階にあるといえる．その後，児童期の半ば頃から客観的責任概念による判断は減少し，主観的責任概念による判断が増加していく．

3. コールバーグの道徳性発達理論

コールバーグ（Kohlberg, L.）は，「ハインツのジレンマ」などのモラル・

ジレンマ課題を用い，ジレンマのある状態においてどのような判断が下されるかというよりは，どのような理由づけのもとに判断するのかを調べた。

【ハインツのジレンマ（要旨）】
　ハインツの妻はガンのため死に瀕していた。命を救う薬はあるが，その薬は製造するための費用の10倍もの値段が薬屋によってつけられていた。ハインツは妻の命を救うため必死で知人からお金を借りたが，薬の値段の半分しか集まらない。ハインツは薬屋に訳を話して，値引きをしてもらうか，後払いにしてもらえないかと頼む。しかし，薬屋は「金儲けをしたいからダメだ」とハインツの頼みを断る。思い詰めたハインツは薬屋に泥棒に入る。

【質問】
「ハインツは，盗むべきでしたか？」
「なぜですか？」
「もし，ハインツが奥さんを愛していなかったらどうですか？」
「もし，死にそうなのが，人ではなくてあなたのペットの場合はどうですか？」　　など

　コールバーグは，道徳性は6つの段階を経て発達するとした（**表4.7**）。**前慣習的水準**にある子どもは，警察に逮捕されるかどうか，刑務所に入れられるかどうか，その刑罰は苦しいかどうかといった，罰に対する恐れや自分の快・不快あるいは損得によって判断する。**慣習的水準**になると，家族や世間の人からどう思われるか，今ある社会秩序を壊すことにならないかといった，非難・不名誉・社会的秩序の破壊への恐れにもとづいて判断する。**慣習以降の自律的，原則的水準**では，自分の良心の基準に従っているかどうか，法や社会体制あるいは人間の尊厳や正義に適っているかどうかなど，良心・正義・人間の尊厳などの原理にもとづいて判断する。

　コールバーグの道徳性研究においては，法，慣習，正直，責任，公正といった問題が包括されており，また，自律的な道徳性の発達が遂げられるのは25歳頃であると考えられていた。これに対し，デーモン（Damon, 1971,

表 4.7　コールバーグによる道徳性の発達段階
（荒木，1988）

Ⅰ　前慣習的水準
段階0：自己欲求希求志向
段階1：罰と従順志向（他律的な道徳）
段階2：道具的相対主義（素朴な自己本位）志向

Ⅱ　慣習的水準
段階3：他者への同調，あるいは「よい子」志向
段階4：法と秩序志向

Ⅲ　慣習以降の自律的，原則的水準
段階5：社会的契約，法律尊重，および個人の権利志向
段階6：普遍的な倫理的原則（良心または原理への）志向

1973）は，肯定的な公正観に着目し，4歳から8歳の子どもを対象に検討を行った。肯定的な公正観とは，「玩具や食べ物を友だちにどのように分けるべきか」といったものであり，「悪いことをしたときにどんな罰がふさわしいか」といった報復的な公平さは含まれない。デーモンの研究では，下記のような質問とジレンマ課題に対する反応を分析している。

【分配と分類についての質問】
　「なぜ分け合うことは良いことなのか？」
　「家族の中で一番デザートをたくさん貰うのは誰か？　それは公平か？」
　　など
【ジレンマ課題】
　あるクラスの子どもたちが1日かかってクレヨンで絵を描き，その後描いた絵をバザーで売った。何枚も描いた子，上手に描いた子などさまざまである。バザーの収益はどのように配分すべきだろうか。それはなぜだろうか。

表 4.8　公正概念の発達段階 (渡辺, 1986, 1992)

段　階	概　要
0-A	行動を起こしたいという欲求から選択。理由を正当化しようという意図はなく，ただ欲求を主張することのみ（例："それを使いたいから得たい"）。
0-B	依然，欲求中心だが，外見的特徴や性などに基づいて理由づけするようになる（例："女の子だからいちばんたくさん欲しい"）。目的は変わりやすく，自分を有利にする傾向がある。
1-A	厳密な平等性の概念からなる（例："みんな同じだけもらうべき"）。平等はけんかや葛藤を避けるものとして考えられる。一方的で柔軟性に欠ける。
1-B	行動の互恵的観念からなる。人は善・悪に関してお返しを受けるべきと考える。メリットや功績の概念が現れるが，まだ一方的で柔軟性に欠ける。
2-A	様々な人が存在しているが，人間的価値は等しいということが理解されている。ただ選択理由は主張（競争）を避け，量的に妥協しようとする（例："彼はいちばん多く，彼女は少し"）。
2-B	互恵，平等，公平の真の意味を考える。様々な人の主張や状況の特殊性を理解する。したがって，場面により判断理由は変わる。基本的にはだれもが当然，分け前をもらうべきだという考え方。

　検討の結果，コールバーグが 0 段階とした子どもが，すでに高い公正の概念を発達させていることを明らかにした（表 4.8）。また，デーモン（Damon, 1975）は，この発達段階と論理的思考との関連を検討し，道徳性と論理的思考能力とが同型的な構造を持ち，相互に関係していることを指摘している。

児童期の知性の発達 5

　児童期は，7～12歳までの小学生の段階にあたる。児童期の子どもは，心身ともに大きな成長を遂げると同時に，学校において学習を進めたり，同年齢の仲間と関わる時間が多くなったりするなど，さまざまな環境の変化を経験する。

　本章では，このような児童期における「知性」に注目し，その特徴と発達についてみていく。知性とは，思考，理解，判断，推論など，人の知的な働きを包括的に表す言葉であり，子どもたちの学習活動のみならず，日常生活における問題を解決する際にも重要な役割を果たすものである。

　本章の構成は次のとおりである。まず，知性と深い関わりのある「知能」の特徴と発達についてみていく。次に，知能と同様に知性の重要な一側面である「創造性」について紹介する。そして，知能と創造性の基本的な構成要素である「思考」の働きに注目し，その発達について詳しくみていく。最後に，児童期における「学力」の様相について述べる。

5.1　知　能

5.1.1　知能とは

　「知能とは何か」と考えたとき，「頭の良さ」や「賢さ」を思い浮かべる人は多いであろう。「頭の良さ」や「賢さ」は，わかりやすい言葉ではあるが，非常にあいまいな言葉でもある。たとえば，「頭の良さ」という言葉の中の「頭」とは何を指すのだろうか？　あるいは，「良さ」とは何を指すのだろうか？　「頭の良さ」や「賢さ」の内容をより明確にするために，まずは知能の定義を説明しておこう。

　心理学においては知能の定義がいくつか提唱されている。代表的なものとして，①ターマン（Terman, L. M.）による「抽象的な思考能力」，②ディア

ボーン（Dearborn, W. F.）による「学習能力」，③シュテルン（Stern, W.）による「新しい環境や問題状況への適応能力」という定義がある。それぞれの定義は，知能の重要な側面を表しているが，知能の全体を包括的にとらえることができていないという問題もある。そこで，ウェクスラー（Wechsler, D.）は，①から③の定義を総合し，「さまざまな状況において目的に沿って合理的に考え，行動できる全体的な能力」と定義している。

このように定義をみてみると，知能は，「勉強ができる，できない」という狭い範囲の知的能力を意味するものではなく，日常生活の広い範囲にわたって必要とされる知的能力を意味するものであることがわかる。

5.1.2　知能の種類と発達

知能を定義したところで，その具体的な内容についてみていこう。ホーンとキャッテル（Horn & Cattell, 1966）によれば，知能は，**流動性知能**（fluid intelligence）と**結晶性知能**（crystallized intelligence）という，異なる性質を持つものに分かれるという。流動性知能は，問題解決，計算，推理，記憶といった，人の情報処理能力に関わるものであり，結晶性知能は，語彙や一般的知識，社会的スキルなど，獲得された知識や技能に関するものである。

バルテス（Baltes, 1987）は，これら2つの知能がどのように発達するかを示している。図5.1 を見てみよう。流動性知能は，20歳前後までに急激に伸び，それ以降は衰えていく。流動性知能は，情報を正確に，速く処理する力と関わっているため，成人期後期以降は衰えていく傾向にある。他方，結晶性知能は，20歳前後までに急激に伸び，それ以降は横ばいになっている。知識や技能と関わる結晶性知能は，経験を通して獲得されるものであるため，生涯を通して衰えることはない。図5.1 から，児童期においては2つの知能が急速に発達することがわかる。

キャッテルが2つの知能を提唱したのに対して，サーストン（Thurstone, 1938）は，「数」「言語理解」「言葉の流暢さ」「記憶」「推理」「空間認知」「知覚」という7つの知能の側面（因子）があると考えた。知能が多様な因

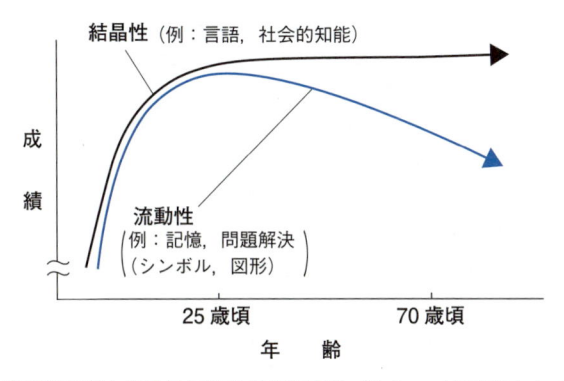

図 5.1 流動性知能と結晶性知能の発達的変化（Baltes, 1987にもとづき作図）

子からなるというサーストンの考え方は，**知能の多因子説**と呼ばれる。

より最近の研究では，スターンバーグ（Sternberg, 1996）が，**分析的知能**，**創造的知能**，**実用的知能**の3つに分類している。分析的知能とは，情報の分析的な把握や計画的な思考・行動に関わる能力を指す。また，創造的知能とは，常識にとらわれず，独創的な思考をしたり新しいことを発見できたりする力のことである。そして，実用的知能とは，日常生活の中での問題をうまく解決できる実践的な知的能力を指す。分析的知能は，キャッテルやサーストンをはじめさまざまな研究者が重視してきた知能の側面であるが，創造的知能や実用的知能は，従来の研究者が注目してこなかった新しい知能の側面を表している。

5.1.3 知能の測定

「人が知能をどの程度持っているか」を判断するときには，主観や印象に左右されることがある。主観や印象に左右されると，間違った理解が生まれてしまうため，知能を，客観的に，より正確に測定することが必要になる。このときに役立つのが，**知能検査**である。

知能検査にはいろいろなものがあるが，さまざまな場面で頻繁に利用され

表 5.1　WISC-Ⅳの検査項目

言語理解に関する検査
　類似，単語，理解，知識（補助検査），語の推理（補助検査）
作動記憶に関する検査
　数唱，語音整列，算数（補助検査）
知覚推理に関する検査
　積木模様，絵の概念，行列推理，絵の完成（補助検査）
処理速度に関する検査
　符号，記号探し，絵の抹消（補助検査）

る検査として，ビネー（Binet, A.）が開発したビネー式知能検査と，ウェクスラーが開発したウェクスラー式知能検査がある。ビネー式検査は，第5版が開発されており（日本版として，田中・ビネー知能検査Ⅴなどがある），児童を対象とした場合，全体的な知能水準を測定できる。一方，ウェクスラー式検査は，対象年齢に応じて幼児用，児童用，大人用が用意されており，児童用は **WISC**（Wechsler Intelligence Scale for Children）と呼ばれる。WISC の最新版は第4版（日本語版は日本版 WISC-Ⅳ）であり，10 の下位検査と5つの補助検査で構成されている（**表 5.1**）。WISC-Ⅳにおいては，全体的な知能水準に加え，知能の側面を細かく（分析的に）把握することが可能である。具体的には，言語理解，作動記憶，知覚推理，処理速度という4つの能力を測定することができる。

　知能検査では，知能の程度を，**知能指数**（Intelligence Quotient；IQ）や**偏差知能指数**（Deviation Intelligence Quotient；偏差 IQ）という数値で表す。IQ は，実年齢に対してどの程度の知能水準を持っているかを表すものであり，次の計算式により算出される。

$$\frac{精神年齢（検査で何歳相当の問題が解けたか）}{生活年齢（実際の年齢）} \times 100$$

IQ が 100 の場合には，年齢相応の平均的な知能水準であると判定される。また，知能指数が 100 を上回った場合には，その年齢としては高い知能水準にあることになり，逆に，100 を下回った場合には，その年齢としては低い知能水準にあることになる。
 他方，偏差 IQ は，検査を受けた人の知能が同一年齢集団の中で相対的にどの辺りに位置するかを表すものであり，次の計算式によって算出される。

$$\frac{15(X-M)}{SD}+100$$

 式の中の X は検査を受けた人の得点，M は同一年齢集団の平均得点，SD は同一年齢集団の得点の標準偏差を表す。偏差 IQ が 100 の場合は，同一年齢集団の中で真ん中であることを意味し，100 を上回る場合は集団の中で上位のほうを（逆に 100 を下回る場合は集団の中で下位のほうを）意味する。なお，IQ の算出には，年齢が高くなると値が低くなるという問題があるが，偏差 IQ を算出することによりこの問題を回避することができるという利点がある。よって，最近の知能検査では偏差 IQ がよく利用される。

5.1.4 知能のとらえ方の発達

 これまで「知能そのもの」の内容と発達について説明してきたが，ここでは，「知能に対するとらえ方」の発達についてみていこう。私たち大人は知的能力がどのようなものであるかについて理解しているが，この理解は児童期の後期以降に深まっていくことが示されている。
 ある研究者（速水・松田，1982）は，小学校の低学年と高学年の児童に，「テストの点が全く同じであったが，テストの前に費やした努力の量（どのくらい勉強したか）が違う 2 人の子どもがいたとして，どちらの方が賢いか」と尋ねた。すると，低学年の児童は，「多くの努力をした子どものほうが賢い（能力が高い）」と答えるが，高学年の児童は，「少ない努力であった子どものほうが賢い（能力が高い）」と答えることが示された。別の言葉で説明すると，低学年の児童は，能力と努力は比例関係にあるとみなすが，高

学年の児童は，能力と努力が反比例の関係にあるとみなすのである。この結果は，低学年の児童は能力と努力とを区別しておらず，両者を同じようなものとしてとらえているが，高学年の児童は両者を明確に区別し，知的能力がどのようなものであるかを理解し始めていることを示している。

このように，能力と努力が区別され，能力をしっかりとらえることができるようになってくると，子どもたちの自分自身の能力に対する見方にも変化が表れるようになると考えられる。たとえば，桜井（1983）の研究から，学年が上がるにつれて，学業に関する自分自身の能力が低いと認知するようになることが示されている。その原因の一つとして，学年が上がるにつれて能力のとらえ方が明確になることで，子どもは自分の能力を正確に評価できるようになり，勉強についていけない子どもが「自分には能力がない」と評価するようになるためであると考えられる。また，高学年になるほど，「たくさん努力するのは能力が低いということでもある」と考えるようになることから，自己防衛的に（自分は能力が低いと考えないようにするために）あえて一生懸命努力するのを控える**セルフハンディキャッピング**（self-handicapping）をする子どもが出てくるとも考えられる。教育の場面においては，知的能力そのものの発達のみならず，自分の知的能力に対するとらえ方がどのように変化するかという点にも注意する必要がある。

5.2 創造性

5.2.1 創造性とは

芸術や学問の分野において，ユニークな作品や研究成果を生み出す人がいる。また，日常生活においても，型にはまらずほかの人とは違う思考や発想をする人がいる。このような人たちの活動を支えているのが，創造性（creativity）という知的な営みである。

創造性とは，新しく価値のある考えや答えを生み出せる力のことをいう。創造性のある人の特徴として，ほかの人が気づかなかったところに気づく，

常識にとらわれずに柔軟な発想をする，などをあげることができるが，ここから，創造性にはいくつかの側面があることがわかる。ギルフォードとホフナー（Guilford & Hoepfner, 1971）によれば，創造性には，①問題に対する感受性（何が問題なのか気づけること），②思考の円滑さ（1つのアイディアを素早くスムーズに出せること），③思考の柔軟性（さまざまなアイディアを出せること），④思考の独創性（ほかの人とは違うユニークな考えができること），⑤再定義（問題点を再定義するなど，物事を多様な視点から考えられること），⑥思考の精緻性（緻密に考えられること）の6つの側面があるという。

　この6つの側面をみてみると，創造性は，私たちの思考の働きに関係するものであるといえる。思考には，**拡散的思考**（divergent thinking）と**収束的思考**（convergent thinking）があるが，創造性と深く関係しているのは拡散的思考である。拡散的思考とは，1つもしくは少数の手がかりから多様な回答を生み出す思考のことをいう（表5.2に記載した創造性検査の項目を参照）。他方，収束的思考は，拡散的思考と対比される思考であり，複数の手がかりや情報から，論理的に1つの正解を導き出す思考である。知能検査や学力検査においては，問題に対して1つの正解（決まった答え）を導き出すことが求められるが，このときに必要とされるのは，収束的思考である。

5.2.2　創造性の発達と測定

　児童期における創造性の発達を調べた研究から，日本の子どもにおいては，小学校4年生頃から創造性の低下がみられることが示されている（弓野，2002）。この背景として，小学校中学年頃から，豊富な知識や常識を獲得するため，それが自由で柔軟な思考や発想を縛ることになると考えられている。

　また，創造性を測定する検査についてもさまざまなものが開発されている。検査項目の例を表5.2に示した。知能検査（表5.1参照）と比べ，創造性検査は，多様な答えを柔軟に考えることができるかどうかを調べていることがわかる。

表 5.2　創造性検査の例 (住田, 1988)

1. 同音異義連想（流暢性）
   (1)「あつい」という言葉に，いろいろな意味の漢字をあてはめなさい。
   (2)「かんこう」という言葉に，いろいろな意味の漢字をあてはめなさい。
2. 結果テスト（柔軟性）
   もし，この世から木材が一切なくなったら，どのような事態がおこるでしょうか。いろいろな方面について，具体的にことがらをあげなさい。
3. 問題点の発見（問題に対する感受性）
   自転車には，どのような欠点がありますか。また，どのような自転車ができれば便利でしょうか。
4. 用途テスト（柔軟性）
   「新聞紙」には，読む以外にどのような用途があるでしょうか。
5. 次の図形を使って，いろいろな絵を作りなさい（流暢性）
   (1)　　　　　(2)

5.3　思考の発達

　本節では，知能と創造性の基盤になっている思考の働きがどのように発達するかをみていこう。

　思考の発達については，古くから数多くの研究が行われている。それらが示しているのは，幼児期と比較して，児童期には思考力が飛躍的に発達するという点である。幼児期から児童期にかけての思考の発達は，「直観的な思考から論理的な思考へ」，そして，「自己中心性から脱中心化へ」という言葉でまとめられる。

　ピアジェ（Piaget, J.）は，児童期における思考の発達段階を，児童期前期から中期まで（7歳〜10歳頃）と，児童期後期（11, 12歳頃）に区別している。ピアジェに従って，この2つの段階における思考の発達と特徴をみて

いこう。

5.3.1 児童期前期～中期における思考の特徴①──保存概念の獲得

物事を判断・理解するとき，幼児は，物の見え方（見かけ）に左右されて直観的に考えてしてしまう傾向がある。その一方で，児童はこの傾向を克服して，見かけに左右されず論理的に考えることができるようになる。このことを実証的に明らかにしたのが，ピアジェの**保存課題**を用いた古典的な実験である。

図5.2に，保存課題の例を示した（第3章表3.3も参照）。おはじきを使った「数」の保存課題は，おはじきの見かけ（配置の間隔）を変えても，おはじきの数が同じままであると認識できるかどうかを確かめるものである。このとき，幼児は，おはじきの列の長さに惑わされて直観的に下のおはじき

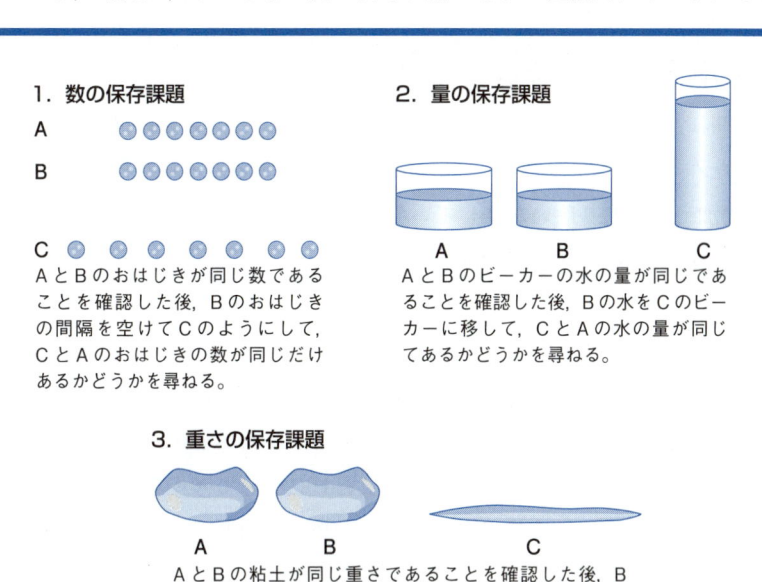

1. 数の保存課題

A ●●●●●●●
B ●●●●●●●

C ● ● ● ● ● ● ●
AとBのおはじきが同じ数であることを確認した後，Bのおはじきの間隔を空けてCのようにして，CとAのおはじきの数が同じだけあるかどうかを尋ねる。

2. 量の保存課題

A　　B　　C
AとBのビーカーの水の量が同じであることを確認した後，BのビーカーをCのビーカーに移して，CとAの水の量が同じてあるかどうかを尋ねる。

3. 重さの保存課題

A　　B　　C
AとBの粘土が同じ重さであることを確認した後，Bの粘土をCのように変形して，CとAの粘土の重さが同じであるかどうかを尋ねる。

図5.2　ピアジェの保存課題

が多い（もしくは少ない）と答えるが，児童は，見かけに惑わされずに「どちらも同じ数である」と判断できるようになる。

　同様の実験は，「量」や「重さ」の認識についても行われている。量の保存課題は，ビーカーの形が変わっても，水の量は変わらないと判断できるかどうかを調べるものであり，重さの保存課題は，粘土の形が変わっても，その重さは変わらないと認識できるかどうかを調べるものである。幼児は，ビーカーや粘土の形の変化に惑わされて，水の量や粘土の重さが変わってしまった（たとえば，水の量が多くなった，粘土が軽くなった）と答えてしまうが，児童は，量や重さは同じままであると判断できるのである。

　児童が保存課題において答えたように，「対象物の見かけ（たとえば，長さや形）が変化したとしても，その数量や重さは変化しない（同じままである）」と認識できることを，保存（conservation）という。数の保存は6～7歳頃，量の保存は7～8歳頃，重さの保存は9～10歳頃にできるようになる。

　児童期に入ると，なぜ保存ができるようになるのだろうか？　それは，この時期に，3つの論理的な概念，すなわち，可逆性，同一性，相補性を獲得するためである。すなわち，「元に戻せば同じである」という概念（可逆性），「付け加えたり取り除いたりしていないから同じである」という概念（同一性），「物のある側面が他の側面を補う（たとえば，ビーカーが高くなったことが，幅が狭くなったことを補っている）」という概念（相補性）が，保存を可能にする。

　このように，児童期前期から中期にかけて，論理的な思考ができるようになるが，それは，実際に見たり動かしたりできる具体物がある場合や，自分にとってなじみのあること（体験したこと）について考える場合に限られるという限界もある。このようなことから，児童期前期から中期の思考の発達段階は，具体的操作期と呼ばれている。小学校において，具体物を使って算数の授業をしたり，子どもの身近で具体的な経験に照らし合わせながら理科の授業をしたりするのも，このためである。具体物や自分の体験を離れて，頭の中だけで抽象的に思考する力が発達するのは，児童期後期以降である。

5.3.2　児童期前期〜中期における思考の特徴②——系列化とクラス包摂

この時期には，保存以外にも，**系列化**（seriation）や**クラス包摂**（class inclusion）といった論理的な思考も発達する。

系列化とは，対象物をある基準（長さ，大きさ，重さなど）に従って順番に並べることをいう。たとえば，長さがバラバラの10本の棒を，長さの順に正しく並べ替えることである。このとき，幼児期の子どもはすべてを正確に並べることはできないが，児童期にはそれができるようになる。

また，クラス包摂とは，対象物がある特定のカテゴリー（クラス）に含まれると同時に，より上位のカテゴリー（クラス）にも含まれるという認識のことを指す。クラス包摂の理解に関する実験を，図5.3を使って説明しよう。実験では，まず，子どもに3個のりんごと7個のみかんを見せ，「りんごとみかんではどちらが多いか」と尋ねる。これに対しては，幼児も児童も，「みかんのほうが多い」と答えることができる。次に，「みかんと果物ではどちらが多いか」と尋ねる。すると，幼児は，「みかんのほうが多い」と答えてしまう。これは，幼児がみかんとりんごが上位カテゴリーの果物の中に入るというクラス包摂を十分に理解しておらず，下位カテゴリーであるみかん

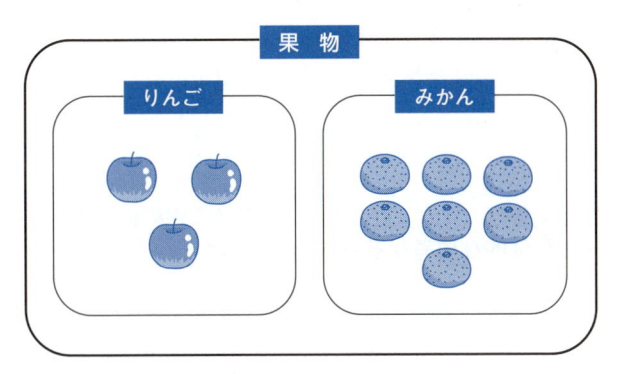

図5.3　クラス包摂の例
一つひとつのりんごとみかんは「りんご」「みかん」という下位カテゴリーに含まれると同時に，「果物」という上位カテゴリーにも含まれる。

とりんごにのみ注目してしまうためである。これに対して，児童は，クラス包摂を理解し，「果物のほうが多い」と答えることができるのである。

　クラス包摂が理解できるようになるためには，さまざまな具体物をその共通性や類似性にもとづいて同じカテゴリーにまとめられる力と，それらのカテゴリーの階層性（上位・下位）を理解できる力が必要になる。児童期には，このような思考力が発達するのである。

5.3.3　児童期前期〜中期における思考の特徴③ ——自己中心性から脱中心化へ

　幼児期には，自分が今もっている視点に固着して対象物を見たり考えたりする傾向がある（**自己中心性**）。これに対して，児童期に入ると，自己中心性を克服し，自分の今もっている視点を離れて，さまざまな視点から対象物をイメージしたり考えたりできるようになる。これを，**脱中心化**（decentering）という。

　脱中心化の獲得は，三つ山課題（第3章図3.4参照）により確かめられている。この課題に対して，幼児は，間違った回答をしてしまうが，児童期中期（9，10歳）の子どもは，適切に答えることできる。幼児期には，自分が見ているとおりに人形からも見えると答えてしまうが（自己中心性），児童期中期頃には，自分の視点を離れて，人形の視点から見ることができるのである（脱中心化）。

5.3.4　児童期後期（11，12歳頃）における思考の特徴① ——具体的な思考から抽象的な思考へ

　児童期後期に入ると，抽象的な思考ができるようになってくる。たとえば，目の前に具体物がなくても頭の中の知識を駆使しながら考えをめぐらせることや，友情や社会などといった抽象的な概念について考えることができるようになる。また，未知の事柄について自分で仮説を立て，それが正しいかどうかを秩序立てて考えることができるようになる。このように，具体物や身

近な経験，既知の事実を離れて，頭の中で知識を操作しながら考えることができるようになる時期を，**形式的操作期**という。

しかし，このような抽象的思考を日常生活の中で着実にできるようになるのは思春期以降である。学校でも，未知数を x などの記号で表して計算を進めるのは，中学校に入ってからである。児童期後期はしっかりとした抽象的思考ができあがる準備段階にあるといえる。

5.3.5 児童期後期（11，12歳頃）における思考の特徴②──メタ認知の発達

児童期後期のもう一つの重要な特徴として，メタ認知の発達をあげることができる。**メタ認知**（metacognition）とは，自分の認知的活動（考える，記憶する，理解する，判断するなど）に気づいたり，自覚したり，考えたりすることであり，「自分の認知について認知すること」を意味する用語である（図5.4）。学習活動中に，「この考え方で良いのだろうか？」「このやり方ではうまくいかないから，別のやり方をしてみよう」などと心の中でつぶやくことがあるが，このような心のつぶやきは，メタ認知の働きを表すものである。

メタ認知には，自分の行為をモニターする監視機能と，それを適切な方向にもっていく制御（調節）機能の2つの機能がある（三宮，2008）。たとえば，学習活動中に「ちょっと待てよ，自分のやっていることは間違っているのではないか」と気づいたり，「ここまではうまくいっているだろうか」と作業の進行状況をチェックしたり，学習活動後に「何がわかって，何がわからなかったのか」を評価したりすることがあるが，これらは，メタ認知の監視機能によるものである。また，課題に取り組む前に「何をしなくてはならないか」「どうすればうまくいくだろうか」と考えてから学習活動を進めたり，間違ったやり方を見直して別のやり方を用いたりすることがあるが，これらはメタ認知の制御機能によるものである。

このように，メタ認知は，自分自身を客観視して，自らの行いを適切な方

図 5.4　メタ認知の説明

（メタ認知
- ちょっと待てよ？
- これでいいのかな？
- 違っているのでは？

気づきや自覚

考えたこと
考えていること）

向へもっていく働きを持つものであり，学校において効果的に学習を進める上で重要になる知性である。発達的には，児童期前期でも，与えられた目標を意識しながら学習することや，学習活動後の結果のふり返りなど，メタ認知の初歩的な力はみられるが，メタ認知が十分に発達するのは脱中心化がより進む児童期後期からである。また，児童期後期でも，メタ認知の力はあってもそれを実際に発揮することができない児童が多くいるため，メタ認知の利用を促す支援が必要となる。たとえば，授業においてプリントの中に子どもの気づきを記入させたり，「誤答ノート」を作って間違いに気づかせたりする取組みがあるが，これらは子どものメタ認知を引き出す支援であるといえよう。

5.4 学　力

5.4.1 学力と学力低下の発達差

　学力とは，主に学校での教科の学習を通して獲得される能力と定義される。児童期においては，学年が上がるにつれて，学習の範囲が広がり，その内容も高度になるため，学力の低い子ども（すなわち，**学業不振児**）が増えてくる。児童期における学力について調べたある研究（天野・黒須，1992）では，小学校4年生から国語と算数に関する学業不振児の割合が大きく増え，学力の個人差が大きくなることが示されている（図5.5）。この結果は，小学校中学年頃から学習についていくことが難しくなる**9歳の壁**という現象と一致しており，教育の場面において留意しておく必要がある。

5.4.2 学力低下の原因

　学力低下の原因には，さまざまなものが考えられるが，大きく4つに分類するとわかりやすい（北尾，2006）。表5.3を見てみよう。4つの原因とは，

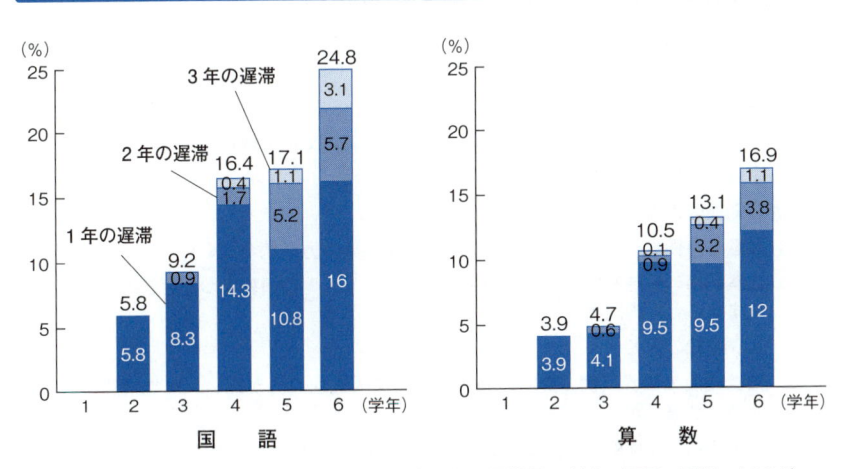

図5.5　小学校各学年における国語と算数の学習遅滞児の割合（天野・黒須，1992）

①基本的な能力や知識の未修得，②学習方略や学習習慣の欠如，③学習意欲の低下，④認知機能の偏りである。ただし，学力低下の原因はいずれか1つだけでなく，重複していることがある点に注意する必要がある。

上記の①から③の原因による学業不振児の中には，知能水準と比べて低い学力を示す（つまり，知能指数に見合った得点を学力検査で取ることのできない）子どもがいる。このような子どものことを，**アンダーアチーバー**（under achiever）という。これとは反対に，知能水準と比べて高い学力を持っている子どもを**オーバーアチーバー**（over achiever）という。また，④の原因は，**学習障害**と呼ばれるものである（学習障害については第12章参照）。

表5.3　学力低下の原因（北尾，2006を一部改変し，作成）

---

①基本的な能力（スキル）や知識の未修得
　読み・書き・計算の能力やスキルの未修得
　各教科における知識や概念の未修得
②学習方略・学習習慣の欠如
　基本的な学習スキルの欠如（例：勉強の仕方がわからない）
　学習内容を深く理解したり関連づけたりする方法がわからないこと
　学習習慣の欠如
③学習意欲の低下
　学習のつまずき（例：授業がわからない，テストでの失敗）による意欲の低下
　家庭・学校環境による意欲の低下
④認知機能の偏り（学習障害）
　注意を持続させることができないこと（例：集中力が続かない）
　作業記憶（一時的に情報を頭の中に記憶したり，その情報をつなぎ合わせたりすること）の限界
　メタ認知の欠如
　知覚機能の限界（例：文字の視覚的な認識・識別の力が弱い，聴覚情報の入力・理解が難しい）
　数字や記号を理解することの困難

このように，一口に学業不振といってもさまざまな原因やタイプがある。そのため，教育においては，学業不振に陥っている子どもを十把一絡げにとらえず，それぞれの子どもの特徴やつまずきのパターンをよく把握し，子どもの実態にあった指導を行うことが必要である。

児童期の社会性の発達 6

　社会性とは，自分が生活する社会の習慣や規範を身につけ，社会の一員として適切に行動できるようになる（社会化）ための能力を指す。私たちは生きる上で，否応なく周囲の人々と関わっていく。その中で，他者と関係を築き，相手の要求を理解し適切に振る舞うこと，また，必要なときには自分の考えを相手に伝えることが必要となる。本章では児童期の社会性の発達について解説する。6.1 では，児童の社会化において重要な仲間関係について解説する。6.2 では仲間関係の中で生じる対人関係の葛藤がどのように解決されるのか，またそのプロセスがどう発達するのかをみていく。6.3 では仲間関係のつまずきがもたらす問題についてふれ，6.4 では社会性にまつわる問題に対処する上で重要なソーシャルスキルについて説明する。

6.1　仲間関係

　児童期は，子どもの生活が大きく変化する時期である。その変化のもっとも大きなものは，小学校への入学であろう。小学校に入学した子どもたちは，幼稚園や保育所とは異なり，時間割によって細かく区切られた学校生活を送り始める。子どもたちは，これまで体験していた遊びや生活中心のスケジュールから，学習を中心とした新しいスケジュールに慣れていく必要がある（荒木，2009）。そして，子どもの生活において学校生活が占める割合は，年齢が上がるに従って質・量ともに大きなものとなっていく。

　幼児期において，子どもはすでに幼稚園や保育所などの場で多くの仲間と出会っている。この場合の仲間とは，対人関係のうち年齢や立場がほぼ等しく，興味・関心を共にする者のことである。小学校に入ると，対人関係における仲間との関係が子どもの中で重要度を増し，やがて親よりも仲間の存在

が大きなものとなっていく。こうして，少しずつ親離れが進んでいくのである。

このように，子どもは1日の多くの時間を占める学校生活において，仲間関係を中心とした生活をするようになるが，仲間関係にはさまざまな様態がある。保坂（1996）は児童期から青年期にかけての仲間関係を**ギャング・グループ**（gang-group），**チャム・グループ**（chum-group），**ピア・グループ**（peer-group）の3つに分類し，発達段階によって仲間関係が変化していくとした（表6.1。第7章も参照）。ギャング・グループは児童期後期（小学校高学年）の男子に多くみられる仲間関係である。同性・同年齢からなる集団で，同じ遊びを一緒にする者が仲間であると考えてつながっている仲間関

表6.1　**仲間関係の発達**（保坂，1996をもとに松尾，2010が作成したものを一部改変）

ギャング・グループ
　児童期後期の小学校高学年頃にみられる仲間集団。基本的に同性の成員から構成される集団で，男児に特徴的にみられる。同じ遊びをするといった同一行動を前提とし，その一体感が親密性をもたらす。権威に対する反抗性，他の集団に対する対抗性，異性集団に対する拒否性などが特徴である。大人から禁じられていることを仲間といっしょにやることが，「ギャング」と呼ばれるゆえんである。

チャム・グループ
　思春期前期の中学生にみられる仲間集団。基本的に同性の成員から構成される集団で，女児に特徴的にみられる。同じ趣味・関心や部活動などを通じて結びついた集団で，互いの共通点・類似性をことばで確かめあうことがしばしば行われる。自分たちだけでしかわからないことばを作りだし，そのことばが分かるものが仲間であるという同一言語により集団の境界線を引くというのも特徴的である。サリヴァン（1953）はこの時期の友人関係を特に重視し，それによって児童期までの人格形成の歪みを修整する機会になると指摘した。

ピア・グループ
　高校生ぐらいからみられる仲間集団。男女混合で年齢に幅があることもある。ギャング・グループやチャム・グループとしての関係に加えて，互いの価値観や理想，将来の生き方などを語り合うような関係で結ばれている。共通点や類似性を確認しあうだけでなく，互いの異質性をぶつけ合い，自己と他者の違いを明らかにしながら，自分らしさを確立していくプロセスがみられる。異質性を認め合い，違いを乗り越えたところで自立した個人として互いを尊重し合って共存できる状態が生まれてくる。

係である。チャム・グループは思春期以降の中学生女子によくみられ，同じ興味・関心を持ち，それを常に言葉で確かめ合うことでつながる仲間関係である。ピア・グループは高校生以上にみられる男女混合の仲間関係である。互いの共通点だけでなく，異質性をぶつけ合いながらもそれを認め合い，自立した個人として互いを尊重し合える点が特徴である。

　しかし，近年の子どもの生活・学習環境の変化によって，ギャング・グループの消失，チャム・グループの肥大化，ピア・グループの未形成などが指摘されるようになってきている。黒沢ら（2003）は仲間関係の発達の度合いを測定する尺度を開発した上で，仲間関係が必ずしもギャング・グループからチャム・グループに移行するわけではないことを見出している。また，國枝と古橋（2005）は福岡県の小学校2，4，6年生に対し，仲間関係に関する半構造化面接調査を行った。その結果，児童期において典型的にみられるはずのギャング・グループはほとんどみられず，チャム・グループに至ってはまったくみられないことが示された。したがって，現代社会の子どもの仲間関係が必ずしも上記の順に発達していくわけではないことには留意しておく必要があるだろう。

　子どもの仲間関係は，心理的・身体的にはほぼ同じ発達のレベルにある者同士の関係である。そこでは大人やきょうだいとの関係にみられるような上下関係よりも，対等な関係であることのほうが多い。一方で，対等な関係である分，互いの欲求のぶつかり合いやさまざまな心理的葛藤も頻繁に生じる。子どもたちはこうしたぶつかり合いや葛藤を通して，自分の欲求を適切に表出するための人との付き合い方（**ソーシャルスキル**；social skill）を獲得したり，互いの欲求を調整するための社会的ルールを身につけていくのである（外山，2010）。

6.2　社会的問題解決

　子どもが仲間関係の中でよい関係を保てるか否かは，日常生活の中で直面

する仲間とのさまざまな対人葛藤場面をどのように受け止め，どう解決していくかにかかっている。たとえば，乗りたいと思っているブランコをクラスメートがなかなか譲ってくれなかったり，友だちが偶然ぶつかり自分が一生懸命作った工作を壊されてしまったりという場面は，子どもにとっては何らかの対応を迫られる対人葛藤場面である。

　もし，対人葛藤場面で生じた不快な気持ちを攻撃として相手にぶつければ，相手から嫌われ，関係が壊れる可能性が高くなるだろう。逆に，不快な気持ちを抑え，言葉で相手に主張したり，相手のしたことを許したりすれば，その相手とよい関係を保てるはずである。こうした場面での子どもの行動には大きな個人差がある。この差は，子どもがその事態（社会的場面）をどう受け止め，対処するかという社会的問題解決の仕方の違いとして現れてくる。この社会的問題解決で行われる情報処理を，ダッジ（Dodge, 1986）は社会的情報処理（social information processing）と呼んでいる。

6.2.1　ダッジの社会的情報処理モデル

　ダッジの最初の社会的情報処理モデルでは，5つの情報処理段階が想定されていたが，クリックとダッジによる改訂モデル（Crick & Dodge, 1994）では，6段階の情報処理が想定されている（図6.1を参照）。第1のステップは，手がかりの符号化である。他者の意図を正確に知るため，表情や行動などの手がかりを情報として取り入れる。第2のステップは，手がかりの解釈である。取り入れた手がかりを過去経験などに照らし合わせ，相手の意図を解釈する。たとえば，相手がほほえんでいれば敵意がなく，怖い顔をしていれば敵意があるといった形で解釈が行われる。なお，攻撃的な子どもは，他者の意図があいまいな場合にその意図を敵意として解釈することが多い（Dodge, 1980）。第3のステップは，目標の明確化である。自分が置かれている状況の解釈にもとづいて，どうしたいかという行動目標を設定する。たとえば，相手と仲良くしていきたいとか，相手との関係は悪くなっても自分の欲求を満たしたい，といった目標である。第4のステップは，反応検索・

構成である。第3ステップで設定した目標を達成するため，もっともふさわしいと思われる反応を過去の経験や知識などから探す。選択肢となる反応のレパートリーが多いほど，さまざまな状況に対して柔軟な対応が可能となる。第5のステップは反応決定である。ここでもっとも適切と思われる反応を決定する。決定は，それぞれの反応が生む結果を判断した上で行われる。判断には，起こりえる結果の予測（**結果予期**）や，その反応を自分が実行できるかの予測（**自己効力感**）が含まれる。そして第6のステップは行動の実行である。ここでは，自分が決定した反応を実行する。なお，各ステップの処理は意識的になされるとは限らない。

さて，日常生活について考えてみると，葛藤場面には当然，喜びや悲しみ，怒りといった感情（情動）を伴い，それは個人に影響を与える。レメリーズとアーセニオ（Lemerise & Arsenio, 2000）は上の社会的情報処理モデルに感情を組み込んだモデルを示した（図6.1）。

先の6つのステップに合わせて説明すると，ステップ1，2では自己の感情や，相手の表情・言葉づかいなどの感情的手がかりが情報として取り込まれる。相手が怒っていれば自分の敵意も促進される。相手との感情的なつながりも影響してくる。自分の工作を壊したのが友だちの場合と嫌いなクラスメートの場合とでは意味が異なってくるだろう。ステップ3では，相手の感情的手がかりが目標の明確化に影響を与える。相手が肯定的感情を持っていれば友好的目標に，否定的感情を持っている場合は敵対的目標に結びついていく。相手との感情的つながりも目標選択に影響する。親しい相手なら友好的目標，親しくない相手なら敵対的目標が選ばれるかもしれない。ステップ4，5では自分の感情が反応検索に影響を及ぼす。怒りのような強い感情を経験すると，子どもはとるべき反応を冷静に評価できず，報復する・逃げるといった一方的反応をとりやすくなる。うまく感情を制御できる場合はより適切な反応を選択しやすく，また，相手と親しいほうが友好的な反応を選びやすい。ステップ6では，自分の感情も表現され，それが相手の反応や感情にも影響する。ブランコを譲って欲しいと穏やかに言うのと，「どけよ！」

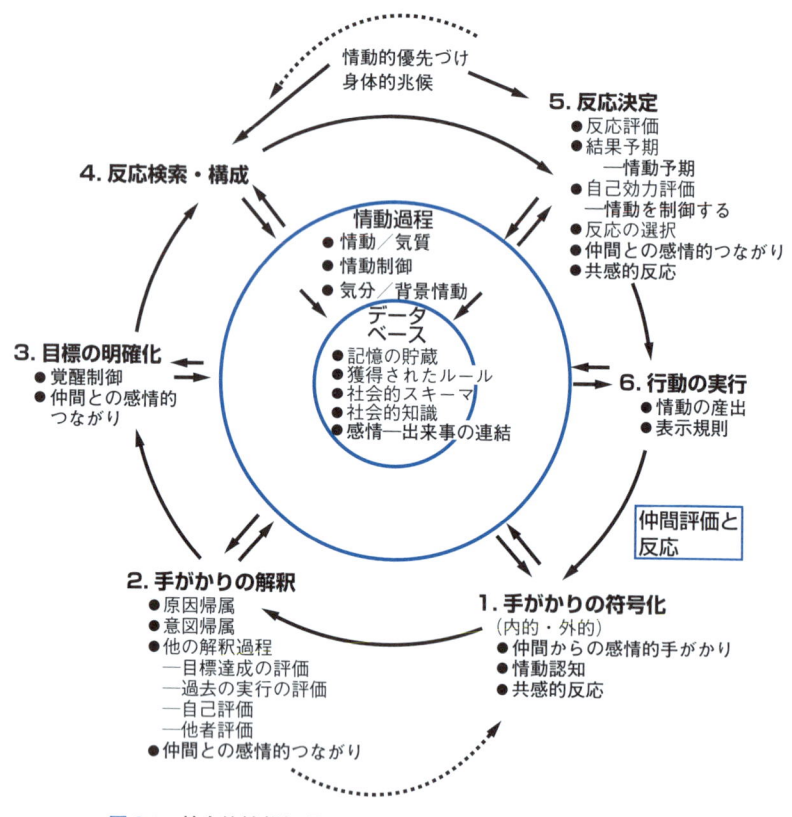

図6.1 社会的情報処理における情動過程と認知のモデルの統合
(Crick & Dodge, 1994 のモデルから榎本, 2008 が作成)

と怒って言うのとでは，要求の実現可能性も相手の感情も変わってくるであろう。

　仲間とのやり取りがうまくできない子どもが，社会的情報処理のどのステップでつまずいているかがわかれば，そのステップを訓練して適切な振舞いができるよう援助することもできるのである（渡部，2000）。

　子どもの社会的情報処理のつまずきを明らかにした研究としては，坂井と

山崎（2004）がある。彼らは，**攻撃性**の高い子どもにおける社会的情報処理の歪みを明らかにするため，小学校4～6年生に対して質問紙調査を行った。質問紙では，子どもたちの攻撃性を測定した上で，3つの対人的葛藤場面（①自分の順番がまわってきた時に横入りされる，②本を返してもらえない，③掃除の分担を押しつけられる）を示し，それに対する3種類の攻撃的反応（①相手を怒鳴りつける，②相手のせいだと思いながらも黙っている，③相手の悪口を言う）を行ったときに，どのような反応決定（ダッジの第5ステップ）を行うかを評定させた。その結果，「相手の悪口を言う」といった，自分の目的達成のために人間関係を操作するタイプの攻撃性（**関係性攻撃**）が高い子どもは，それぞれの攻撃的反応が正しいやり方であり，それをすることで気分がすっとし，物事が思いどおりになる，と考える傾向が強いことが示された。この結果から教育現場での介入を考えると，「自分の攻撃反応が正しいやり方であり，それによって思い通りになる」という子どもたちの考え方を変えていくことが重要であることがわかる。加えて，攻撃に代わる選択肢を選べるようにする（たとえば主張的行動の教育）ことで，より望ましい葛藤解決に結びつく介入が可能となる。

6.2.2　セルマン（Selman, R. L.）の社会的視点調整能力と対人交渉方略

　ダッジの社会的情報処理モデルは，子どもが対人葛藤場面をどう受け止め，対処するかを社会的情報処理過程の側面から明らかにした点で評価される。しかし，ダッジのモデルは発達的側面について考慮されておらず，情報処理過程がどのように発達し，それが社会的行動とどのように関わるのかが明らかにされていない（渡部，2000；Yeates & Selman, 1989）。

　セルマンはこうした批判をふまえ，**社会的視点調整能力**（social perspective coordination）の観点から，対人葛藤を解決する方法（**対人交渉方略**，Interpersonal Negotiation Strategy；INS）の発達を明らかにした。社会的視点調整能力とは，他者の視点を推測し，他者の感情，考え，信念，動機，意図など，内面的な側面を理解する能力のことである。これによって他者の感

情や考えを推測し理解することができるようになる（渡辺，2010）。

　セルマンは，下記のような対人葛藤の例話を用いて，この発達段階を明らかにしている（Selman, 2003）。

　　キャシーはベッキーと親友で，今度の土曜日の午後，ベッキーの家に遊びに行く約束をしています。ところが，新たな友だちのジャネットが現れ，同じ土曜日の午後に，キャシーがずっと見たいと願っていたショーに行かないかと誘ってきたのです。もし，キャシーがジャネットの誘いに応じればベッキーは傷つくし，断ればキャシーはずっと見たかったショーを見逃すことになります。

　この話に対して，「キャシーはどうすべきか」「キャシーは自分の決断をベッキーとジャネットにどう説明すればよいか」などの質問をして，他者の視点を理解できるか，また，自己と他者の視点の違いに配慮できるかという点から，社会的視点調整能力の発達段階を査定したのである。

　セルマンのモデル（図6.2）では，こうして査定された社会的視点調整能力の発達段階に対応した，対人葛藤を解決する行動（対人交渉方略）の発達段階が示されている。対人交渉方略には，個人の行動パターンの違いによって，他者を変化させようとする**他者変容志向**と，自己を変化させようとする**自己変容志向**の2つの対人志向スタイルがある。社会的視点調整能力が低い段階では，目標達成のための攻撃（他者変容志向）や自己防衛のための服従（自己変容志向）といった一方的な方略をとる。社会的視点調整能力が高くなると，対人志向スタイルの違いにかかわらず，互いに目標を達成するために話し合って解決するといった協調的な方略をとるようになる（Selman, 2003；渡辺，2010）。

　では，わが国の児童における対人交渉方略の発達はどのようになっているだろうか。小学校1年生から6年生までの対人交渉方略における発達的変化を検討した渡部（1993）は，学年が上がるにつれて対人交渉方略のレベルが高まること，また，対人志向スタイルについても自己変容志向や他者変容志

新しい考えを創造し，自己と他者の双方のための目標を協力して掲げる。そのために内省し，考えを共有する方略。

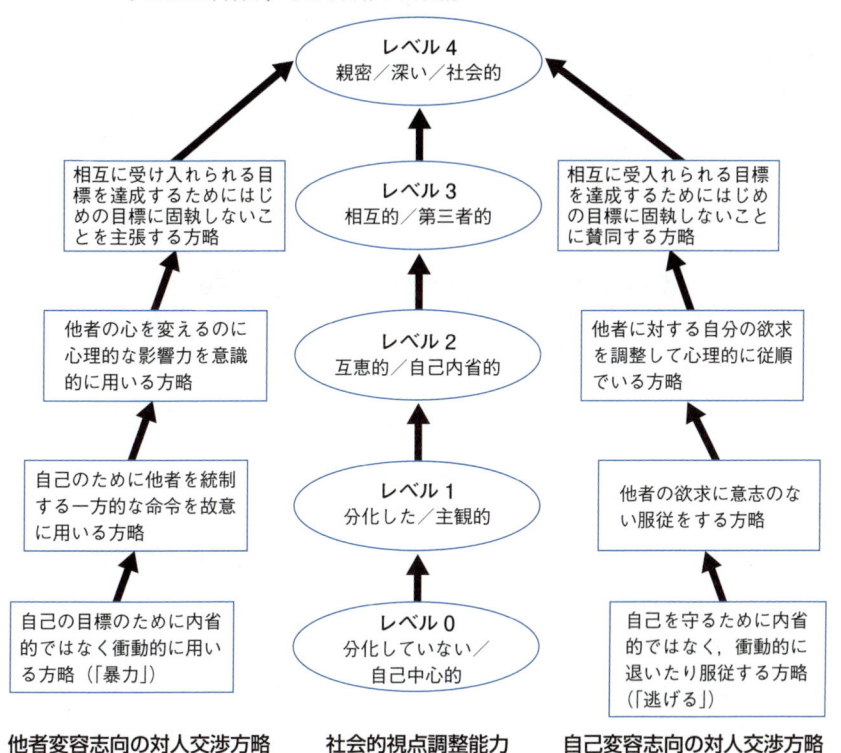

```
                         レベル4
                      親密／深い／社会的

相互に受け入れられる目標         ↑              相互に受入れられる目標
を達成するためにはじめ        レベル3            を達成するためにはじめ
の目標に固執しないこ         相互的／第三者的      の目標に固執しないこと
とを主張する方略                              に賛同する方略

他者の心を変えるのに          レベル2            他者に対する自分の欲求
心理的な影響力を意識       互恵的／自己内省的       を調整して心理的に従順
的に用いる方略                                でいる方略

自己のために他者を統制         レベル1            他者の欲求に意志のな
する一方的な命令を故意       分化した／主観的        い服従をする方略
に用いる方略

自己の目標のために内省        レベル0             自己を守るために内省
的ではなく衝動的に用い      分化していない／        的ではなく，衝動的に
る方略（「暴力」）           自己中心的           退いたり服従する方略
                                             （「逃げる」）

他者変容志向の対人交渉方略    社会的視点調整能力    自己変容志向の対人交渉方略
```

図 6.2　社会的視点調整能力と対人交渉方略（Selman, 2003 をもとに渡辺，2010 が作成）

向から発達的に高次のレベルである**協調的志向**へと移行することを明らかにしている。さらに，女子のほうが男子よりも対人交渉方略の得点が高いこと，対人志向スタイルについても女子のほうが対人調和を志向したスタイルが多いことが示されている。

このように，社会的視点調整能力における発達的変化と，対人交渉方略における個人差の2つの視点から検討することによって，日常的に生じる対人

6.2　社会的問題解決　　131

葛藤状況に対する子どもたちの受け止め方を把握し，一人ひとりの個性に応じた，より望ましい解決方法を援助することが可能となる。たとえば，引っ込み思案の子どもを，積極的に相手に働きかけようとする子どもに変える援助は難しい。しかし，一方的に相手に従うのではなく，相手に理由を尋ねたり，自分の気持ちを伝えたりといった，より望ましい行動をとれるようにしていくことで，子どもたち一人ひとりに適した援助ができるのである。

6.3 仲間関係のつまずきがもたらす問題

それでは，対人葛藤場面をうまく解決できず，適切な仲間関係が形成できない場合には，どのような問題が生じるのであろうか。仲間から拒否された子どもに焦点をあてた研究では，学校生活そのものへの困難，精神的健康の悪化といった，適応上の問題に直面しやすいことが示されてきた（たとえば，Kupersmidt et al., 1990/1996）。これに加え，仲間とのやり取りがうまくいかない子どもは，攻撃的に振る舞いやすいことが，実験的にも示されている（Coie & Kupersmidt, 1983）。

クーイとクーパーシュミットの実験では，まず，小学校4年生の男子の中から，「クラス内で人気のある子ども」を1名，「クラス内で無視されている子ども」を1名，「クラス内で拒否されている子ども」を1名，「平均的な子ども」を1名選出した。続いて，選出された子ども同士でグループを作り（顔見知りグループと顔見知りでないグループの2種類が設けられた），6週間にわたって週に1回ずつ集まり，一緒に遊ぶように求めた。

それぞれのグループの子どもたちが遊んでいる場面の録画内容を分析してみると，そこには興味深い結果が示されていた。それは，「クラス内で拒否されている子ども」は，ほかの子どもたちよりも，より多くの敵対的な発言や嫌悪的な発言をしていたのである。さらに，言語的な攻撃のみならず，身体的な攻撃（気に入らない相手を殴る，蹴るなど）も，ほかの子どもたちより多く行っていることが明らかとなった。

さらにこの実験では,「拒否されている子ども」に関するこうした結果が,顔見知りのグループと顔見知りでないグループの両方で同じように認められた,という点にも注目したい。「拒否されている子ども」は,場面や相手を変え,新しい仲間グループに参加したとしても,そこでも同じように攻撃的に振る舞ってしまう可能性が高いことを意味する。そして,当然のこととして,攻撃的に振る舞う子どもは,周囲の子どもたちから拒否されやすいであろう。したがって,あるグループで拒否されている子どもは,別のグループでも攻撃的に振る舞いやすいために,やはり仲間から拒否されやすいことが,明らかにされたといえる。

　こうした結果は,ダッジが行った実験でも同じく示されている (Dodge, 1983)。こちらの実験では,小学校2年生の男子を対象として,互いに顔見知りでない8名のグループを作成し,8回にわたって一緒に遊ぶ場面を設けた。そして,8回のセッション中の子どもたちの様子を記録するとともに,それぞれの子どもたちが,グループ内でどのような立場にいるかを確認したのである。

　その結果,グループから拒否されるようになった子どもは,遊び場面の中で,攻撃的な発言や行動を多く示していたことが明らかとなった。この結果については,クーイとクーパーシュミットの実験と同様の結果が示されたと解釈できるだろう。ここでより興味深いのは,拒否されるようになった子どもが,セッションの初期には,むしろ積極的に仲間に話しかけ接触を試みていたという点である。しかし,その試みはうまくいかず,やがては試み自体がなされなくなり,グループの遊びから孤立するようになった。そして先に述べたように,攻撃的に振る舞うようになっていったのである。拒否されるようになった子どもは,最初から攻撃的に振る舞っていたのではない。周囲とのコミュニケーションを積極的に求めていながらもそれを適切に行えないという経験が,攻撃性の増大を引き起こし,さらにグループからの拒否を深刻なものにしていった,と示唆されたのである。

　これらの実験結果をまとめれば,グループ場面において適切な関係が形成

できない場合には，攻撃性の増大はもちろん，最終的に周囲から拒否されるようになることが懸念される。そしてその影響は，新しい環境に移行したとしても継続するものと考えられる。そうした意味では，仲間とのやり取りや対人葛藤場面を適切に処理し，関係性を形成していくためのスキルが，子どもの適応を左右する重要な要因であると推察される。

6.4　ソーシャルスキル

前節に示したような，攻撃性をはじめとした子どもの問題行動が形成される過程にはさまざまな要因があると考えられるが，その一つとしてソーシャルスキルの欠如や不足があげられる。

ソーシャルスキル（社会的スキル）は，「他者との関係や相互作用のために使われる技能」（相川・津村，1996）や「対人関係を円滑にすすめる具体的行動」（菊池，1989）などと定義されるが，簡単にいえば，人付き合いのための具体的な技術やコツのようなものである。従来，対人関係における消極性や積極性は個人の性格によるものという見方をされ，社会性も漠然としたものとしてとらえられがちであった。ソーシャルスキルの概念は，漠然ととらえられがちな社会性をより客観的，具体的にとらえる視点として注目されている（松尾，2010）。

では，ソーシャルスキルは具体的にはどのようなスキルであろうか。一口にスキルとはいうものの，対象や場面状況，もしくは多様な対人場面において，必要とされるスキルは異なる。よって，さまざまなソーシャルスキルが考えられるが，あいさつができる，友だちに話しかける，一方的に話さないで相手の話も聞くなど，日常生活におけるさまざまな関係維持行動・関係参加行動，相手に親切にする・励ますなどの関係向上行動，また，自分の意見を主張するなどの主張行動などがあげられるであろう（戸ヶ崎・坂野，1997）。

重要なのは，コンピュータを使えるようになる，自転車に乗るといったこ

とと同様，ソーシャルスキルも訓練によって学習でき，繰返し練習することで上達する，ととらえている点である。この観点に立つことによって，問題行動をかかえる子どもの社会性発達支援，また，社会適応のために必要なスキルを前もって教えるという予防的観点からの子ども全般の社会性発達支援が可能となる。それが，ソーシャルスキルトレーニング（Social Skill Training；SST）である。

　SSTは個別でも学級単位でも実施できる。現在は，クラス単位のSSTが多くの小学校で実施されている。学校におけるSSTでは，①話し合う（言語的教示），②手本を見せる（モデリング），③練習する（行動リハーサル），④お互いにフィードバックをする（社会的強化）といった要素が含まれる（石川，2012）。

　では，SSTを受けた子どもたちは，どのように変化するのであろうか。石川ら（2010）は，小学校3年生に対し，2学期にSSTを実施する群（A小学校）と後から3学期にSSTを実施する群（B小学校）を作り，友人関係を

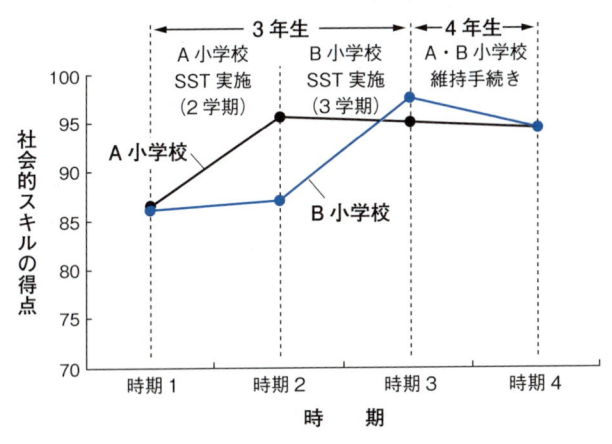

図6.3　小学校3年生に対するSSTの効果
（石川ら，2010を石川，2012が改変）

維持するスキルと主張性のスキルについて5時間からなるクラス単位のSSTを行った。その結果（図6.3），いずれの群も訓練直後に社会的スキル得点の上昇がみられ，進級後もその効果が維持されることが示された。さらに獲得したスキルを維持する手続きを続けていくと，高学年になっても社会的スキル得点が高いまま維持されることが示された。

このように，子どもの社会性に着目し，それを育てることは，現在だけでなく将来にわたって子どもに大きな利益をもたらすことになるのである。

コラム6.1　未来（これから）の社会性

近年の情報通信機器の普及により，子どもたちをとりまく環境は大きく変わった。とくにパソコンや携帯電話は非常に身近になり，もはや子どもたちにとっても生活に欠かせない道具となりつつある。内閣府が実施した「青少年のインターネット利用環境実態調査」では，平成24年11月時点において，小学生における携帯電話の所有率が27.5％にものぼっていることが示されている（内閣府，2013）。なお，この値は前年度の20.3％という値から大きく伸びており（内閣府，2012），今後一層の普及を予測させる。加えて，「携帯電話からインターネットを利用したことがある」と回答した小学生の割合は40.8％と高く，小学生のうちからインターネットを使用するケースはもはや珍しいものではない。

こうした現状をみれば，これからの時代を生きる子どもたちの発達には，情報通信機器やインターネットからのさまざまな影響が関わってくると考えられる。この可能性に関する研究として，高比良ら（Takahira et al., 2008）が行った研究があげられる。この研究では，10歳から12歳の児童421名を対象に縦断的調査を実施し，インターネット利用が子どもたちの対人行動に及ぼす影響を検討している。その結果，インターネットの利用は，抑うつや攻撃性の増加をもたらしており，さらに，現実の対人交流よりもインターネットを介した対人交流を好む傾向を高めることが示された。同時に，インターネットを介した対人交流を好む傾向が高いほど，インターネットの使用が全般的に高まることも明らかにされている。このように情報通信機器の利用は，子どもの社会性の発達に対してさまざまな影響を及ぼすとともに，機器利用の促進を通して，社会性への影響を相互循環的に強めていく可能性もう

かがわれる。

　また，最近では小学校においても，授業にパソコンやインターネットの活用を取り入れる試みが積極的に行われ始めている。こうした時代の変化とともに，今を生きる子どもたちは，インターネット上にあふれる数多くの情報を処理しつつ，ネット上の他者と適切にコミュニケーションを行っていく能力も身につけ始めているといえるであろう。この点に関して，安藤ら (2005) の研究では，小学5, 6年生702名を対象とした縦断的調査の結果から，インターネットをより多く使用するほど，「情報活用の実践力（課題や目標に応じて情報手段を適切に活用しつつ，必要な情報を主体的に収集・判断・表現・処理・創造し，受け手の状況などをふまえて発信・伝達できる能力）」が向上することを報告している。とくにEメールの利用によって，インターネット使用が情報の収集力，判断力，想像力，伝達力の向上に効果的であることを示している。

　インターネットを介して世界とつながり，そこで初めて知り合った人々と交流する。メールを通して自分の気持ちを伝達し，限られた情報量であっても相手に伝わるような表現を選択する。数多くの情報を自分なりに処理しながら，自分の生きる未来の社会を想像し，また未来の自分を創造していく。こうした新しい形の社会性が，今の子どもたちには求められている。

思春期の発達

　思春期は,「もう子どもではない」そして「まだ大人ではない」という子どもから大人への過渡期にあたる時期である。この時期には身体の急激な変化や性的成熟が生じ,その変化によって自分自身への関心,さらには他者からのまなざしへの意識が高まる。このような中で,思春期には,身体や性,自分とは異なる他者,そして社会との出会いを体験すると考えられる。本章では,生涯発達における思春期の位置づけを解説した上で,身体と性の発達,他者との関係の発達,社会の中での発達という観点から,思春期の発達についてまとめる。

7.1　生涯発達における思春期の位置づけ

7.1.1　「思春期」という用語

　「思春期」は,一般的な心理学の辞典においては,生物学的区分を指す用語として,「性的・身体的に成熟に向けて大きな変化を迎える時期であり,ホルモンをはじめとして身体のさまざまな部分で,これまでのバランスが崩れ新しい均衡へと向かう」と解説されている(越川, 1999)。

　医学領域では,「思春期」を puberty と adolescence の両者を含めた用語として用いている。また,思春期を単に医学,生物学的問題でなく,全人的問題として考える「思春期学」は, Adolescentology と英訳されている(福富, 2001)。図 7.1 に示すように, WHO (世界保健機関)では, puberty という一つの区切りから次の区切りである成熟到達までの比較的長いステージを adolescence としている(高石, 2001)。高石(2001)は,思春期保健に関わりの深い日本思春期学会の会員構成が医師,保健師,助産師,看護師,大学・短大・専門学校教員,高校・中学校・小学校教員,養護教員,心理・

The Human Life Cycle
人のライフサイクル

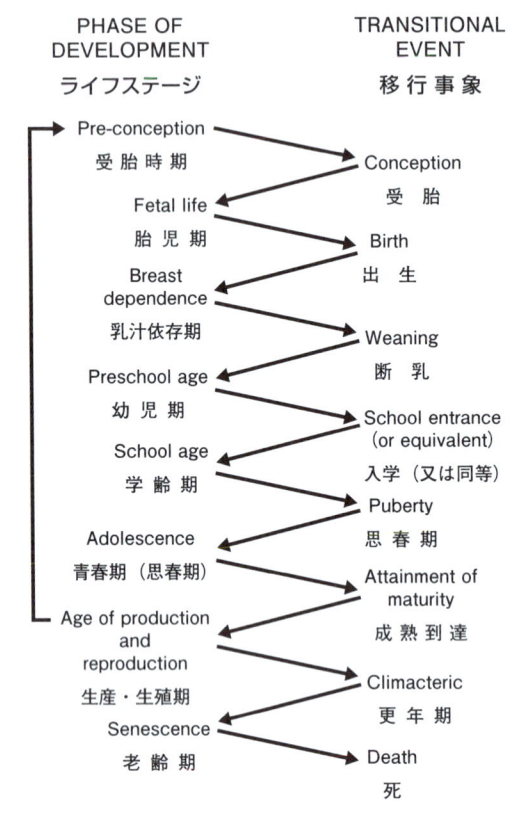

PHASE OF DEVELOPMENT ライフステージ	TRANSITIONAL EVENT 移行事象
Pre-conception 受胎時期	Conception 受胎
Fetal life 胎児期	Birth 出生
Breast dependence 乳汁依存期	Weaning 断乳
Preschool age 幼児期	School entrance (or equivalent) 入学（又は同等）
School age 学齢期	Puberty 思春期
Adolescence 青春期（思春期）	Attainment of maturity 成熟到達
Age of production and reproduction 生産・生殖期	Climacteric 更年期
Senescence 老齢期	Death 死

図7.1 ライフサイクルと思春期 (WHO, 1972；高石, 2001)
左側の"PHASE OF DEVELOPMENT"はライフステージ，右側の"TRANSITIONAL EVENT"はあるステージから次のステージに移行する区切りであると考えられる。Puberty（思春期）は，学齢期からAdolescence青春期（思春期）に移行する区切りとしてとらえられている。

福祉関係など極めて多彩であり，思春期保健のキーワードは「総合性の視点」であるとも指摘している。

「思春期」に類した用語として，「青春期」と「青年期」がある。「青春期」は，中国の五行思想において青色を春に配することに由来しており，一般的にもなじみ深い用語といえよう。これに対して，発達心理学の領域では，puberty を「思春期」，adolescence を「青年期」と訳し分け，初経や精通などの 2 次性徴に代表される身体的成熟とそれに伴う心理的変化を強調する場合に「思春期（puberty）」という用語を用いることが多い。この背景には，puberty の語源であるラテン語の pubertas が，成人になる年齢，そして一般に女子では初経（初潮）の時期，男子では陰毛の生え始めの時期を意味しており，他方 adolescence の語源は adolescentia であり，進行方向を示す接頭語 ad に alescere（成長する）をつないで用いられていた経緯があると理解できる（Coleman & Hendry, 1999/2003；清水，2006）。

7.1.2 思春期の範囲

思春期は，いつ始まり，いつ終わるのか。人間の誕生時の生殖器の形態にもとづく特徴を **1 次性徴**と呼ぶことに対して，男性における精通や声変わり，ひげや恥毛などの体毛の発毛，肩幅の広がりや筋肉の増大，女性における乳房や恥毛の発育，初経，皮下脂肪の増大といった身体全体に生じる特徴を **2 次性徴**と呼ぶ。この 2 次性徴の出現を思春期の始まりとし，身長の伸びが終了するなど成長ホルモンの分泌が終了することが思春期の終わりと考えられている（清水，2006）。

暦年齢からみると，思春期は 10 歳から 18 歳までを指すことが多く，10 代の子どもを意味するティーンエイジとほぼ同じ時期にあたる（都筑，2006a）。これは，日本では小学校高学年から中学生，そして高校生にあたる時期でもある。生涯発達という観点からみると，思春期は児童期後半から青年期の前期・中期までの発達段階に重なるといえる（図 7.2）。

このように思春期の始まりと終わりは，比較的明瞭な身体的，生物学的な基準がある。その身体的変化を経験する中で，小学校から中学校，そして高校へという学校間移行などの社会的変化，さらには児童期と青年期の両方の

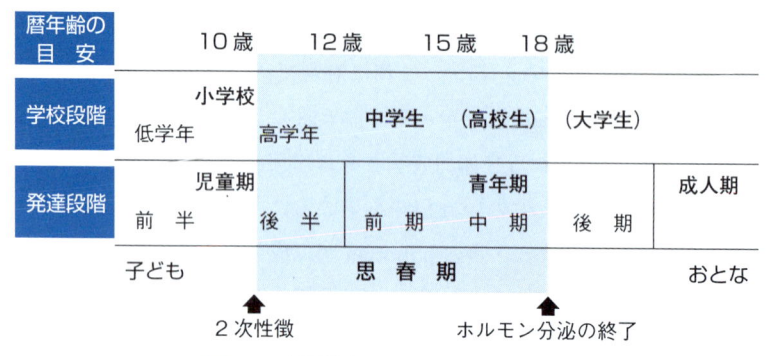

図 7.2 生涯発達における思春期の範囲
暦年齢，学校段階，発達段階の縦位置は，発達の個人差があるため必ずしも一致しない。また，学校段階において義務教育ではない高校生と大学生は（　）内に記載した。

発達における主題に同時に取り組むことが，思春期には求められることになる。

7.1.3 思春期の発達的特徴

　思春期の認知的発達について，**具体的操作期**から**形式的操作期**へ移行することが指摘されている（Piaget & Inhelder, 1966/1969。第5章参照）。この移行によって，目の前にある具体的な物事にとらわれること（具体的操作期）がなくなり，抽象的，論理的な思考が可能になる（形式的操作期）。抽象的で論理的な思考が可能になることは，身体が変化する意味を考えることや，エリクソン（Erikson, 1959/1973）が論じるアイデンティティ形成を通して自分の生き方を模索することにつながると考えられる（アイデンティティの形成については第8章参照）。さらに，内省的に自分をふり返ることや，他者のまなざしを通して自分を理解することがみられるようになる。そこでは，「周りから自分はどのように見られているのか」といった他者からの評価への意識が高まる。また，急激な身体の変化に心理的変化が追いつかない

ことによって，発達のアンバランスが生じ，戸惑いや違和感を覚えることも少なくない。

　ドイツの精神医学者クレッチマー（Kretschmer, 1949/1958）は，思春期の著しい身体的変化や心理的動揺から生じる不安定さを**思春期危機**と表現した。このような思春期危機説に対して異論を唱える立場もあり，思春期が危機的になるか否かには文化や社会的な条件が関係することが指摘されている。また，平均寿命が延び人生が長くなったことで，悩みが突出したり，エネルギーのコントロールを欠いたりすることがなくなり，思春期が平穏化しているという指摘もある（西井，2006）。西井（2006）は，思春期に沈静化したエネルギーが中年期以降に顕在化する可能性や，沈静化することのない大きなエネルギーがある場合には思春期が激動の時期になるとも述べている。さらに，清水（2006）は，「思春期危機」が発育途上の一過性の現象であり，普通の青年にも起こりうる健康性との連続性を持った意味あいを伴って使用されていたことを述べ，「思春期危機」の代わりに「適応障害」という表現の使用頻度が高まったことに対して，多くの人を障がいの名で呼ぶことになる危険性を指摘している。

　「危機」とはもともと「峠」や「分岐点」「岐路」を意味しており，思春期の危機を発達上のピンチとチャンスの両側面を持つものとしてとらえることが大切であるといえる（都筑，2006a）。思春期とは，生涯の中でも急激な身体的変化が生じる時期であり，同時に他者との関係の変化や社会からの影響を受けることで，心理的に揺れ動きやすい時期であると指摘できる。

7.2 身体と性の発達

7.2.1 身体の変化

　思春期の身体発達には，身長や体重の増加といった量的変化と，前述した生殖器の発達や生殖能力の獲得などの2次性徴による質的変化が起こる。この2次性徴は，子どもの身体から大人の身体への変化と理解することができ

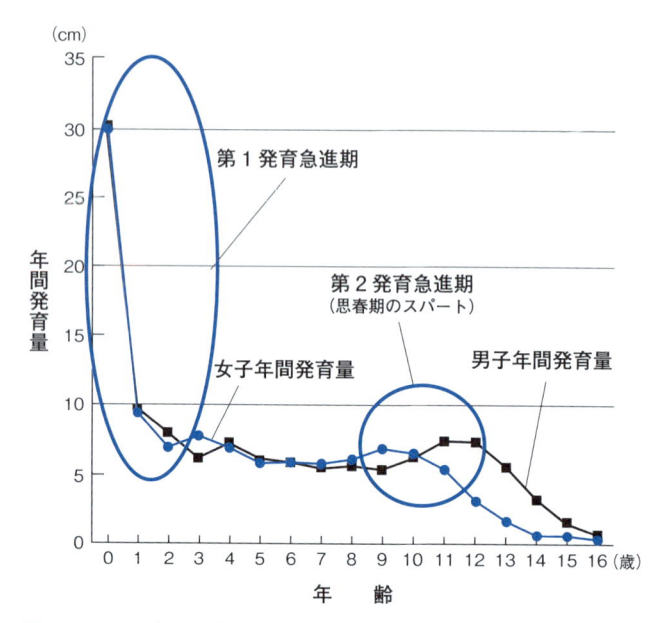

図 7.3　1990（平成 2）年度生まれの男女の身長の年間発育量の推移
（厚生労働省雇用均等・児童家庭局，2001；健康・栄養情報研究会，2001；文部科学省，2011 より作成）

年間発育量とは，たとえば 15 歳児の年間発育量は平成 19 年度に 16 歳の者の身長から平成 18 年度に 15 歳の者の身長を引いた値である。1990 年度生まれの者の平均身長は，出生時には男子 49.6cm，女子 48.9cm，17 歳時には男子 170.7cm，女子 158.0cm である。身長増加の大きい時期として，男女ともに出生から 2 歳頃（第 1 発育急進期），女子で 9 歳頃，男子で 11 歳から 12 歳頃（第 2 発育急進期）の 2 つがある。

る。

　身長や体重の増加が生涯の中でも大きい時期として，出生から幼児期の始めにかけて生じる第 1 発育急進期と，10 歳前後から数年間生じる第 2 発育急進期がある（図 7.3）。後者の第 2 発育急進期は，**思春期のスパート**とも呼ばれ，女子は男子よりもおよそ 2 年早く始まること，男子の増加量が女子よりも大きいこと，発達の個人差が大きいことといった特徴がある。

脳も，体の成長と同様に，出生時のみならず思春期に著しく成長する。そこでは，神経回路の肥大とその後の整理統合による神経細胞ネットワークの再構築が生じる。思春期において発達するのは，論理や空間的推論をつかさどる頭頂葉，言語をつかさどる側頭葉，さらに不適切な行動を抑制する前頭葉であるという（保坂，2010）。前節で述べた思春期における認知的発達と脳の発達との関連が指摘できる。

7.2.2 発達加速現象

身体と性の発達には，時代や地域により差異があることが知られている。いわゆる**発達加速現象**である。発達加速現象には，異なる世代間での発達速度の違いを指す**年間加速現象**と，同一世代でも地域や民族，階層などの発達速度の違いを指す**発達勾配現象**という2つの側面がある（図7.4）。

前者の年間加速現象は，身長や体重などが世代の進むごとに増加する「成長加速現象」と，月経や精通の発現年齢が若年化する「成熟前傾現象」に分けられる。成長加速現象の例としては，1890年から2000年にかけて日本の15歳男子の平均身長が152.1cmから168.6cmへと16.5cm増加し，15歳女子の平均身長が144.8cmから157.3cmへと12.5cm増加していることがあげられる（文部科学省，2011）。成熟前傾現象の例として，日本の平均初経

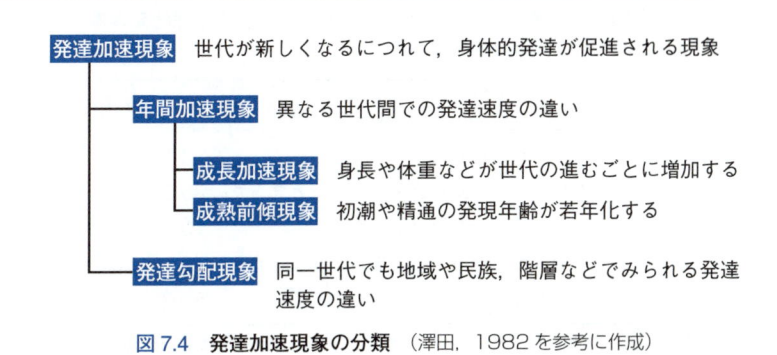

- **発達加速現象** 世代が新しくなるにつれて，身体的発達が促進される現象
  - **年間加速現象** 異なる世代間での発達速度の違い
    - **成長加速現象** 身長や体重などが世代の進むごとに増加する
    - **成熟前傾現象** 初潮や精通の発現年齢が若年化する
  - **発達勾配現象** 同一世代でも地域や民族，階層などでみられる発達速度の違い

図7.4 発達加速現象の分類 （澤田，1982を参考に作成）

（初潮）年齢が 1961 年で 13 歳 2.6 カ月であったのが 2002 年では 12 歳 2.0 カ月と 41 年間で 12.6 カ月の早期化が認められる（日野林，2007）。

 2010 年の日本における 15 歳の平均身長は男子で 168.2cm，女子で 157.1cm であり，上記の 2000 年時の値よりも若干の低減がみられる（文部科学省，2011）。このように近年では発達加速の停滞も報告されており，やがて加速も生物学的な限界に達すると考えられている。しかし，発達加速現象は，思春期の開始を早め，児童期の短縮を促す要因の一つとなる。このことは，児童期での発達における主題が未解決のまま，あるいは身体的変化への心理的な準備が不十分のまま思春期を迎えることにつながりやすいといえる。

7.2.3 身体と性の受容

 身体発育とそれに伴う性の成熟は，予告なしに突然やってくること，初めての体験であること，自分の思いどおりにすることができずにコントロールが難しいこと，などの特徴を指摘できる。他方，思春期における精通や初経それ自体は，大きな動揺を引き起こすものではないといわれる（齊藤，2003）。表 7.1 と表 7.2 を見ると，多くの男子は精通にドキドキした気持ち

表 7.1 精通（男子）や初経（女子）があったときの心理的受容度
（齊藤，2003 より作成）

	男子	女子
大人になれて，うれしかった	2.1	8.2
大人になるためには，あたりまえのことだと思った	25.5	15.3
いやだったが，しかたがないと思った	10.6	42.4
とてもいやでできればそうなってほしくなかった	2.1	4.7
別になんとも思わなかった	59.6	29.2

数値は％。2001 年に神戸市の中学 2 年生に実施した調査結果の一部である。

表7.2 精通（男子）や初経（女子）があったときの気持ち
（齊藤，2003より作成）

	男子	女子
めんどうな	21.3	82.4
ドキドキした	40.4	15.3
こまった	27.7	42.4
成長した	31.9	25.9
はずかしい	25.5	17.6
混乱した	19.1	23.5
体が不快な	14.9	32.9
興奮した	10.6	3.5
興味深い	12.8	3.5

数値は％であり，複数回答可。2001年に神戸市の中学2年生に実施した調査結果の一部である。

をいだきながらも大きな動揺や混乱はなく，女子の約半数は初経を否定的に受け止めているがその多くは仕方がないとも感じていることがわかる。齊藤（2003）は，身体発育が生じるタイミングやほかのライフイベントとの重なり，文化や時代背景などが，身体発育や性の成熟の受容に関係すると指摘している。たとえば，初経が小学校4年生で起きた場合と中学校3年生で起きた場合では，その反応は大きく異なるであろう。

このように身体発育には，大きな個人差がある。多くの子どもたちに発現がみられる平均的な時期よりも早く発現した者は「**早熟者**」，遅く発現した者は「**晩熟者**」と呼ばれる。こうした早熟者や晩熟者は，性的成熟への知識が十分でなかったり，周りの友だちと比較して不安を覚えたりなど，身体的変化に伴う影響を受けやすいといえる。また，日本における早熟者は，男子では有利であるが，女子ではむしろ不利であることが多いと考えられている（中道，2009）。その理由の一つとして，中道（2009）は，男性に「たくまし

い」ことを期待する社会的価値観は 2 次性徴の発現（肩幅や筋肉の増大）に沿うものであるが，女性のスリムな体型を理想とする社会的価値観は 2 次性徴の発現（皮下脂肪の増大）とは相反するものであることを指摘している。このように，男女の違いを含めた早熟や晩熟による心理的影響は，社会や文化との関係が大きいといえる。

　思春期に自身の性を受容していく上で，性は多層的であり，男性と女性といった二分割では理解しきれないことを知ることの意義は大きい。性を理解する視点として，ホルモンや 2 次性徴といった生理的・生物学的性である**セックス**（sex），性役割や性に対する偏見といった社会的・文化的性である**ジェンダー**（gender），性的指向や性行動といった対人的・関係的性である**セクシュアリティ**（sexuality）という 3 つの視点がある。「ジェンダー」における**性役割**（gender role）とは，性別にもとづいて社会から期待される態度や行動様式を指す（伊藤裕子，2000）。性役割は，一般に「男らしさ，女らしさ」といった社会的規範に影響される。また，自分の性別についての基本的確信から始まり，自分自身の性に対する認識や評価を**性同一性**（gender identity）という。これらの性役割と性同一性は裏表の関係にあるともいえ，とくに思春期には，社会からの期待と自分自身の認識との折り合いをつけながら，自分にとって納得できる性のあり方を模索していくことが求められる。

　思春期における身体と性の受容に貢献するものに性教育がある。1988 年に WHO によって提唱された**リプロダクティブ・ヘルス**（reproductive health；性と生殖の健康）は，1994 年には第 3 回国際人口開発会議（カイロ会議）にて採択された行動計画の中に取り入れられ，「リプロダクティブ・ヘルス／ライツ」として人権であるとされた（松本，2001）。すなわち，すべての人は性と生殖に関する健康，権利およびその責任に関して，教育や正しい情報を得る権利を有するというものである。また，村瀬（2008）は，性の主体者であるためには，性の源である「いのち」と性の土台となる「からだ」の事実を正しく学ぶ必要があることを指摘している。

　出生から児童期にかけて人は次第に自分の身体をコントロールすることが

できるようになる。自分のものとなったはずの身体が，発育の程度や月経のように突然思いどおりにならなくなるのが思春期であろう。それは，身体と性が自然の一部であるからともいえる。思春期における身体発育と性の成熟は，身体と性を有する存在として，自然の一部といえる自分と出会い直すことでもある。

7.3 他者との関係の発達

7.3.1 親子関係の発達

　思春期は，親との関係が変化する時期であり，親からの自立が大きな発達の主題となる。思春期の親子関係では，第2反抗期について言及されることが多く，「第2反抗期を経験していなければ親から自立できないのか」という議論がなされることもある。これに対しては，図7.5に示されるように，親への反抗といった親子間の問題状況が，必ずしも子どもの発達の現れではない場合があることが指摘できる。つまり，「第2反抗期だから仕方がない」

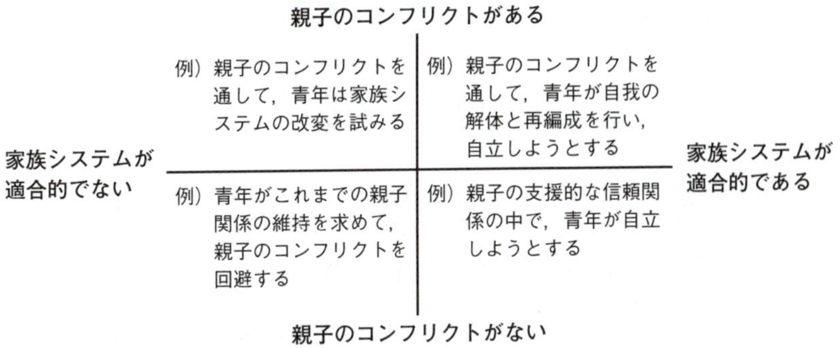

	親子のコンフリクトがある		
家族システムが適合的でない	例）親子のコンフリクトを通して，青年は家族システムの改変を試みる	例）親子のコンフリクトを通して，青年が自我の解体と再編成を行い，自立しようとする	家族システムが適合的である
	例）青年がこれまでの親子関係の維持を求めて，親子のコンフリクトを回避する	例）親子の支援的な信頼関係の中で，青年が自立しようとする	
	親子のコンフリクトがない		

図7.5　**家族システムの適合性と親子のコンフリクト（葛藤）**（白井，1997）
「家族システムが適合的である」とは，青年の自立と愛着の欲求に対して適合的であることをいう。「親子のコンフリクト」とは，親子関係において生じる問題状況と理解できる。

「親に反抗すれば自立できる」というように単純化して考えるのではなく，反抗の個別の意味を親と子の関係の中で理解する必要がある。たとえば，親への反抗が子の自立への一歩であることもあれば，親や家族の混乱した状態への異議申し立てであることも考えられるであろう。

また，親との心理的な結びつきは，児童期までの親子関係にとどまらず，思春期においても重要であり，その結びつきを土台にして親からの自立を進めていくと考えられている。池田（2006）は，母親に対する感謝を感じている心理状態の変化を検討している（図7.6）。思春期の最中にある中学生と高校生では「自分が苦労しているのは母親のせいだ」と感じる傾向がみられ，中学生の頃は母親への依存や甘えから，過大な期待や要求を母親に向けている状態にある。高校生の頃になると，母親から与えられ，支えられてきた自

母親に対する感謝の 要求的な状態	母親に対する感謝の 自責的な状態	母親に対する感謝の 充足的な状態
f1 援助してくれることへのうれしさ f2 産み育ててくれたことへのありがたさ f4 今の生活をしていられるのは母親のおかげだと感じる気持ち	f1 援助してくれることへのうれしさ f2 産み育ててくれたことへのありがたさ **f3 負担をかけたことへのすまなさ** f4 今の生活をしていられるのは母親のおかげだと感じる気持ち	**f1 援助してくれることへのうれしさ** f2 産み育ててくれたことへのありがたさ f4 今の生活をしていられるのは母親のおかげだと感じる気持ち
自分が苦労しているのは母親のせいだと感じる気持ち	自分が苦労しているのは母親のせいだと感じる気持ち	
中学生群 （平均13.74歳）	高校生群 （平均16.73歳）	大学生群 （平均19.97歳）

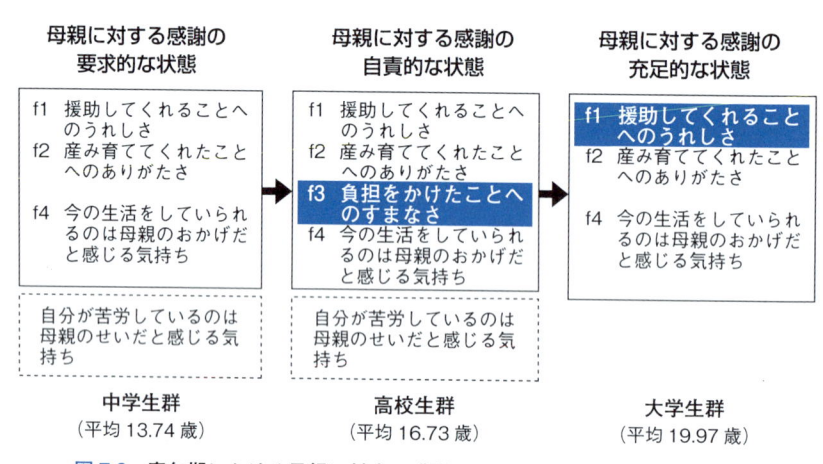

図7.6　青年期における母親に対する感謝の心理状態の学校段階による特徴
（池田，2006より作成）
5件法（1点：「まったくあてはまらない」から5点：「非常にあてはまる」まで）の平均得点が3.5点以上である気持ちを記載している。さらに，統計分析の結果，他の学校段階よりも感じる程度が大きい気持ちを白抜きで示している。「自分が苦労しているのは母親のせいだと感じる気持ち」の平均得点は，3.5点以上ではなかったが，統計分析の結果から大学生群で感じられる程度が小さくなるため記載した。

分に気づき,「すまないけれどもありがたい」といった自責的な心理状態がみられるようになる。ここでは,中学生から大学生までの多くの人が母親に対する感謝を実感していることも注目される。そして,大学生になる頃には,母親との対等な関係を築き,母親に対する感謝を素直に感じられる状態に至る（池田, 2006）。

　思春期の親子関係を考える上では,子どもだけではなく親と子の関係あるいは家族の問題という視点を持つこと,そして親からの分離と同時に親との結びつきに着目することが大切であるといえる。さらに,思春期にある子どもの親は中年期をすごしていることが多い。子が親離れすることは親が子離れすることでもあり,思春期に対して思秋期ということがいわれるように,親もまた子どもとの関係に悩むことは少なくない。このように親と子はともに発達していく「**共変関係**」（平石, 2010）にあることを,双方が実感として知ることも重要である。

7.3.2　友人関係の発達

　思春期には,親子関係だけではなく友人との関係が重要になる。図 7.7 に

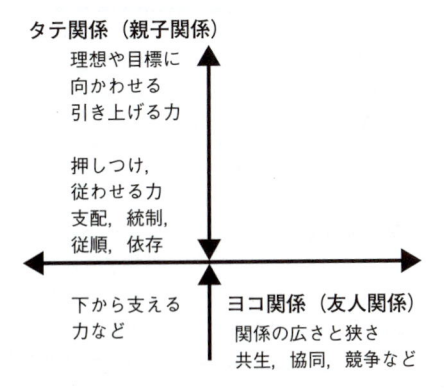

図 7.7　タテ関係とヨコ関係の特徴 (平石, 2010)

タテ関係（親子関係）
- 理想や目標に向かわせる引き上げる力
- 押しつけ,従わせる力　支配,統制,従順,依存
- 下から支える力など

ヨコ関係（友人関係）
- 関係の広さと狭さ　共生,協同,競争など

7.3　他者との関係の発達　　151

示されるように,親子関係というタテ関係から友人関係というヨコ関係への広がりや双方の関係のバランスが大切になる(平石,2010)。サリヴァン(Sullivan, 1953/1990)は,思春期における親友(チャム;chum)との関係の重要性と影響力を重視した。過去の人間関係の影響や歪みは,思春期の親友との関係の中で脱することができ,改めて自分を再構成していくことができるという。

「親友」とは,ほかの仲間と区別される友人であり,互いの心の深い部分まで語り合いつつ,さらに互いの成長を図っていく存在である(宮下,1995)。「親友」が「信友」「真友」「心友」(佐藤,2010)と表現されるゆえんであろう。親友と呼ばれるような深い友人関係は,「悩んでいるのは自分だけはない」という感覚をもたらし,思春期に体験する大きな変化をともに乗り越えていく上でも大切な支えになるといえる。

また,児童期から思春期にかけての仲間関係は,同質性を条件とする関係から,お互いの異質性を認め合う関係へと発達する(**表7.3**)(第6章も参照)。保坂(2010)によれば,児童期後半の**ギャング・グループ**(gang-group)では,同じ遊びを一緒にする者が仲間であるという。大人がやってはいけないというものを仲間と一緒にルール破りをすることから,「ギャン

表7.3 **仲間関係の発達**(保坂,1998,2010;戸田,2009を一部改変)

発達段階	年齢の目安	関係の特徴	集団の特徴
ギャング・グループ (gang-group)	児童期後半	小学校 中学年以降	同一行動による一体感	同性同年齢集団が多い
チャム・グループ (chum-group)	思春期前半	中学生	同一の関心・互いの類似性や共通性など言語による一体感	同性同年齢集団が多い
ピア・グループ (peer-group)	思春期後半	高校生	共通性・類似性だけでなく,異質性をも認め合う	異年齢や異性もありえる

グ（悪漢）」と呼ばれる。思春期前半の**チャム・グループ**（chum-group）は，サリヴァンが述べるチャム（chum）に由来し，言語による一体感の確認が重要になる。思春期後半の**ピア・グループ**（peer-group）は，異質性を認め合い，違いを乗り越えたところで，自立した個人としてお互いに尊重し合いながらともにいることができる関係である（保坂，2010）。

7.3.3 他者との関係における戸惑い

　前述したギャング・グループやチャム・グループにおいては，仲間と同一であることを重視するため，集団のメンバーが同じであるように同調圧力（ピア・プレッシャー；peer pressure）が生じやすい。保坂（2010）は，現代の友人関係について，ギャング・グループが消失し，チャム・グループが肥大化している一方で，ピア・グループは遷延化していることを指摘している。この現状は，思春期の友人関係における同調圧力の影響を強めるものであろう。女子にみられることが多い「仲良しグループ」の存在や，集団での万引きや喫煙，仲間集団から逸脱した者への攻撃や排斥なども集団による同調圧力が引き起こし，継続させることがある。

　このような集団の圧力やグループ内での同調への強い強制力は，**いじめ**の発生にもつながる。いじめは，「いじめの加害者」「いじめの被害者」に，「観衆」と「傍観者」を加えた4層構造として理解される（**図 7.8**）。「加害者」と「被害者」といった当事者の周りに，面白がったりはやし立てたりする「観衆」，知らないふりをしている「傍観者」がおり，いじめを積極的あるいは暗黙に促進してしまうと考えられる。その中には，「いつ自分がいじめの対象になるのか」「加担しなければ今度は自分がいじめられるのではないか」という思いをいだいている者も少なくないであろう。すなわち，いじめは個人の問題ではなく，集団の問題であるといえる。そこでは，いじめを止めようと行動を起こす「仲裁者」が集団の中に多くなることで，いじめは継続する力を弱めていくものと考えられる。

　また，子ども同士，生徒同士の関係だけではなく，教師など大人の態度が

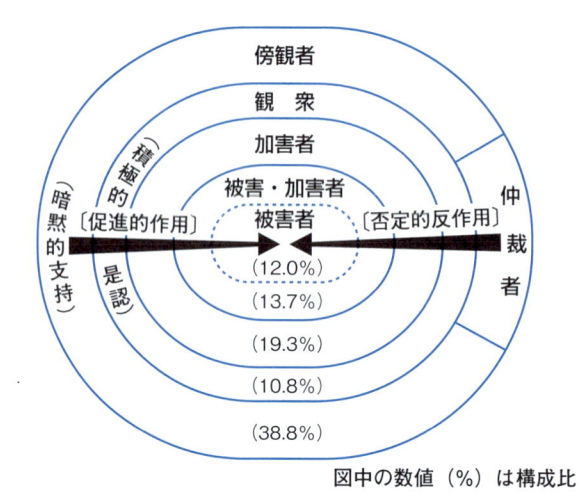

図7.8 いじめの４層構造（森田・清永，1994）
「傍観者」による「暗黙的支持」と「観衆」による「積極的是認」がいじめに促進的作用を示すのに対して，「仲裁者」はいじめに否定的反作用を示す。

図中の数値（％）は構成比。傍観者(38.8%)、観衆(10.8%)、加害者(19.3%)、被害・加害者(13.7%)、被害者(12.0%)。

いじめを助長する場合があることにも留意する必要がある。「いじめではなく，生徒同士のよくあるトラブルだ」といった否認，「教師がかかわらない方がよい」といった傍観，「いじめに負けないように成長してほしい」というようにいじめにお墨付きを与えること，教員のからかいによるいじめへの加担などが考えられる（伊藤直樹，2009）。さらに，教員同士での対立や攻撃的態度が，いじめを肯定する暗黙のメッセージを生徒に伝えてしまう場合もある。現代のいじめは，SNS（Social Networking Service）を利用したネット上の掲示板で特定の相手に攻撃的な発言を繰り返すような「ネットいじめ」や，「いじられキャラ」（木堂，2006）といった一見仲がよく冗談を言っているだけにみえるような一方的な攻撃関係など，多様化し複雑化している。そのような中で，思春期の若者だけではなく，大人たちがお互いに協力し合い，いじめに対して多面的かつ継続的な取組みを行うことが求められるであろう。

【従来いわれてきたヤマアラシ・ジレンマ】　【現代青年のヤマアラシ・ジレンマ】

離れたい ← 自己 → 近づきたい　　他者

離れたい ← 自己 → 近づきたい　　他者
離れすぎたくない　　近づきすぎたくない

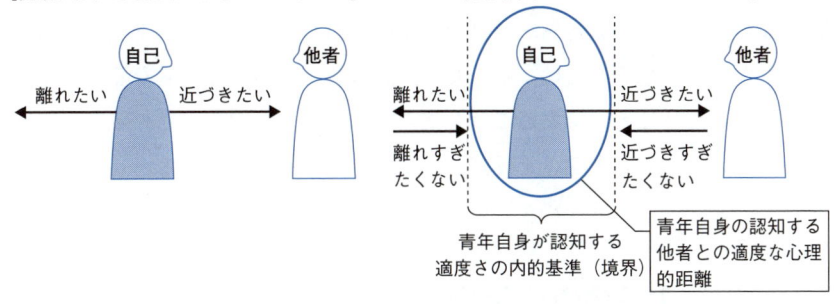

青年自身が認知する適度さの内的基準（境界）

青年自身の認知する他者との適度な心理的距離

図 7.9　心理的距離のとり方をめぐるジレンマの概念比較（藤井，2001，2009）
ヤマアラシ・ジレンマとは，ショーペンハウエル（Schopenhauer, A.）が寓話の中で示唆したものである。ある冬の寒い朝に，ヤマアラシの一群が暖め合おうと身を寄せ合うが，近づくほどお互いをとげで刺してしまう。痛いので離れれば寒い。試行錯誤の末，最終的にほどほどの間隔を置くことを見つけ出したというストーリーである。

現代の思春期の友人関係について，藤井（2001）が**ヤマアラシ・ジレンマ**という現象の検討を通して，実際に他者と近づいたり離れたりするのではなく，自分の中での「適度な心理的距離」を前提として，「近づきたいが，近づきすぎたくない」「離れたいが，離れすぎたくない」というジレンマが生じていることを見出している（図 7.9）。このジレンマは，「周りから自分はどのように思われているのか」「友だちから嫌われたくない」という他者からの評価への懸念とも相まって，親密な関係を結ぶ上での悪循環を生むことになる。思春期には，親密な友人との関係を通して発達することがみられるが，その一方で自分自身が発達しなければ親密な友人関係を結びにくいという矛盾に取り組むことが必要になるといえる。

　その他，思春期は，前節で解説した身体と性の発達などから恋心が芽生える時期でもある。思春期に初恋を体験する者も多いであろう。親や親密な友だち，恋人など自分にとって重要な他者であればあるほど，「親しい間柄なのになぜ自分のことをわかってくれないのか」と，さびしさや不満を感じる

ことも少なくない。その思いは「どんなに親しい相手でもわかってくれないことがある」「親しい間柄だからこそわからないことがある」という気づきにつながり，自分の気持ちを言葉で相手に伝えることの重要さを実感することにもなろう。思春期とは，親や友人，恋人などが自分とは異なる考えや価値観を持った「他者」であることを知り，それでもなお相手との親しい関係を築いていくことの大切さを確認していく時期であるといえる。

7.4 社会の中での発達

7.4.1 現代社会の特徴

思春期には，児童期までにすごしてきた生活の場が広がり，新たな「社会」と出会うことになる。思春期の発達は社会の中で進んでいくことからも，その発達は社会との関係の中で理解する必要がある。思春期の発達に関わる現代社会の特徴として，主に次の3点が指摘できる。

第1に，学校教育において，1989年の学習指導要領改訂で「関心・意欲・態度」を学力評価の中心とする「新しい学力観」が打ち出され，1998年改訂の学習指導要領にも引き継がれたことである。都筑（2006a, 2006b）は，「個性」重視のもとで学力格差が容認され，授業や課外活動などのあらゆる機会で「評価」が徹底されたことによって，他者からの評価的まなざしへの過度なとらわれをもたらしていることを指摘する。

第2に，2001年4月に改正少年法が施行されて刑事処分を可能とする年齢が16歳から14歳に引き下げられたことに加え，2007年の改正では少年院送致の下限年齢がおおむね12歳に引き下げられるなど，少年犯罪への厳罰化による対応が広がっていることである。保坂（2010）は，厳罰化を求める立場と少年にも適正手続きを保障すべきであるといった人権保障論的な立場からの少年法に対する2つの異なる批判には，いずれも少年が「一人前の人格の体現者」である「大人」とみなされるようになってきたという共通の基盤があることを指摘している。

第3に，**インターネットや携帯電話の普及**による生活や対人関係の変化である。田村（2001）は，インターネットの特性として，双方向的メディアであること，リアルタイム性，匿名性を指摘する。また，インターネットでは身体的人間関係が抜け落ちてしまい，自分の内面が深いレベルまで容易に語られてしまうことを指摘した上で，インターネットを思春期問題に対する有効なサポートとして活用する方策を考える必要性を述べている。

このような現代社会の特徴は，他者からのまなざしへの意識が高まり，子どもと大人の間といった中途半端な状態の中で他者との関係を築いていくという思春期の発達的特徴にも重なり，その発達に大きな影響を与えるものと考えられる。

7.4.2　学校と不登校

日本では，思春期を小学校，中学校，高校ですごすことが多く，「学校」の存在は大きいといえる。思春期には，学校間移行や受験，高校での中途退学などが問題になることも多い。ここでは，1960年代頃から注目され始めた**不登校**に着目する。

不登校は，以前は「学校恐怖症」や「登校拒否」と呼ばれていたが，「学校に行かないことは病気（症状）ではない」「子どもたちは必ずしも登校を『拒否』しているわけではない」といった理由から，「学校に行っていない」という現象のみをとらえた「不登校」という呼び名が用いられるようになった（伊藤美奈子，2000）。文部科学省では，不登校をどんな子どもにでも起こりうるものととらえ，「何らかの心理的，情緒的，身体的，あるいは社会的要因・背景により，登校しないあるいはしたくともできない状況にあるために，年間30日以上欠席した者のうち，病気や経済的理由による者を除いたもの」としている。不登校の人数は，小学生ではおよそ0.3％に対して，中学生ではおよそ3.0％弱となる（**表7.4**）。この小学校から中学校にかけて人数が大きく増加する背景には，小学校に比べて中学校で制約や規範がより厳しくなることや，中学校入学後に思春期の悩みや迷いを経験する者が多く

表7.4 小学校，中学校，中等教育学校（前期課程）の理由別長期欠席児童生徒数（30日以上）(文部科学省, 2010)

区分 (年度間)	合計 計(人)	合計 うち「不登校」(人)	合計 全児童生徒数に占める「不登校」の比率(%)	小学校 計(人)	小学校 うち「不登校」(人)	小学校 全児童数に占める「不登校」の比率(%)	中学校 計(人)	中学校 うち「不登校」(人)	中学校 全生徒数に占める「不登校」の比率(%)	中等教育学校(前期課程) 計(人)	中等教育学校(前期課程) うち「不登校」(人)	中等教育学校(前期課程) 全生徒数に占める「不登校」の比率(%)
平成3	168,303	66,817	0.47	65,234	12,645	0.14	103,069	54,172	1.04	—	—	—
4	179,121	72,131	0.52	70,746	13,710	0.15	108,375	58,421	1.16	—	—	—
5	175,603	74,808	0.55	67,517	14,769	0.17	108,086	60,039	1.24	—	—	—
6	183,199	77,449	0.58	70,598	15,786	0.18	112,601	61,663	1.32	—	—	—
7	187,825	81,591	0.63	71,047	16,569	0.20	116,778	65,022	1.42	—	—	—
8	208,443	94,351	0.75	78,096	19,498	0.24	130,347	74,853	1.65	—	—	—
9	223,334	105,466	0.85	81,173	20,765	0.26	142,161	84,701	1.89	—	—	—
10	227,991	127,692	1.06	82,807	26,017	0.34	145,184	101,675	2.32	—	—	—
11	221,179	130,228	1.11	78,428	26,047	0.35	142,750	104,180	2.45	1	1	0.84
12	223,577	134,290	1.17	78,044	26,373	0.36	145,526	107,913	2.63	7	4	0.46
13	225,782	138,733	1.23	77,215	26,511	0.36	148,547	112,211	2.81	20	11	0.82
14	204,143	131,281	1.18	68,099	25,869	0.36	136,013	106,383	2.73	31	29	1.50
15	193,361	126,257	1.15	62,146	24,077	0.33	131,181	102,149	2.73	34	31	1.00
16	187,023	123,398	1.14	59,305	23,318	0.32	127,658	100,040	2.73	60	40	1.02
17	187,713	122,327	1.13	59,053	22,700	0.32	128,596	99,578	2.75	64	40	0.84
18	196,719	126,890	1.18	61,095	23,825	0.33	135,472	102,957	2.86	152	108	1.39
19	199,295	129,255	1.20	60,236	23,927	0.34	138,882	105,197	2.91	177	131	1.37
20	191,692	126,805	1.18	55,674	22,652	0.32	135,804	103,985	2.89	214	168	1.55
21	180,863	122,432	1.15	52,437	22,327	0.32	128,210	99,923	2.78	216	182	1.46

平成21年度の全児童生徒数に占める「不登校」の比率は，小学校で0.32%であるのに対して，中学校は2.78%と大きく増加している。

なることなどが考えられている。

　不登校を理解する上では，次の3つの視点が重要になる。第1に，社会学的視点である。そもそも「学校」という制度がなければ「不登校」は存在しない。不登校によって，学校に行くことの意味，学校制度そのものが根本的に問われているといえる。第2に，発達的視点である。不登校の期間をいわば「さなぎの時期」と理解して，その子どもの発達にとって必要な時期として考えるものである。第3に，問題理解の視点である。不登校が，誰にとっ

て，なぜ「問題」になるのかを理解することが重要となる。たとえば，生徒本人はクラスへのなじめなさを問題としているが，保護者は受験への影響を問題としていることもある。つまり，不登校それ自体が「問題」なのではなく，不登校を「問題」とみなす人がいて，その理由は個人の立場によって異なるといえる。そこでは，不登校が「問題」として継続し成立し続ける背景を理解することも必要であろう。さらに，問題理解の視点で重要であるのは，子ども本人にとっての不登校の意義を見出し，その行動を子どもからのメッセージとして受け止めることである。表面的な「たいへんさ」や「問題」にごまかされ振り回されるのではなく，行動の裏にある「意味」を理解すること，そこに子どもからのSOSを読み取るという見方が大切になる（伊藤美奈子，2000）。

7.4.3 社会への参加

思春期の社会の中での発達とは，単に既存の社会に適応することだけではなく，社会へ参加し，自らが社会を担い創造していく責任者になることでもある。

社会への責任ある参加を考える上で**シティズンシップ**（citizenship）という概念が有効である。自分がある社会のメンバーとして認められ，自らもそう感じていて，定められた諸権利を正当に行使することができると同時に，定められた諸義務を果たしていくときにシティズンシップが成立する（宮島，2004）。家庭，学校，社会の中で，それぞれシティズンシップが保障されることで，若者のシティズンシップの感覚は高められる（白井，2010）。たとえば，家庭で家事に従事することで認められる経験や，学校での生徒による自治，ボランティア体験や職場体験なども，シティズンシップの形成につながると考えられる。

思春期の発達においては，今の自分が所属し，生活している場だけが社会のすべてではないという広い視野を持つことが大切であろう。親や教員とは異なる大人たちと出会うことで，さまざまな立場や考え方があることを知る

ことの意味も大きい。社会の広さを知ることは，思春期の発達の可能性を広げていくことにもつながるといえる。

7.5 思春期における出会い

　本章では，身体や性，自分とは異なる他者，社会との出会いを体験する時期として，思春期の発達について解説した。思春期は，出生という第1の誕生に対して，「第2の誕生」の時期といわれることがある。それは，「生まれてきてよかった」という人生を生きる上での基盤となり根となる感覚を再確認することで，新しい自分と出会うことでもある。

　「啐啄同時(そったくどうじ)」という言葉がある。「啐」は雛が卵を内側からつつく音であり，「啄」は親鳥が外から殻をつつくことである。機が熟し「啐」と「啄」が同時に起こるとき，卵が破れて雛鳥が生まれるという。思春期の発達についても，子どもと大人の両方が，時期を待ち，そのタイミングを逃さずに，ともに卵の殻をつついていくことが大切になるといえよう。

　思春期とは，春に生命があふれるように，可能性に満ちた出会いの季節なのである。

コラム 7.1　多様化する親子関係の行方

1. 多様化する親子関係

　親とは誰のことであるのか。親子関係の多様化が進む現在，この問いは単純なものではなくなっている。親子関係の多様化が進んでいる背景には，次の3つの変化があると考えられる。

　第1に，非婚化，離婚の増加，少子化といった家族関係の変化である。非婚化については，いわゆる生涯未婚率が1960年で男性1.26％，女性1.88％であったのが，2010年には男性20.14％，女性10.61％と増加している（国立社会保障・人口問題研究所，2013）。このように現代では，1割から2割の人は結婚を経験しなくなっているといえる。離婚の増加については，図7.10からもわかるように，ひとり親家庭の中でも離婚による母子世帯数が

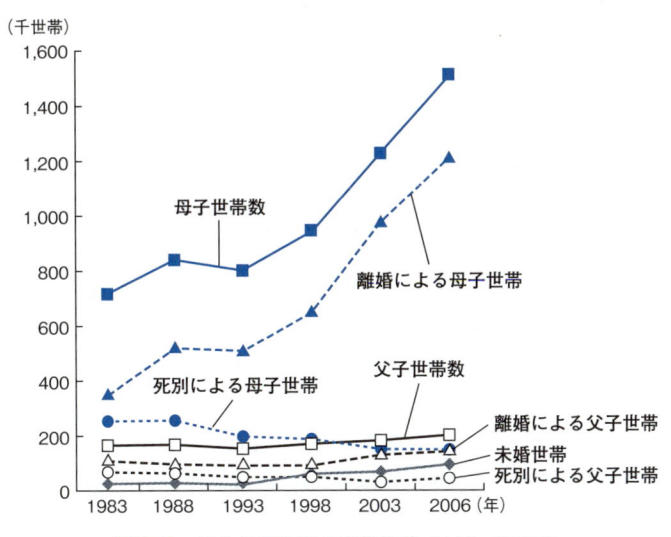

図7.10　ひとり親家庭の世帯推移（古澤，2010）

著しく増加している。少子化については，2009年の合計特殊出生率（1人の女性が一生の間に生むとされる子どもの数）は，1.37であった（厚生労働省，2011）。生涯において結婚するか，離婚するか，子どもを生むかどうかが，個人の選択にゆだねられるようになってきたといえる。

　第2に，生殖医療の発展である。生殖医療には，タイミング指導や人工授精といった一般不妊治療と，体外受精や顕微授精といった生殖補助医療などがある。体外受精が可能になったことで，夫婦以外の第三者から提供された精子や卵子によって妊娠することが可能になる。また，受精した胚を第三者の女性の子宮に移植するという代理母出産も技術的には可能になっている（小泉，2010）。

　第3に，欧米の養子縁組において，Closed Adoption（秘密厳守と匿名性を強調する養子縁組）から，Open Adoption（育て親と生みの親との間に何らかのコミュニケーションがある養子縁組）が推進されるようになっていることである（古澤ら，2006）。日本の養子縁組では，そのほとんどはClosed Adoptionであるが，Open Adoptionを推進している機関もあるという。

2．ルーツ（出自）としての親

　子どもは，その発達の中で「果たして自分はこの親の本当の子どもであるのか？」という疑問をいだくことがある。このような出自を知ろうとする心

7.5　思春期における出会い

理は親子関係が血縁関係にならなければならないことを示すものではない（古澤ら，2006）。古澤ら（2006）は，自分の出自を明らかにすることが自己存在の基盤を与えることを指摘し，「親の存在あってこそ自分の存在が成立つ」という理解こそが，子どもに「根づき感」を与え，アイデンティティ形成の一基盤をなすと論じている。

　小泉（2010）も，第三者提供の精子，卵子によって誕生した子どもは，自分の親が血のつながらない親だというショックも受けるが，むしろ自分のこれまでの家庭での歴史や自分のルーツ，アイデンティティを失うように感じることがとても辛いことが多いと述べる。そして，近年では，子どもの「出自を知る権利」の重要性が指摘されている（小泉，2010；庄司，2003）。

　このように，親と血がつながっているか否かにかかわらず，自分自身のルーツ（出自）を知り，納得して生きていくことは，思春期の若者にとって重要な意味を持つといえる。子どもは生まれてくる親も，自分の生まれ方も，育てられる家庭も選ぶことはできない。そのような根源的に受動的な存在といえる人間が，積極的に自らのルーツとしての親を理解し，そのルーツを納得していくことが重要になると考えられる。

3. 親子関係の問い直し

　親とは誰のことであるのか。この問いを改めて考える上で，少なくとも次の3つの視点から「親」をとらえることが必要になるといえる。第1に，遺伝的，生理的親である。母親の場合には，卵子のつながりによる遺伝的親と，妊娠，出産による生理的親が別になる可能性もある。第2に，社会的親である。いわゆる育ての親や戸籍上の親子関係などがこれにあたる。第3に，心理的な意味での親である。これは，従来，親性，父性，母性といわれてきたものといえる。

　「血統」「血縁」「血族」というように《血》という言葉が日本語の中に定着したのは，意外なほどに新しく，江戸の中期辺りであるという（葛野，2000）。しかし，図7.11と図7.12に示されるように，手段はどうあろうとも両親の生殖細胞によってなされた受精の結果，配偶者が妊娠して，子どもができることは認める傾向がある（古澤，2005）。このように，親子関係の多様化が進む一方で，血縁こそが家族にとって重要であるとする価値観が根強くあるというのが現状であろう。近年，性別にとらわれず，「種としてのヒトが各社会単位ないしは，種全体として次世代を育てていく能力」は「次世代育成力」と呼ばれ，その重要性が指摘されている（原，1991）。この次

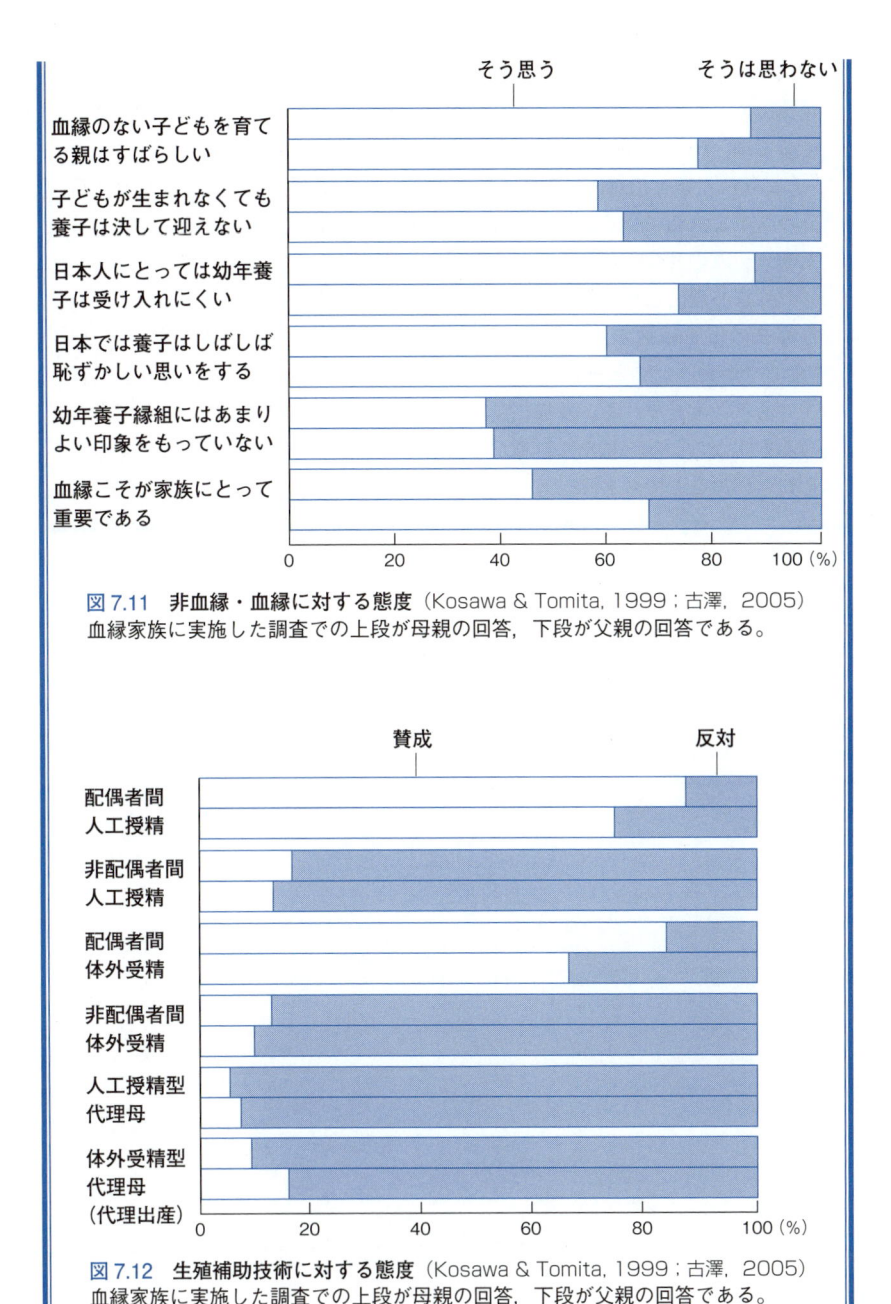

図7.11 非血縁・血縁に対する態度（Kosawa & Tomita, 1999；古澤，2005）
血縁家族に実施した調査での上段が母親の回答，下段が父親の回答である。

図7.12 生殖補助技術に対する態度（Kosawa & Tomita, 1999；古澤，2005）
血縁家族に実施した調査での上段が母親の回答，下段が父親の回答である。

世代育成力という視点は，親と子の血縁関係にとらわれず，地域社会さらには種全体として次世代の子どもたちを育てることを視野に入れたものである。そこでは，庄司（2003）が述べるように，生物学的な親子関係にかかわらず，「子どもの存在を絶対的に愛することによって，子どもに自信をもたせ，自分の人生を大切にする気持ちをもたせ，自分の人生を大切にする気持ちをもたせ，一人の社会人として育てること」が重要になると考えられる。

　とくに心理的な意味での親とは，子どもが「生まれてきてよかった」という存在の根を確信することができ，親自身もその子を「生んでよかった」「育ててよかった」と実感することができるように，子どもと関わり合う存在であると考えられる。多様化する親子関係の中で，親とは誰のことであるのかを問うことは，私たち自身がどのような親と子の関係を築いていくのかを問われることでもある。

青年期の発達 8

　青年期は，子どもから大人への移行期であり，身体だけではなく，心や人との関わり方も大きく変化する時期である。そのような変化の渦中で，青年は何を考え，どのような行動をしているのだろうか。本章では，青年期とはどのような時期なのかについて論じた上で，自己への問い，劣等感，アイデンティティ，友人関係，恋愛をキーワードとして，青年の実像について説明する。

8.1　青年期とは

8.1.1　青年期の定義

　国語辞典の『広辞苑　第6版』（新村，2008）によると，**青年期**とは「子供と大人の中間に位置する段階で，思春期から20代半ばまでの時期」であるとされている。また一般的な心理学の辞典によれば，青年期は「人間の発達段階のうえで児童期と成人期の間に位置する，子どもから大人への移行期」（高木，1999）と説明されている。これらから，青年期とは子どもと大人の間の時期であることは理解できるが，青年期そのものの説明はされていない。溝上（2010）はこれまでの青年期の定義に関する議論をまとめ，①工業化（産業革命）を経た近代社会で誕生した社会的歴史的概念であること，②子どもや若者が労働や生産の場から解放されること，③学校教育を通して子どもから大人になる発達的移行プロセスであること，④思春期を迎える頃から大人になるまでの年齢期であること，という4点を青年期の定義の条件としてあげている。

8.1.2 「青年期」の誕生

「①工業化（産業革命）を経た近代社会で誕生した社会的歴史的概念であること」とあるように，「青年期」という発達段階は工業化以前の前近代には存在しなかった。前近代のヨーロッパでは，7，8歳頃から手工業経営者のもとで修行する徒弟になったり，農業，商業，家事などの奉公をしていた。日本でも，江戸時代の士農工商という身分制度のもと，子どもや若者は親の身分に合った仕事に従事しており，「小さな大人」（Ariès, 1960/1980）として扱われていた。

しかし，工業化や科学技術の進歩によって長期間の学校教育が必要となり，日本を含む各国が近代的教育制度を整備していった。子どもや若者からみると，身分制度の崩壊により学校教育を通した職業選択が可能となり，しかも徐々に学校教育（学歴）が職業選択の重要な要因となっていった。このような変化によって，子どもや若者は労働の場から教育の場（学校）に移行し，学校教育を通して，将来の職業を選択し，それに向けて努力する時期を得ることになった（図8.1）。この時期が「青年期」と呼ばれる時期である。

8.1.3 青年期の始まりと終わり

青年期はいつ始まり，いつ終わるのだろうか。青年期の始まりについては，「④思春期を迎える頃から大人になるまでの年齢期であること」とあるよう

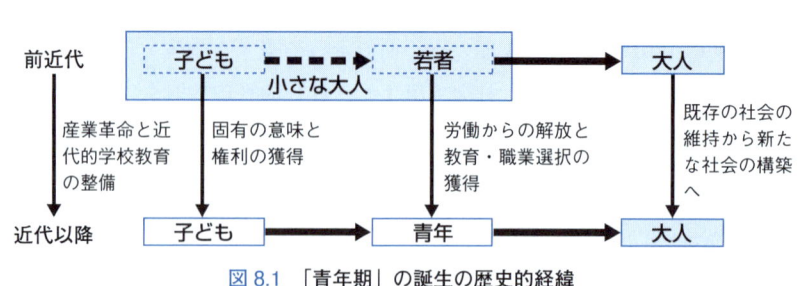

図8.1 「青年期」の誕生の歴史的経緯

に，思春期的な身体変化（2次性徴の発現など）を青年期の始まりとするのが一般的である。しかし，思春期的な身体変化は数年間通して徐々に生じるものであり，ある日を境に青年期に入ったと明言することはできない。

また青年期の終わりについては，「大人になるまで」となっているが，「②子どもや若者が労働や生産の場から解放されること」「③学校教育を通して子どもから大人になる発達的移行プロセスであること」とあることから，「大人になる」とは，学校教育が終わり，労働や生産の場に加わるようになることであると考えられる。また久世（2000）は青年期における大人への移行を，①生物学的移行（身体的・性的な成熟），②認知的移行（抽象的・多次元的な思考やメタ認知など），③情緒的移行（アイデンティティの感覚や自律性・独立性など），④社会的移行（仲間や家族との関係の変化，異性・親密な他者との関係構築など），という4点で説明している。久世（2000）の青年期の移行の4点は徐々に移行していくものであり，青年期の終わりについても，ある時期を境に青年期が終わったといえるようなものではない。

このように，青年期の始まりと終わりを明確に定めることはできない。また，思春期的な身体変化の始まりや「大人になる」時期は個人差が大きいため，普遍的な基準を設定することもできないのである。そこで，青年の心理を研究する**青年心理学**では，一般的に，中学生・高校生・大学生を青年期ととらえ，それぞれ青年期前期・中期・後期に位置づけている。本章では，とくに高校生・大学生（青年期中期・後期）に焦点化して論じていくこととする。

8.2 自己への問い直し

8.2.1 自己への問い

青年期の始まりである急激な身体変化によって，青年は自分の身体に対して目を向けるようになる。とくに，この急激な身体変化は開始時期や経過，結果に大きな個人差を生む。この身体的な個人差によって，自分の身体と他

者（たいていは同性同年代の人物）の身体とを比較し，その結果，「自分の身体は特別（異常）なのではないか？」という疑問が生じてくる。

　また，この身体変化は，青年に自分の身体でありながら，自分の思い通りにならないというコントロール不能感をもたらすことにもなる。月経は自分で時期をコントロールすることが困難であり，とくに初経後しばらくは月経周期が安定しない。また，男性では，性的刺激がない状況でも性器が勃起をし，なかなかおさまらないときがある。このような身体的なコントロール不能感は，自分の心と身体が分離しているように感じられ，「自分の身体は自分のものなのか？」という疑問を生じさせる。

　さらに，身体的な変化は周囲からの見られ方や扱われ方も変化させる。本人は意識していないのに，周囲の人から「男／女だから」と扱われたり，女性は痴漢など性被害を受けるようなことも起きてくる。このような周囲からの見られ方や扱われ方の変化によって，「自分はもう（大人の）男／女なのか？」という疑問やとまどいを生むことになる。

　このような身体に関する疑問によって，青年は自分の身体に関心を持つようになる。それが「見られる自己（me）」と「見る自己（I）」を明確に分化させるのである。周りから見られている自分（me）を想像する自分（I），男性／女性である自分（me）を不満に思っている自分（I），怒りにまかせて物に当たっている自分（me）を止められない自分（I）など，自分の中にもう一人の自分がいることに気づくのである。このような気づきにより，青年は自己に関心を持ち，自己を注視・観察するようになる。これを「**自我の発見**」という。

　自分の身体を対象として客観視できるようになった青年の関心は，徐々に自己の内面に向けられ，「自分はどんな性格か？」「自分は魅力的なのか？」など，自己の特定の側面に対する疑問が生じてくるようになる。さらに，青年期の中期や後期になると，現実的な日常とは切り離された自己の存在そのものに対する疑問である「生きる意味の問い」（Frankl, 1952/1957）を発するようになる。

このような自己への問いに対する答えを見出すことは容易ではない。そのため，このような問いに直面した青年の多くは，苦悩し，精神的にも不安定になる。しかし，このような問いによって青年は自己と向き合わざるを得なくなり，青年期を通して，「自分とは何か？」について考え続けるのである。

8.2.2 劣等感

　自己への問いに直面した青年は，自己と向き合い，「自分とは何か？」について考え続けることになるが，自己を定義づけるような絶対的な基準も，自己全体を受け入れ肯定するような価値観も，まだ青年の中には形成されていない。そのため，人との比較を通した相対的な基準によって，自己を把握しようとするが，それによってかえって劣等感を生じさせてしまう。

　劣等感とは，人との比較を通して自分の身体や学力，性格などの劣性を認知したときに生じる悲しみ，怒り，惨めさなどの否定的感情の総称であると定義される（髙坂，2008）。そのため，劣性を認知しても否定的感情が生じていない場合は劣等感とは呼ばない。

　ここで比較する相手となるのは，たいてい同性同年代の人物である。また，青年期になると人は抽象的な思考ができるようになり，同性同年代の他者をモデルとして内在化し，自己についての理想像（**理想自己**）を形成するようになるが，この理想自己との比較によっても劣等感が生じる（図 8.2）。そのため，周囲から優れていると評価されるような人物であっても，強い劣等感をいだいていることがある。

　また，同じ劣性を持っていても，劣等感を感じる人と感じない人がいるように，自己のどの側面に対して劣等感を感じるかは，何を重視しているかという価値観によって決まる。つまり，日々の生活や将来の目標において，ある側面を重要視している場合，その側面に対する劣等感が生じやすくなる。高校入試や大学入試を控えた青年にとって学業成績は重要であるため，テストの成績が良くないことに劣等感を強く感じるが，入試とは直接関係しない容姿や性格などについては劣等感をあまり感じないのである。

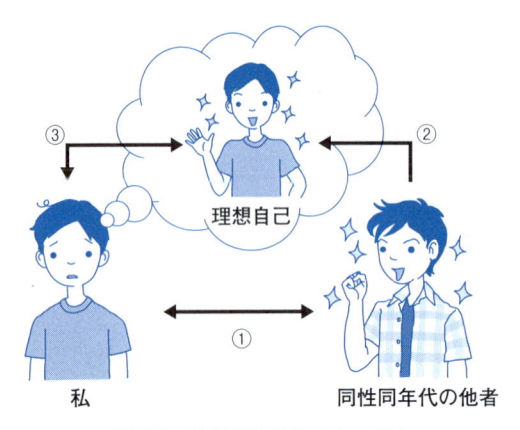

図 8.2　劣等感発生のメカニズム
①現実の同性同年代の他者との比較によって劣等感が生じる。
②同性同年代の他者をモデルとして内在化し，理想自己が形成される。
③理想自己との比較によって劣等感が生じる。

　このように，どの側面に劣等感を感じるかは，個人の価値観が関わっている。つまり，劣等感とは，自分の価値観を知るヒントなのである。アドラー（Adler, 1956/1996）は，劣等感はすべての人が持っている感情であり，健康で正常な努力と成長への刺激であると述べている。そして，劣等感を克服するために努力をしたり，劣等感を生じさせている価値観を否定し，新たな価値観の構築や実現を促すことによって，青年の人格形成が促進されるとも述べている。劣等感とはそのような主体的な人格形成のスタートラインに立ったことを意味する感情である。そのため劣等感を隠したり，抑圧することなく，劣等感を感じていることを素直に認め，劣等感を生じさせている自分の価値観を見つめ直し，どうしてそう思うのか，これから生きていく上でどのような意味を持つのか，どのように方針転換すればよいのか，などを考える契機とすることが，劣等感の健康で有意義な活用であるといえよう。

8.3 アイデンティティの形成
8.3.1 アイデンティティとは

　青年期は,「自分とは何か？」という疑問に対する答えとして自己定義を行う時期であり, 言い換えれば, **アイデンティティ**（identity）を形成・確立する時期である。

　アイデンティティという概念を提唱したアメリカの児童精神科医エリクソン（Erikson, E. H.）は, アイデンティティの感覚を「内的な不変性と連続性を維持する各個人の能力（心理学的意味での自我）が他者に対する自己の意味の不変性と連続性に合致する経験から生まれた自信」（Erikson, 1959/1973）であると述べている。**不変性**（sameness）とは, さまざまな役割や立場があっても, 全体として自分はほかの人とは異なるたった一人の自分であること, つまり「どこで何をしていても私は私」ということである。また, **連続性**（continuity）は, 過去の自分が現在の自分につながり, 現在の自分が未来の自分につながっているということであり,「今までもこれからも私は私である」ということである。そして,「内的な不変性と連続性を維持する各個人の能力」とは,「私は私である」と自分で思い続けることができることを意味している。

　しかし, 自分一人で勝手に「私は私である」と思っているだけでは, アイデンティティが確立できたとはいわない。自分が思っている「私」と他者が思っている「私」が合致している必要がある。そして, その両者の合致によって生じる自信が, アイデンティティの感覚なのである（図 8.3）。

8.3.2 アイデンティティの発達的意味と重要性

　アイデンティティの形成・確立が青年期の発達主題になっているのは, 児童期までとは異なり, 青年期になると行動や考え方, 生き方などの選択肢が格段に広がるからである。さまざまな選択肢の中から青年は1つの「私」のあり方を選び取り, そのアイデンティティに沿った行動や考え方をするよう

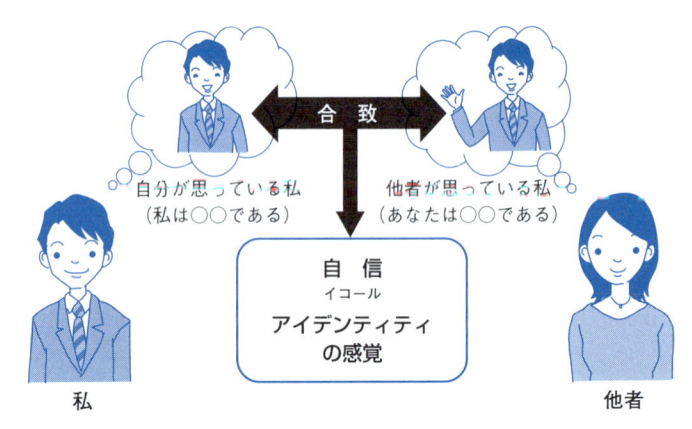

図8.3 アイデンティティの概念

になる。たとえば，「教師としての私」というアイデンティティを持っていれば，授業や生徒指導を何よりも優先するであろうし，「母親としての私」というアイデンティティを持っていれば，夜中であっても子どもをあやしたりするであろう。

しかし，教師になれば「教師としての私」というアイデンティティが確立し，子どもができれば「母親としての私」というアイデンティティが確立したりするわけではない。これはアイデンティティが青年期の課題（task）ではなく，主題（theme）だからである。主題とは，発達のある段階においてもっとも意識されるものという意味であり，青年期はアイデンティティの確立を意識し，それに向かう時期なのである。そもそも，「○○としての私」というアイデンティティを確立するには多少なりとも時間がかかるため，現実的には，青年期にアイデンティティを確立することは困難である。

では，青年期にすべきことは何なのか。それは自分の生き方を主体的に選択し，覚悟を決めて，その生き方に向けて努力することである。主体的な選択とは，親や周囲に勧められた生き方を受動的に選ぶのではなく，自分の意思で1つの生き方を選ぶということである。1つの生き方を選ぶということ

は，別の生き方はすべて捨てるということである。そして，この生き方以外もう選択肢は残されていないという覚悟をし，その生き方を実現するために努力をし続けるのである。この主体的選択と継続的な努力なしに，アイデンティティの確立はなしえないのである。

8.3.3 アイデンティティ・ステイタス

　マーシャ（Marcia, 1966）は，エリクソンのアイデンティティ理論を発展させ，青年期におけるアイデンティティ形成プロセスを類型化した**アイデンティティ・ステイタス**（identity status）**論**を提唱している。アイデンティティ・ステイタス論では，職業や価値観など生き方に関するさまざまな選択肢について思案・決定する時期である「**危機**（crisis）」と，選択した生き方に対する「**積極的関与**（commitment）」という2つの基準によって，4つのステイタスに分類されている（表8.1）。

表8.1　アイデンティティ・ステイタスの4分類

ステイタス	危機	積極的関与	概要
アイデンティティ達成 (identity achievement)	経験した	している	自分の生き方を真剣に悩み，決定し，その生き方に積極的に関与している。誠実で，安定した人間関係をもっている。
モラトリアム (moratorium)	最中	あいまい	いくつかの選択肢で迷っており，いずれの選択肢に対しても十分な関与はできていない。半人前意識や不安，緊張感をもっている。
フォークロージャー (foreclosure)	経験していない	している	親や社会の価値観を無批判に受け入れ，それに従って生きている。見せかけの自信をもち，融通が利かなく，権威主義的でもある。
アイデンティティ拡散 (identity diffusion)	した／していない	していない	危機の有無にかかわらず，生き方に積極的に関わることができない。自己嫌悪感や無気力感，不信感，希望の喪失などの特徴がある。

1. アイデンティティ達成

アイデンティティ達成（identity achievement）は，危機を経験し，選択・決定した生き方に対して積極的に関与している青年である。このタイプの青年には，自ら選択した物事をやりとげることができると感じられており，環境が急変したり，予期せぬ事態が生じても，物事を処理していくだけの力を持ち合わせているように感じられる。また，安定した人間関係を維持することができるタイプである。

2. モラトリアム

エリクソンが提唱したモラトリアム（moratorium）とは，社会的な義務や責任が少ない状態で，さまざまな役割を試しながら，自分の生き方を模索する時期のことであったが，マーシャはそのような生き方を模索している青年をモラトリアムというステイタスで呼んだ。モラトリアムはまさに自分の生き方を選択・決定しようとしている青年であるため，何か特定の対象に打ち込んだり，積極的に関与したりすることはできていない。打ち込む対象が決まっていないことによる不安や緊張感とともに，「早く一人前になりたい」という思いを強く持ち，一人前になるためには自分はどうあるべきか，何をすべきかを必死に探求している。

そのような真剣で深刻な自己探求を特徴とするモラトリアムに対し，小此木（1978）は，主体的な選択・決定を先延ばしにし，幼児的な全能感を持ち，禁欲から開放されて快楽本位の自由を楽しむ遊び感覚に支配された青年の増加を指摘し，そのような青年を「モラトリアム人間」と呼んだ。1980年代には「大学のレジャーランド化」（新堀，1985）に伴い，授業に出ず，アルバイトやサークル活動，友人・恋人との交遊に明け暮れる大学生の姿が指摘されるようになった。そして，いつまでも主体的選択を先延ばしにし，無為無策に留年や就職浪人をしたり，安易に大学院に進学したりする青年が見られ，全体的にモラトリアムが延長・長期化するようになっていった。

さらに，近年になると，学業を重視し，授業はまじめに出席し，ノートをしっかりととる大学生の姿が指摘されている。伊藤（1999）は，このような

表 8.2　3 種類のモラトリアム

（古典的）モラトリアム	モラトリアム人間	第 3 のモラトリアム
半人前意識と自立への渇望	半人前意識から全能感へ 自立への渇望から無意欲・しらけへ	自己確立よりも資格取得 無意欲・しらけよりもまじめ・従順
真剣かつ深刻な自己探求	自己直視から自我分裂へ	理想・野心よりも安定・安心
局外者意識と歴史的・時間的展望	同一化（継承者）から隔たり（局外者）へ	隔たりよりもつながり
禁欲主義とフラストレーション	禁欲から解放へ 修業意識から遊び感覚へ	解放よりも堅実・節約 快楽志向の遊びよりも関係志向の遊び

（古典的）モラトリアム，モラトリアム人間は小此木（1978）から作成した。第 3 のモラトリアムは，伊藤（1999），溝上（2009, 2010）などを参考にした。

状況を「大学生の生徒化」と呼び，生徒化した大学生の特徴として，大学の授業に対して受動的である，長期的な展望が乏しい，資格志向が強い，友人関係が固定的で狭い，などをあげている。また溝上（2009, 2010）は，大学生活に不適応的なタイプやモラトリアム人間に相当するタイプのほかに，授業に出席し，授業外学習や読書も行い，遊びや対人的な活動にも多くの時間を費やす「よく遊び，よく学ぶ」活動性の高いタイプを見出している。このような何にでも参加し，まじめで資格志向が強く，既存の友人とのつながりを重視するような青年は，第 3 のモラトリアムと呼ぶべきタイプである（表 8.2）。しかし，第 3 のモラトリアムと呼ぶべき青年は一見，立派な青年に見えるが，その背景には，周りから遅れをとることへの不安をもっている。そして，リスクを避けるため，実際の活動は受動的であり，安定・安心を求めようとする傾向がある。このように，エリクソンがモラトリアムの概念を提唱して半世紀が経過し，モラトリアムの意味やすごし方も時代とともに多様になっていることを示している。

3. フォークロージャー

　フォークロージャー（foreclosure；早期完了）は，親や社会の価値観を無批判に受け入れ，生き方に関する主体的な選択・決定をすることなく，特定の生き方に積極的に関与しているタイプである。このタイプの青年は，自分がフォークロージャーであることを自覚していない場合が多く，親や社会の価値観を絶対的に正しいとする融通の利かなさ（硬さ）と権威主義を特徴とする。また，フォークロージャーは親や社会の価値観に沿った生き方に積極的に関与しており，それなりの自信を持っているため，アイデンティティ達成のようにみえる。しかし，親や社会の価値観が通用しないような状況では，すべてを投げ出してしまったり，極度に混乱したりする脆弱性もあわせ持っている。

4. アイデンティティ拡散

　アイデンティティ拡散（identity diffusion）とは，積極的関与のなさが特徴であり，危機を経験していない危機前拡散と危機を経験した危機後拡散に下位分類される。危機前拡散は，自分の生き方について真剣に考えたり決断したりしたことがないため，何者かである自分を想像することが困難な青年である。危機後拡散は，自分の生き方を選択したにもかかわらず，「やれば何でもできる」「もっとよい生き方があるはずだ」と，すべての選択肢を可能なままにしておこうとする青年である。どちらのタイプであっても積極的な関与ができておらず，空しさや焦り，不安，孤独感のような否定的な感情を常に感じている。

　このようなアイデンティティ拡散に陥っている青年は，否定的な感情を回避するために，否定的アイデンティティを選択することがある。否定的アイデンティティとは，社会的に望ましくなく，危険でさえあるが，もっとも現実的なものへの同一化に基礎を置くアイデンティティのことであり，「どうせ，私は○○だ」という言葉で表現される（大野，2010）。就職活動をしていてもなかなか内定が得られないときに，「どうせ私は就職できない人間だ」と努力するのを辞めてしまう青年がいる。一度，「どうせ私は就職できない

人間だ」という否定的アイデンティティを形成してしまうと，就職活動しないという行動が選択され，より一層，就職から遠ざかってしまう。すると「やっぱり私は就職できない人間だ」と否定的アイデンティティがより強固に確立されてしまうのである。

8.3.4 アイデンティティ・ステイタスの変化

あるアイデンティティ・ステイタスになったからといって，そのままずっと変化しないわけではない。ウォーターマン（Waterman, 1982）は，主要なアイデンティティ・ステイタス研究の結果を検討し，アイデンティティ・ステイタスの変化に関する理論モデルを構築している（図 8.4）。この理論モデルによって，アイデンティティ・ステイタスは固定的なものではなく変化

真剣なアイデンティティ探究

M
他の可能性を考慮・挑戦することによってこれまで関与していたものを再吟味する。

D→D
アイデンティティ探究にとりくまない。

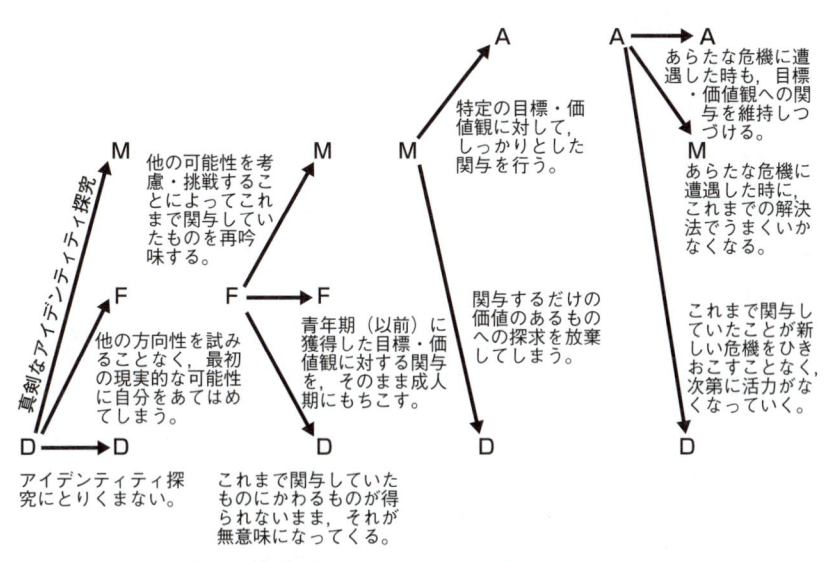

F
他の方向性を試ることなく，最初の現実的な可能性に自分をあてはめてしまう。

F→F
青年期（以前）に獲得した目標・価値観に対する関与を，そのまま成人期にもちこす。

M→A
特定の目標・価値観に対して，しっかりとした関与を行う。

D
これまで関与していたものにかわるものが得られないまま，それが無意味になってくる。

D
関与するだけの価値のあるものへの探求を放棄してしまう。

A→A
あらたな危機に遭遇した時も，目標・価値観への関与を維持しつづける。

M
あらたな危機に遭遇した時に，これまでの解決法でうまくいかなくなる。

D
これまで関与していたことが新しい危機をひきおこすことなく，次第に活力がなくなっていく。

図 8.4　アイデンティティ発達の連続パターンモデル
(Waterman, 1982；鑪ら，1995)
A：アイデンティティ達成，M：モラトリアム，F：フォークロージャー，
D：アイデンティティ拡散。

8.3　アイデンティティの形成　　177

しうるものであること，アイデンティティ達成から拡散への変化のように，下位のアイデンティティ・ステイタスへの退行的変化も生じること，変化の際には「再検討」や「放棄」のようなきっかけ（契機）があること，などが明らかにされている。

8.4 青年期の友人関係

8.4.1 友人関係の特徴

　青年期は，親から心理的に自立し，自分の生き方を主体的に選択する時期である。このような時期に，同性・同世代の友人の存在は，青年の精神的な安定においても，人格発達においても，重要である。実際，中学生・高校生は，今関心を持っていることとして，「友だち付き合い」をもっとも多く回答しており（NHK 放送文化研究所，2003），大学生もその多くが，大学生生活の中で友人関係に関わる活動を重視している（岩田ら，2001）。

　友人関係は親子関係や恋愛関係に比べて，明確な根拠が見出しにくいという特徴がある（佐藤，2010）。親子関係であれば，遺伝的なつながり（血縁）や戸籍の記載などで，容易に根拠を示すことができる。また，恋愛関係であれば，基本的に一対一の関係であり，告白という相互の意思確認が行われた上で関係が始まり，キスやセックスのような性的行動も，恋愛関係の根拠となりうる。それに比べて，友人関係では，自分たちが友人であることを裏づける根拠が明確ではない。そのため，「私たちって友だちよね？」と言葉に出したり，写真シールに「仲良し」「親友」など友人関係であることを示す言葉を書き入れたりして，自分たちが友人であることを確認し合うことがある。

　また友人関係には，①**対等性**，②**自発性**，③**相互的互恵性**という3つの特徴があることが指摘されている（遠矢，1996）。つまり，友人関係とは，地位や権力の差がない対等な関係であり，お互いの意思によって自発的に開始・継続され，その関係の中で互いに心理的な恩恵を得られる関係である。

心理的な恩恵に関して，松井（1996）は青年期における友人関係が社会化に果たす機能として，不安や緊張を軽減する**安定化機能**，人間関係について学ぶ**社会的スキルの学習機能**，友人が自分の行動や考え方の指標・指針となる**モデル機能**，をあげている。

8.4.2　青年期における友人関係に関わる悩み

　青年にとって友人は，精神的な安定を得たり，さまざまな考え方や行動を獲得する上で重要な存在であるが，重要な存在であるがゆえに，友人関係に関わる悩みが生じることも少なくない。

　榎本（2008）は，大学生を対象に友人関係における悩みに関する調査を実施している。その結果，「友人の行動への不満」（17.9％）や，「友人との価値観の相違」（14.1％），「友人からの裏切り，無視」（6.4％）など，自分の期待や考えと友人の行動や考えの不一致によって生じる悩みがあげられている。また，「友人との関係の希薄さ」（10.3％），「グループ内でのトラブル，悩み」（9.0％），「友人との争い（けんか）」（9.0％）など，友人との関係性のあり方に関する悩みも多くあげられている。一方，友人関係上の悩みやトラブルが「特にない」と回答した者も37.6％いるが，悩みやトラブルがない背景には，仲が良いから悩みがないというだけではなく，「深入りされたくない」「ずっと一緒にいる友だちがなかなかいない」など，悩むほど親密な友人がいないという状況が背景にあることも考えられる。

8.4.3　友人関係の「希薄化」と「選択化」

　悩むほど親密な友人がいないという状況に関連して，現代青年における友人関係が**希薄化**しているという指摘が1980年代半ば頃からされている。栗原（1989）は，親密な友人関係を持つ若者と，互いに傷つけ合わずに群れることによる安心感によって成立している自己中心的な友人関係を持つ若者に二極化していると論じている。また，総務庁青少年対策本部（1999）の調査では，普段付き合っている友人として，「親に会わせたくない人」が10〜

表 8.3 付き合っている人の種類 (総務庁青少年対策本部, 1999 より作成)

	何でも悩みを打ち明けられる友達	異性の友達	親に会わせたくない人	できればつきあいたくない人	ふだん目立たずおとなしいのに，突然暴力をふるう人	いらいらすると急に何ごとでも放り出してしまう人	無回答
中学生男子 (1,528 名)	62.4	41.0	18.7	44.8	14.6	33.2	12.8
中学生女子 (1,495 名)	84.4	54.6	15.9	51.5	5.7	28.8	4.5
高校生男子 (1,739 名)	68.5	59.6	22.8	40.6	7.3	32.8	11.8
高校生女子 (1,516 名)	88.8	68.9	18.0	40.2	1.0	21.7	3.9
大学生男子 (288 名)	65.6	72.6	17.0	35.4	4.2	23.3	11.5
大学生女子 (492 名)	84.8	74.8	12.0	25.8	2.0	14.6	6.7

数値は％。

20％程度，「できればつきあいたくない人」が 25～50％程度いることが明らかにされている（表 8.3）。また友だちといるときの様子でも，「友達に嫌われないように気をつかうことが多い」や「友達から注目されたいと思うことがよくある」と回答したのは，いずれも 40％程度であった（図 8.5）。この調査結果から野田（1999）は，現代青年が対立や葛藤を顕在化させず，擬似的な連帯関係を維持しようとする「課題隠蔽的な友人関係」を志向していると述べている。このような希薄化論では，現代の青年の友人関係は，対立や葛藤を避け，互いの内面に踏み込んだり傷つけたりするようなことはせずに，その場の雰囲気に合わせることによって表面上円滑であろうと努力している関係であるとされている。

一方で，希薄化論に反するようなデータもみられる。たとえば，日本性教

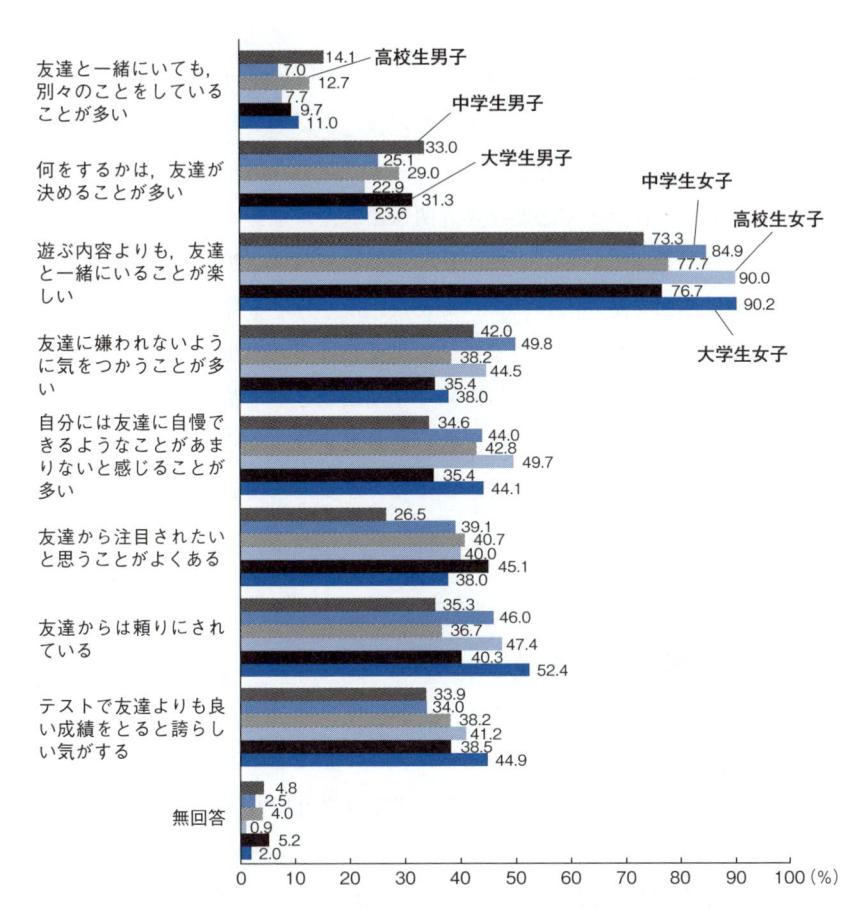

項目	高校生男子	中学生男子	大学生男子	中学生女子	高校生女子	大学生女子
友達と一緒にいても，別々のことをしていることが多い	14.1	7.0	12.7	7.7	9.7	11.0
何をするかは，友達が決めることが多い	33.0	25.1	29.0	22.9	31.3	23.6
遊ぶ内容よりも，友達と一緒にいることが楽しい	73.3	84.9	77.7	90.0	76.7	90.2
友達に嫌われないように気をつかうことが多い	42.0	49.8	38.2	44.5	35.4	38.0
自分には友達に自慢できるようなことがあまりないと感じることが多い	34.6	44.0	42.8	49.7	35.4	44.1
友達から注目されたいと思うことがよくある	26.5	39.1	40.7	40.0	45.1	38.0
友達からは頼りにされている	35.3	46.0	36.7	47.4	40.3	52.4
テストで友達よりも良い成績をとると誇らしい気がする	33.9	34.0	38.2	41.2	38.5	44.9
無回答	4.8	2.5	4.0	0.9	5.2	2.0

図 8.5　友達といるときの様子（総務庁青少年対策本部，1999より作成）
学校段階・性別にかかわらず，「遊ぶ内容よりも，友達と一緒にいることが楽しい」の回答がもっとも多いが，「友達に嫌われないように気をつかうことが多い」や「友達から注目されたいと思うことがよくある」の回答が40％程度みられた。青年の半数近くが，友だちから注目されたいと思っていることや，嫌われないように気をつかっていることが読み取れる。

育協会 (2007) の調査では,「よく話をする同性の友人がいますか？」という質問に，90％以上の青年が「たくさんいる」または「数人いる」と回答している。また，中学生・高校生の約70％，大学生の約80％は「親友がいる」と回答しており（種村・佐藤，2007），実際の青年には仲の良い友人や親友がいることが示されている。このような現状について，詫摩ら（1989）は，現代青年の友人関係は希薄化したのではなく，距離を置きながらも親しく付き合うという大人にとって必要な対人関係のスキルを身につけつつあることを表していると述べている。また浅野（2005）や福重（2006）も，現代青年の友人関係は場面や遊ぶ内容によって友人を使い分ける選択化という特徴を持っていると指摘している。つまり，現代青年は1人の親友との関係に終始するのではなく，おしゃべりする友人，恋愛相談をする友人，一緒に遊びに行く友人のように，自分のニーズに合った友人をその時そのときで使い分け，しかもそれぞれの友人とうまく付き合っていける柔軟性を有しているのである。

8.5 青年期の恋愛

8.5.1 青年の恋愛の実態

青年期は，2次性徴を含む身体変化によって始まる。2次性徴によって身体的な性の違いが明確になるにつれて，青年は異性に興味や好意を持つようになり，徐々に異性との一対一の親密な関係（恋愛関係）を構築していく。

しかし，実際に現在付き合っている人（恋人）がいる割合は，16歳で男子の18.6％，女子の26.9％であり，20歳になっても30〜40％程度であった（日本性教育協会，2007）。また，18〜34歳の未婚者に対する調査（国立社会保障・人口問題研究所，2006）でも，婚約者や恋人がいる者は男性の約30％，女子の約40％であり，男女の50％程度は「交際している異性はいない」と回答している。

このように，とくに青年期後期には，ほとんどの青年が性的関心や異性と

親しくなりたいという思いを持っているにもかかわらず，実際に恋人がいる者は3分の1程度にとどまっており，青年の関心や思いと現実にはギャップがある。実際，「恋人が欲しいのにできない」という経験をしている青年が37.6％いることも報告されている。(高比良，1998)。

また，青年期だからといって，誰もが異性と親しくなりたいと思うわけではない。髙坂(2011)は，男女ともに18％の大学生が，恋人がおらず，欲しいとも思っていないことを明らかにしている(コラム8.1参照)。また，オーネット(2010)の調査では，「交際相手はいないが，交際相手は欲しくない」と回答している者が約20％おり，10年前に比べて，4倍になっていることが明らかにされている。

8.5.2　恋愛関係が青年に及ぼす影響

性的関心が高まり，異性と親密になりたいと思っている青年にとって，実際に恋人ができ，恋愛関係を持つことは，これまでの生活や考え方，感情・気分などを一変させてしまうほど大きなインパクトを持っている。

詫摩(1973)は恋愛に伴う心の変化として，相手を美化してしまう結晶作用やいつも相手のことを考えてしまう憑執(ひょうしつ)傾向，相手と同じ行動をとるようになる同調作用，相手と2人だけの世界を作ろうとする内閉的世界の構築，疑いや不安の克服，人間的な成長をあげている。

また，髙坂(2009，2010)は，青年が恋愛関係を持つことによって生じる心理的な変化・実生活上の変化(恋愛関係の影響)として，自分の関心が広がり意欲が高まる「自己拡大」，毎日が幸せな気分ですごせる「充足的気分」，他者から認められたり，より良く評価されたりする「他者評価の上昇」という3つのポジティブな影響と，デートやプレゼントでお金がかかる「経済的負担」，自分の時間がとれなくなったり，生活リズムが乱れたりする「時間的制約」，友人と遊びに行きにくくなったり，実際に遊ぶ頻度が減る「他者交流の制限」，漠然と別れる不安を感じ，いつも相手のことを気にする「関係不安」という4つのネガティブな影響をあげている。これらの影響には男

女差や交際期間による変化があり，たとえば「関係不安」は，交際が長くなるほど男性は感じなくなるが，女性は交際期間の長さにかかわらず常に感じていることが明らかにされている（高坂，2009）。

8.5.3　青年期における恋愛の意義——アイデンティティのための恋愛

　青年は恋愛関係を持つと，心理的にも実生活の上でもポジティブ・ネガティブ両面の影響を受ける。さらに恋愛には，モラトリアムという不安定な状態にいる青年のアイデンティティを定義づけたり，補強したりするという重大な機能を持っている。大野（1995）は，「親密性が成熟していない状態で，かつ，アイデンティティ統合の過程で，自己のアイデンティティを他者からの評価によって定義づけようとする，または，補強しようとする恋愛的行動」を「**アイデンティティのための恋愛**」と呼び，①相手からの賛美・賞賛を求めたい，②相手からの評価が気になる，③しばらくするとのみ込まれる不安を感じる，④相手の挙動に目が離せなくなる，⑤結果として交際が長続きしない，という5つの特徴をあげている（**表8.4**）。

　アイデンティティの確立には，まず主体的な選択が必要であり，主体的選択をすることなく，恋人の言葉や評価をもとに自己のアイデンティティを定義づけようとしたり，補強しようとすると，恋人を自分を映す鏡としてしか扱わなくなってしまうため，必ず自分や相手が辛くなり，交際が続かなくなってしまう。そのため，アイデンティティのための恋愛の5つの特徴は，全体的にネガティブなものになっている。

　では，アイデンティティが確立するまで恋愛はしないほうがよいかというと，そうではない。恋愛をすることにより，不安や疑問を克服し，人間的な成長が得られ（詫摩，1973），また関心が広がり，意欲も増す（高坂，2009，2010）。異性と付き合うという経験は，悩みや不安のようなネガティブな感情を感じたり，失恋のような辛い結果に終わるかもしれないが，青年の成長にとっては，そのような経験も大きな糧になるのである。

表8.4 アイデンティティのための恋愛の特徴 (大野, 1995, 2010より作成)

特　徴	説　明	具 体 例
1. 相手からの賛美・賞賛を求めたい	自分のアイデンティティに自信がもてない青年は，相手からの賞賛を自分のアイデンティティのより所にしている。そのため，相手から賞賛し続けてもらわないと自分の心理的基盤が危うくなり，よって，相手からの評価も気になる。	「会うたびに『私のこと好き？ 私はあなたが好き』，『俺のこと好き？ 俺はおまえのこと好きだ』なんていっていました。」
2. 相手からの評価が気になる		「電話でもデートをしても，いつも私に『俺のこと好き？』とか『どこが好き？』と，私が彼のことを好きかどうか確認するのです。」
3. しばらくすると，のみ込まれる不安を感じる	自分自身にある程度の自信がもてない状況で，人と仲良くなろうとすると，相手が自分の心のなかに必要以上に入り込んでくる，もしくは，相手に取り込まれ，自分がだんだんなくなるように感じ，息苦しいような感じさえする。	「一緒にいても，私が私でないような，仮面をかぶっているような状態。会話というものができず，のみ込まれるような不安，沈黙，緊張……」
4. 相手の挙動に目が離せなくなる	相手から嫌われることは，単なる恋人を失うことにとどまらず，それまでの自身の基盤が揺さぶられる経験となり，大きな不安と混乱の原因となる。	「つき合い始めた頃は，2人ともお互い細かいところまで決めて，規制しあうことに一生懸命でした。なるべく自分たち以外の人とは接触しないように，自分以外に興味がいくことを恐れていたのだと思うんです。」
5. 結果として，交際が長続きしない	「アイデンティティのための恋愛」をしている青年の関心は自分自身にあり，本当の意味で相手を愛しているわけではない。そのため，相手を幸福な状態にしようという努力や気配りをすることも難しい。	「社会人と学生になってしまい，(中略) 会うこと話すことが少なくなってくるといろいろなことが不安になり始めました。(中略) あまり，みっともない私を見せたくなかったという理由で，私からなんとなく別れることをにおわせてみました。すると，『きらいになったんじゃなくて，重たくなったんだ』と言われました。」

8.5.4 青年期における性的行動

恋愛関係が持つ，親子関係や友人関係と異なる特徴の一つとして，**性的行動**（キス，セックス）があげられる。日本性教育協会の調査（2011年実施）によると，キスは高校生の約40％，大学生の約65％が経験しており，セックスは高校生の約20％，大学生の約50％が経験しており，青年期中・後期のおよそ半数が，性的行動を経験していることが明らかにされている（日本性教育協会，2013）。

青年の性的行動については，低年齢化が指摘されている。日本性教育協会が1974年に行った調査での結果と現在（2011年調査）とを比較すると，各学校段階でもっとも高い経験率を示した2005年調査よりは低下したものの，この約35年間で，高校生や大学生のキス経験率，セックス経験率は1.5倍から2倍になっている（図8.6，図8.7）。また，セックス経験率が50％を超

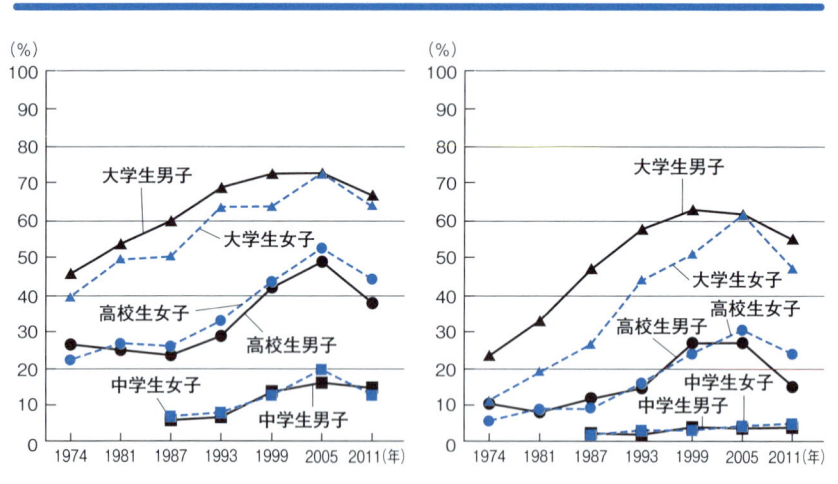

図8.6 キス経験率の推移（日本性教育協会の各年調査より作成）

図8.7 セックス経験率の推移（日本性教育協会の各年調査より作成）

中学生のセックス経験率以外は，いずれも2005年調査までは上昇しているが，2011年調査では，全体的に下降している。また大学生では，男子の経験率と女子の経験率が徐々に狭まり，高校生では女子の経験率が男子の経験率を上回っているのも注目すべき点である。

える年齢は，1987年の調査では男子で21歳，女子で22歳であったのに対し，2005年調査では，男子は19歳，女子は20歳となり，男女ともに2歳ほどセックス経験が低年齢化しているが，近年は低年齢化も下げ止まりつつある。

　性的行動の低年齢化と関わるものとして，青年の性的行動への寛容さがあげられる。NHK放送文化研究所（2004）は「結婚前の性交渉の是非」について，60代以上では「愛情で可」と回答した者が20％程度であったのに対し，16～30歳では70～80％の者が「愛情で可」と回答している。

　青年が性的行動に対して寛容になっているとはいえ，誰でも性的行動をしているわけではない。たとえば，「愛情がなくてもセックスすること」や「お金や物をもらったりあげたりしてセックスすること」「恋人がいる人が，恋人以外の人とセックスすること」などの項目に対する肯定度は，高校生で5％程度，大学生でも10～20％と低い（日本性教育協会，2007）。また，福富ら（1998）の調査では，「援助交際」を行っていた高校生女子は5％程度であった。性的行動に対する寛容さは，以前の世代よりも高まったとはいえ，その対象は「愛情を感じられる相手」に限定されており，「純粋な恋愛」志向の青年がほとんどである。もちろん結婚するまでセックスをしない青年もおり，青年の性的行動が低年齢化したというよりも，低年齢でセックスを経験する者，結婚まで経験しない者，恋人としかセックスをしない者，多数の相手とセックスをする者などのように，性的行動の経験パターンが多様化していると考えるべきであろう。

　性的行動の経験パターンが多様化しているとしても，青年の性的行動の相手は主に愛情を感じられる相手（恋人）である。しかし，恋人だけを相手にしていたとしても，青年が性的行動（とくにセックス）をすることに対する問題点や危険性があるのも事実である。日本性教育協会（2007）の調査では，セックスをするときに「いつも避妊をしている」と回答したのは，高校生・大学生ともに50～60％であり，また避妊をしない理由として，30％程度が「たぶん妊娠しないから」と回答し，20％程度が「めんどうだから」と回答

(複数回答)

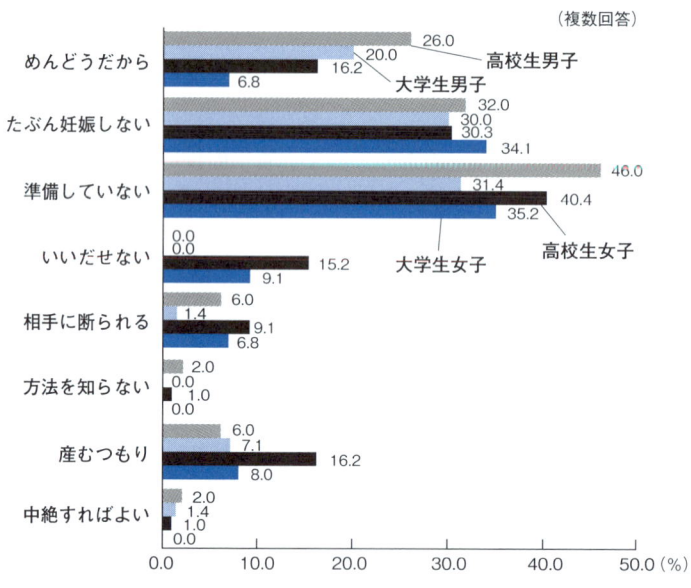

理由	高校生男子	大学生男子	高校生女子	大学生女子
めんどうだから	26.0	20.0	16.2	6.8
たぶん妊娠しない	32.0	30.0	30.3	34.1
準備していない	46.0	31.4	40.4	35.2
いいだせない	0.0	0.0	15.2	9.1
相手に断られる	6.0	1.4	9.1	6.8
方法を知らない	2.0	0.0	1.0	0.0
産むつもり	6.0	7.1	16.2	8.0
中絶すればよい	2.0	1.4	1.0	0.0

図 8.8 避妊を実行しない理由（日本性教育協会，2007より）
セックスをする際に避妊をしない青年のうち，3分の1弱が「たぶん妊娠しない」と回答しており，セックスにおける妊娠のリスクを低く見積もっていることがわかる。また，「いいだせない」，「相手に断られる」のように，セックスや避妊について，互いに話し合っていないことをうかがわせる回答もみられる。高校生女子において「産むつもり」が16.2％と突出しているのも，注目すべき点である。

している（図8.8）。セックスによるエイズや性感染症についても，20％程度の者が「あまり気にしていない」や「全然気にしていない」と回答しており，セックスによる妊娠や性感染症に対する危機感の薄さがみてとれる。しかし，このような青年の認識に反して，人工妊娠中絶者の割合や性感染症罹患率は年々上昇している（木原，2006）。

性的行動は，性的欲求の満足のみならず，恋人からの愛情を確認したり，関係がより親密になったと感じさせる。そのため，性的行動は，妊娠や性感染症などのリスクがある行動であることを理解し，性的行動に対する互いの

意志の尊重と正しい性に関する知識の獲得が，青年には求められる。

8.6 おわりに

　アイデンティティの形成や友人関係，恋愛のいずれにおいても，青年は楽しさ・面白さと不安・悩みというアンビバレントな感情を常に感じている。一人で思い悩んだり，周囲の人の一言に流されたり，すべてを投げ出したくなるときもある。何気ない言葉に歓喜し，ふとした言葉に激怒したり，傷ついたりもする。そのような複雑で混沌とした心理状態にある青年は，周囲の大人だけではなく，青年本人にとっても理解しにくい存在である。それでも青年はこれまでの自分を振り返り，今の自分を見つめ，これからの自分について思案する。「自分とは何か」「自分には生きる価値があるのか」という問いを自分に投げかけ，答えを求めて主体的な選択・決定を試みようとする。

　青年期とは，自ら苦しみの中に入り，自分の人生を自分で決めようとする時期なのである。

コラム 8.1　恋人を欲しいと思わない青年

　近年，「干物女」「草食（系）男子」という言葉が流行している。このような言葉で表される青年たちは，恋愛を面倒だと感じ，恋人を得るための努力や消費を行わない，"恋人を欲しいと思わない青年"である。このような青年は，「青年は性的関心が高まり，恋愛を求めるものである」という一般的なイメージとは大きく異なるため，一層注目されている。

　では，"恋人を欲しいと思わない青年"はどの程度いるのであろうか。日本性教育協会（2001）の調査では，中学生の40％，高校生の24％，大学生の19％が，「いないが，特にほしいと思わない」と回答している。また，オーネット（2010）の調査では，2010年に成人となる者の28.5％が「交際相手はほしくない」と回答しており，青年の4〜5人に1人は"恋人を欲しいと思わない青年"であるといえる。髙坂（2011）が大学生を対象に行った調査でも，18％の大学生が「恋人はいないが，欲しいとは思わない」と回答している。

髙坂（2011）は，"恋人を欲しいと思わない青年"（以降，恋愛不要群）の心理的特徴を，自我発達・精神的健康・自己観という3つの観点で，恋人がいる青年（恋愛群）や恋人がいなくて欲しいと思っている青年（恋愛希求群）との比較によって検討している。その結果，恋愛不要群は，恋愛群や恋愛希求群と比較して，日常生活で無気力であることが多く，充実感もあまり感じられておらず，また自己の時間的な連続性や他者から見られている自分と本来の自分との一致感によるアイデンティティの感覚もあまり感じられていないが，自分の意見・考えを最善であると考えていることが明らかとなった。

　また，髙坂（2013）は，恋愛不要群が恋人を欲しいと思わない理由には，①恋愛による負担の回避，②恋愛に対する自信のなさ，③充実した現実生活，④恋愛の意義のわからなさ，⑤過去の恋愛のひきずり，⑥楽観的恋愛予期，という6つがあり，この恋人を欲しいと思わない理由から恋愛不要群は，恋愛拒否群，自信なし群，楽観予期群，ひきずり群，理由なし群の5群に分けられることを明らかにしている。このうち，恋愛拒否群や自信なし群は，アイデンティティ得点が低かったが，楽観予期群や理由なし群は，恋人がいる者を含む大学生全体の平均と同等かそれよりも高いアイデンティティ得点を示した。

　"恋人を欲しいと思わない青年"（とくに男子）は，一般的にネガティブなイメージで取り上げられることが多く，髙坂（2011）で得られた結果も，恋愛群や恋愛希求群に比べてネガティブなものであった。エリクソン（1959/1973）も「自己の同一性について確信のもてない青年は，人間関係の親密さからしりごみしてしまう」と述べている。確かに，エリクソンが指摘するように，アイデンティティの確立が不十分であるため，恋人を欲しいと思えない青年がいる一方，楽観予期群や理由なし群のようにアイデンティティを十分に確立してもなお，積極的に恋人を欲しいとは思わない青年も存在するのである。

　恋人・恋愛は，青年個人の人生においては，必ずしも必要なものではない。そのため，恋人を欲するか否かや恋愛の意味などは，青年の心理的背景だけではなく，社会的・時代的な価値観の変化も関わっていると考えられ，そのような変化の現れの一つが，"恋人を欲しいと思わない青年"の存在なのであろう。

成人前期の発達　9

　青年は，いずれ学校を出て，家を出る。そして，自分で仕事を見つけ，自分の住むところを借り，自分で生計を立てる。やがて，誰かと知り合い，結婚をすることだろう。そして子どもを産み，育て，自分の家庭を持つことになる。成人前期とは，青年から大人として生まれ変わる時期である。一人前の職業人・家庭人となるその過程で，若者はどのような心理的な変化を経験するのだろうか。本章では，職業・家庭・自己に焦点を絞り，成人前期の発達を考える。

9.1　成人前期とは

9.1.1　成人前期は何歳から何歳までか

　成人前期は，青年期と成人後期（中年期）に挟まれた時期である。おおむね 20〜40 歳を成人前期と呼ぶことが多い。

　たとえば，レヴィンソン（Levinson, 1978/1992）は，成人前期は 17 歳から始まり，45 歳前後に終わるとしている。このうち 17〜22 歳，40〜45 歳は，それぞれ未成年期および中年期との過渡期である。また，成人前期をさらに下位の段階に細かく分ける場合もある。たとえば，レヴィンソンは，成人前期を，さらに**おとなの世界へ入る時期**（22〜28 歳），**30 歳の過渡期**（28〜33 歳）**一家を構える時期**（33〜40 歳）に分けている（第 10 章も参照）。

　そのほかにも，成人前期がいつから始まり，いつ終わるのかという点に関してはさまざまな考え方がある。しかし，基本的には文化や時代にかかわらず，おおむね成人前期は 20〜40 歳である。その大きな理由として，レヴィンソンは生物学的な制約を指摘している。どのような文化・時代にあっても，

ヒトの身体的な発達は 20 歳前後までに止まる。そして，40 歳頃までが，男性であれば身体的・体力的なピークであり，女性であればおおむね健康に出産が可能となる年代となる。ヒトにとって，この年代は生物学的には最盛期であり，エネルギー，能力，可能性などに満ちあふれている。そのため，この年代は，子どもを産み，配偶者や子を養い，自らが所属する種族の経済と福祉に労働力を提供する年代として，位置づけられることとなる。成人前期とは，いわば，生物学的・身体的にピークを迎えるヒトが，大人として，何をなすべきなのかを考える時期である。

9.1.2 成人前期の発達課題は何か

成人前期の発達課題は多くの研究者によって示されている。表 9.1 に，主だったものを示した。さまざまな発達課題があげられているが，概していえば，ヴァイラント（Vaillant, 1977）があげるキャリア統合（career consolidation）と親密さ（intimacy）に集約される。つまり，成人前期においては，就職と結婚が重要な課題となる。

成人前期の課題としては，あまり就職や職業の問題を強調していないエリクソン（Erikson, 1959/2011）も，フロイト（Freud, S.）が人がなすべきことを問われて答えた「愛することと働くこと」という言葉を引用しつつ，愛することと働くことを成人前期の発達で人間がなすべき本質的な事柄ととらえている。とくに「仕事や愛情における頼もしいパートナーと出会い，その信頼度を充分に確かめるまでは，誰も，自分が誰で「ある」かを本当に「知る」ことはできない（Erikson & Erikson, 1997/2001, p.96）」と述べるなど，成人前期のアイデンティティ形成にとって就職と結婚が重要であることを指摘している。

その他，就職や結婚以外の発達課題としては，「市民」「気心のあった社会集団」「地域社会」「相談相手」といったように，職業を持ち，家庭を持つのとあわせ，職業人・家庭人以外の社会人としての役割を果たすことがあげられている。さまざまな役割に向けて，成人としての基盤を作っていくのが，

表 9.1　成人前期の発達課題

	就　職	結　婚		その他
ハヴィガースト (1953/1958)	●職業に就く	●配偶者を選ぶ ●配偶者との生活を学ぶ	●家族を作る ●家族を養う ●家を管理する	●市民の責任を果たす ●気心のあう集団を見つける
スーパー (1957)	●働く世界における自己の場所の確立		●家族・家庭の確立	●地域社会における役割の確立
エリクソン (1959/2011)		●親密さ―孤独		
ヴァイラント (1977)	●キャリア統合	●親密さ		
レヴィンソン (1978/1992)	●職業を持つ ●夢を持ち，その夢を生活構造の中に位置づける	●恋人を作り，結婚し，家庭を作る。		●良き相談相手を持つ

この成人前期という時期である。

9.1.3　成人前期は安定した時期か

　成人前期は，激しい変化のある青年期と中年期に挟まれて，安定している時期とみなされやすい。とくに，成人前期は，就職，結婚，出産といったさまざまなライフイベントが次々に発生する時期である。それらを順番にこなすことが重要な時期であり，心理的な変動はそれほど大きくない時期とみなされることがある。
　しかし，成人前期は，この数十年でかなり大きく変化した発達段階である。

とくに，世間の注目を浴びる大きな社会問題は，成人前期に集中するようになっている。たとえば，1990年代後半から話題になったフリーター・ニートなどに象徴される**若年不安定就労**はその一つである（白井ら，2009；後藤・大野木，2003）。また，若年不安定就労と関連がある問題として，**晩婚化・非婚化**の問題も，成人前期の問題である。

　成人前期が問題となる背景として，これまで社会の側にあったさまざまな制約が緩み，学校卒業，就職，結婚，出産，家族形成といったこの時期の規範的なルートが表面上，崩れてしまったということがある（図9.1）。その結果，成人前期では何も考えずに当然のようにすべきであった就職や結婚も，現在では，本人が就職するのかしないのか，結婚するのかしないのかを改めて考えなければならなくなった。しかも，外的・社会的な規範が崩れてしまった以上，自分の内面のみを基準として考えなければならない。溝上（2010）が現代青年の心性を説明するにあたって幅広く用いる**インサイド・アウト**の用語は，成人前期においてもとくに重要となる。

　このように外側に寄りかかることができる規範もしくは基準がなくなり，

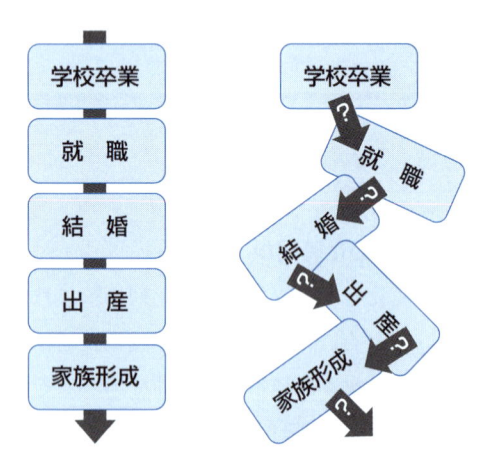

図9.1　成人前期の発達課題の大きな変化（模式図）

自分はどうしたいのか，自分はどうすべきなのかを常に考えなければならない状態の自己を，ギデンズ（Giddens, 1991/2005）は**再帰的自己**（reflective self）と表現し，現代の自己のあり方の大きな特徴であるとした。なお，「再帰的」とは，もともと「反射する」といった意味であるが，そこから反省する，熟慮するといった意味もあわせ持つ単語である。

もともと社会の側にあった規範に従っていればよかったというある種の自明性があった成人前期は，何も考える必要がないという意味で安定していた。それが，現在，成人前期は，各人に再帰的に考えることを求める難しい発達段階に変化し，その分，不安定さを増しているといえよう。

9.2　就　職

9.2.1　通過儀礼としての就職

成人前期と青年期の境界に職業への入り口である就職活動がある。この就職活動に関して，たとえば，身近な大学 4 年生が就職活動を終えた後，すっかり雰囲気や趣きが変わったということを見聞きすることがあるだろう。人によっては，就職活動の前とは服装から言葉づかい，ものの考え方まで，すっかり入れ替わってしまったかのような印象さえ与える場合がある。

実際，就職活動には，それ自体，大学生を「大人にする」機能がある。就職活動を行う中で自分自身に対する理解を促進し，自己概念が明確になるといった変化は以前から指摘されている（浦上，1996）。就職活動を行う中で，学生は，自分が何者であるか，自分は何がしたいのかといった自己概念の根幹に関わる問いを繰り返し自分に向けて発し，探求を続けなければならない。その過程で，自然と，自分の職業的な自己概念がはっきりとした輪郭を持つこととなる。

さて，この就職活動であるが，成人前期の発達課題としてみた場合，青年から成人に向かう**通過儀礼**であるととらえることができよう。通過儀礼とは「それぞれの文化に固有の伝統や象徴などが組み込まれていて，参加者に心

理的重圧を与えることで強い印象や畏敬の念を抱かせる（関，2000，p.138）」儀式のことである。就職活動期間中，学生は，自分にとってまったくの異文化である企業社会と数カ月にわたって接触する。その過程で，学生は，企業社会という独特の文化における固有な伝統や象徴と接することで大人になっていく。

とくに，日本では，多くの若者が一時期に一斉に就職活動を行い，一斉に就職するという**新規学卒一括採用**の慣行が根強くある。また，図 9.2 に示すとおり，日本の大学生は多くが 18～19 歳で入学し，約 4 年間で卒業する（日本労働研究機構，2001）。その結果，日本では，同じぐらいの年齢の，同じような経歴の若者が，卒業前に一斉に就職活動を行い，おおむね正社員として就職していく。この意味で，日本における就職活動は，大人になるための通過儀礼として**儀式化**されている面があるといえよう。

西平（1990）は，「卒業，就職，結婚にともなう，制度化された儀式をとおして，〈成人になる〉（p.157）」ことが認められると述べる。日本では，同年代の若者が一時期に一斉に就職活動を行うという点で，青年期から成人前

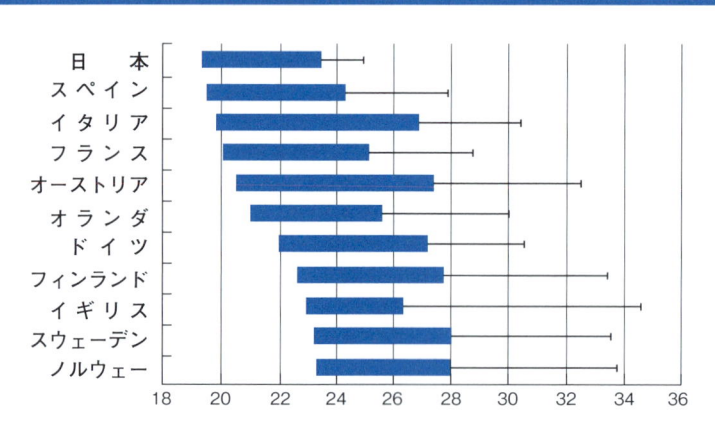

図 9.2 　日欧の大学生の入学年齢・在学年数・卒業年齢および卒業年齢の標準偏差（日本労働研究機構，2001 より筆者が作成）

期への通過儀礼としての就職活動がより一層儀式化されているというとらえ方ができる。

9.2.2 リアリティ・ショック

　就職後，職場になじんでいく過程を**職業社会化**という。この職業社会化と関連が深い概念として**リアリティ・ショック**（reality shock）がある。リアリティ・ショックとは，組織に入る前にいだいていた考え方が，組織に入って組織の現実に直面することでショックを受けることである。成人前期に生じる職場不適応の一つの形として以前から知られており，若者の早期離職の背景を説明するのによく用いられてきた。

　リアリティ・ショックの研究として有名なのは，シャイン（Schein, 1978/1991）である。この研究では，アメリカの有名MBAスクールを卒業した若者の就職後9〜12カ月後の面接調査を行った。その結果，若者たちの多くは，組織の現実を前に大きなショックを受けていることが明らかになった。面接調査結果から抜き出すと，たとえば「自分の出会う問題はすべて，煎じ詰めるとコミュニケーションと人間関係になる」「自分の仕事をまったく思い通りにするわけにはいかない。他の人たちと働かなければならない」といった対人関係の問題が中心を占める。とくに「上司から何の指図も受けなかった。自分で自分の仕事を明らかにしなければならなかった」「行儀良くすることを学ばなければいけない，と言われました。これを適切と思わないなら，出ていって良いとも」といった上司との関係には戸惑いを覚えることが多い。概して，リアリティ・ショックの主たる原因は，学生時代とは年齢の開きが格段に大きい**上司とのコミュニケーション**から生じることが多い。

　また，このリアリティ・ショックは，最近，新たな角度から問題となっている。この時期に職業生活になじめないことが，その後の生活に大きな悪影響を及ぼすことが指摘されるようになっているからである。

　もっとも顕著な例は，**ニート・ひきこもり**研究などに示される。図9.3は，全国15歳以上34歳以下の男女5,000人を対象とした内閣府（2010）の調査

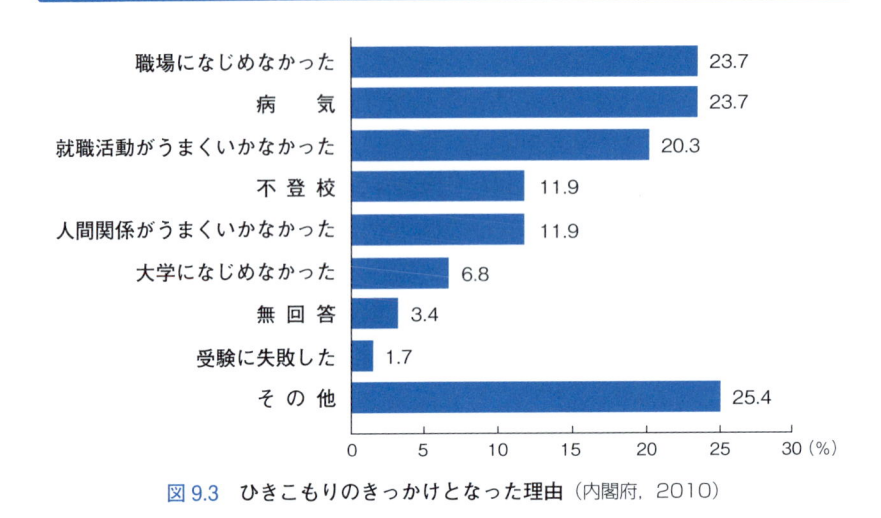

理由	%
職場になじめなかった	23.7
病　気	23.7
就職活動がうまくいかなかった	20.3
不登校	11.9
人間関係がうまくいかなかった	11.9
大学になじめなかった	6.8
無回答	3.4
受験に失敗した	1.7
その他	25.4

図 9.3　**ひきこもりのきっかけとなった理由**（内閣府，2010）

結果である。この調査結果から「職場になじめなかった」ことが，ひきこもりの大きなきっかけの一つとなっていることがわかる。この調査の別の結果からは，学校を卒業して，一度働いてからひきこもる者も多数いることも明らかになっている。背景には，**職場不適応**＝リアリティ・ショックの問題があり，具体的には上司や同僚との対人関係の失敗が深く関わっていることが考えられている。

　なお，ニート調査においても，職場不適応がニートのきっかけになった者は約半数であるといわれる（玄田・曲沼，2004）。ニートとひきこもりを同列に論じることには議論もあるが，いずれにせよ，学校を出てから最初の職業に適応できないことが，ニートやひきこもりに結びつきやすい。この事実に現在，深刻な注意が向けられている。

9.2.3　予期的社会化と OB・OG 訪問

　リアリティ・ショックが生じる最大の理由は，学生時代までに慣れ親しんだ学校文化と，就職した後の職場文化があまりに異質であるため，若者にと

ってそれが新奇に感じられるからである。

では，リアリティ・ショックを緩和させるにはどうすればよいだろうか。現在のところ，重要だと考えられているのは，組織に入る以前に，あらかじめ気持ちの上で社会化を行っておく**予期的社会化**である。

予期的社会化にはさまざまなタイプのものが考えられる。ここでは，とくに，就職活動における **OB・OG 訪問**に着目したい。これまで多くの実証研究で，就職活動の結果にとくに効果的であるとされてきたのが OB・OG 訪問である。表 9.2 は，下村と堀（2004）が，大学 4 年生が就職活動でどんな活動を行ったかを 3 月，4 月，5 月と追跡調査した結果である。この表から，5 月いっぱいで内定をとり就職活動を終えた学生と，そうでない学生では，

表 9.2　就職活動がうまくいった学生とうまくいかなかった学生の就職活動の違い（下村・堀，2004 のデータを再分析して作表）

		5 月いっぱいで就職活動を				
		終了（n=22）		未終了（n=23）		
面接企業数	3 月	3.9 社	(2.53)	2.5 社	(3.22)	
	4 月	10.5 社	(4.27)	5.0 社	(5.38)	**
	5 月	2.4 社	(2.57)	4.2 社	(5.04)	
エントリーシートを記入した	3 月	22 名	100.0%	18 名	78.3%	*
	4 月	13 名	59.1%	18 名	78.3%	
	5 月	1 名	4.5%	11 名	47.8%	**
友人を情報源とした	3 月	22 名	100.0%	22 名	95.7%	
	4 月	17 名	77.3%	16 名	69.6%	
	5 月	8 名	36.4%	10 名	43.5%	
OB・OG を情報源とした	3 月	15 名	68.2%	9 名	39.1%	
	4 月	17 名	77.3%	7 名	30.4%	**
	5 月	11 名	50.0%	5 名	21.7%	*
就職サイト利用頻度		29.27	(7.88)	34.96	(7.71)	*

** p<.01，* p<.05 で，統計上有意差があることを示す。（　）内は標準偏差。

4月段階で面接企業数が多い，そもそも3月段階でエントリーシートの記入が多い，就職サイト利用頻度が少ないなどの特徴があるが，とくに，OB・OGを情報源としているか否かに大きな違いがあることがわかる。

OB・OG情報が上首尾な就職活動に結びつきやすい理由として，企業社会に対するリアルな像を就職活動の段階で形成できることがある。社会人とはどういうものなのか，企業で働く若手社員はどんな考え方をして，どんなしゃべり方をするのか。学生同士で話していたのでは知りえない情報を得ることができる。そのことによって，予期的な社会化が促進され，結果的に，就職活動に有利に働く。

上の説明から，企業社会に対するリアルな像を形成するにあたって，必ずしもOB・OG訪問だけが有効だというわけではないことも自明であろう。重要なのは，できるだけ早い段階で，できるだけ多くの社会人・企業人と会うことであって，直接，見て，話をすることである。そういう機会があれば，十分に予期的な社会化のきっかけになる。企業人の講演会，会社の説明会などに積極的に参加する意義はここにある。

9.3 結　婚

9.3.1 結婚の質的な変化

エリクソンは，成人前期の発達課題として親密性（intimacy）をあげる。この親密性は成人後期の生殖性（generativity）に先立つものである。生殖性とは，エリクソンによれば，性愛的な意味での異性との交流を含む概念であり，結婚し，性的な交わりを持ち，出産するまでの一連の事柄をすべて含む。したがって，エリクソンの親密性には，やがて結婚をして家庭を築くことを前提として異性と関わりを持つといった意味あいが込められている。

さて，この結婚に関して，日本では，しばらく前から晩婚化が社会問題として注目を浴びてきた。国勢調査の結果などからも，男性女性ともに1970年頃から目だって有配偶者率（≒結婚率）が下がり続けている。

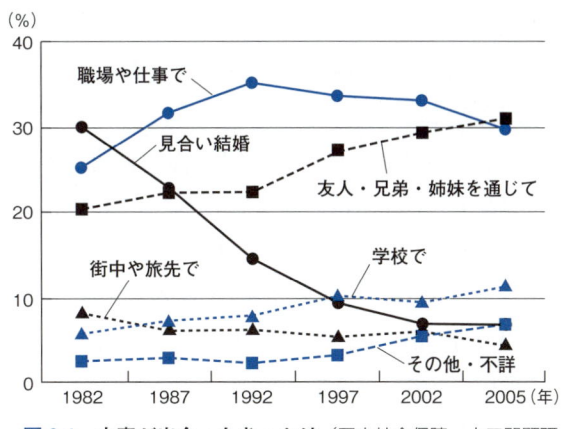

図9.4 夫妻が出会ったきっかけ（国立社会保障・人口問題研究所の調査より作成）

　ただし，結婚に関する変化は，晩婚化でだけではない。より大きな変化は結婚に至るまでの知り合い方である（国立社会保障・人口問題研究所，2006）。図9.4は，1980年代から現在までの結婚のきっかけを図示したものである。1982年当時にはもっとも多かった**見合い結婚**がこの20年間で激減した。かわって1980年代に増加したのが「職場や仕事で」である。さらに1990年代からは「友人・兄弟・姉妹を通じて」が増えた。

　見合い結婚という，制度化された結婚から，職場で知り合ったり，友人に紹介されたりといった**自由恋愛**による私的な結婚に移行した。その結果，結婚は個人の自由な選択に任せられることになった。この点が，成人前期の発達課題として結婚をみた場合には重要となる。人々は自由に恋愛をし，結婚をすることができるようになった。しかし，同時に，人々は，自由に結婚相手として選択され，かつ拒否されることになった。成人前期のライフイベントのうち，この数十年で大きく形を変えたのが結婚である。

9.3　結　婚　　201

9.3.2 「男性フリーター問題」

　結婚もしくは親になることは，従来，性役割観との関連で論じられることが一般的であった（大日向, 1990）。ただし，その際，ポイントになるのは，女性の性役割観であることが多かった。

　しかし，昨今の若年不安定就労に代表される成人前期の社会問題化の中では，男性の性役割観も大きな問題となっている。その具体的な現れが「**男性フリーター問題**」（下村, 2007）である。男性フリーター問題とは，男性・女性とフリーター・非フリーターの組合せで4つのグループを作った場合，男性フリーターの就労意識がほかの3つのグループに比べて極端にネガティブであるという問題である（図9.5）。

　極端にネガティブな意識になる理由として，収入と有配偶者率の関連が男性では明白であるのに対して，女性でははっきりしないこと（図9.6）がある。この図から明らかなとおり，男性では収入が高いほど結婚しており，収入が低い場合には結婚していない。その意味で，結婚と収入は直接，関連している。一方，女性では，すでに結婚している場合，専業主婦として無収入であったり，また主婦パートとして望んで非正規就労している場合もある。

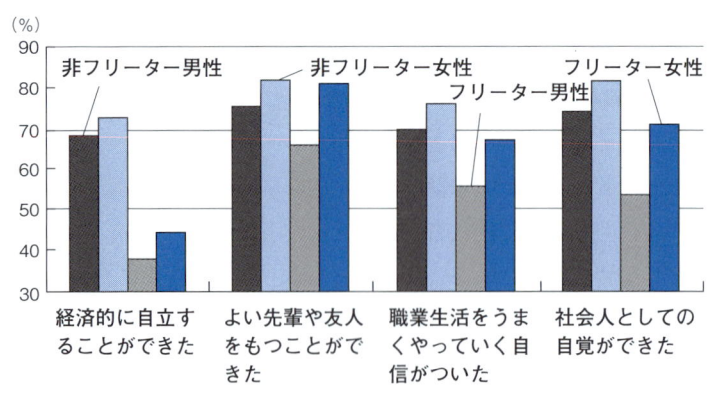

図9.5　フリーター・非フリーター別および性別の職業意識（下村, 2007）

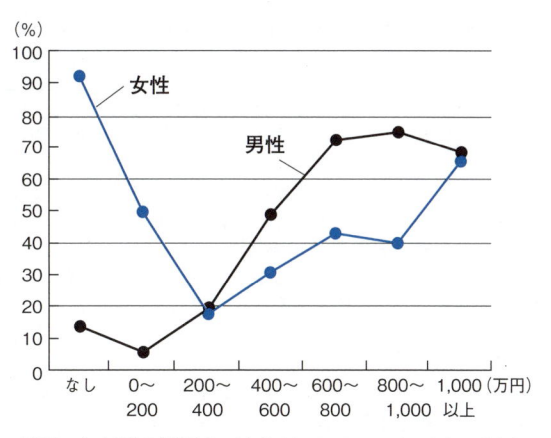

図 9.6　**性別・年収別の婚姻率**（白井ら，2009のデータを再分析して作成）

そのため，結婚と収入は直接にはつながらない。

結果的に，男性フリーターにおいては，仕事がうまくいかず収入が低いことが結婚できないことを予期させるが，女性フリーターの場合，十分な収入がないということが必ずしも結婚が不可能であることとリンクしない。

9.3.3　結婚観のミスマッチ

男性フリーターが結婚できないかもしれないと予期することは必ずしも思い込みというわけではない。実際に，女性にとって男性フリーターは配偶者選択の対象として考えにくい。たとえば，本田（2002）は，男性フリーターとの結婚はまったく考えられないという女性フリーターの厳しい考え方を紹介している（表9.3）。

女性フリーターが，男性フリーターを結婚の対象として考えにくいという点については，女性フリーターの立場からすれば一定の合理性がある。女性フリーターの場合，正規就労の機会に恵まれず，職業スキルの蓄積も十分ではない場合が多い。そのため十分な収入が得られる職業に就きにくい。した

9.3　結　婚　　203

表 9.3 男性フリーターとの結婚に関する女性フリーターの考え方
(本田, 2002)

- 男の人でフリーターをしてて, 自分の好きなことをやっている人はいいんだけれど, それで結婚する人は間違えていると思います (24歳女性, 短大卒)。
- 役者を目指している男友達とかなんかは, はっきり言って同じような立場でアルバイトでやっているけれども, この人はどうするんだろうって思いますね (26歳女性, 高卒)。
- 夢を実現するために目標を持ってフリーターをしているなら良いことだと思う。しかし歳を考えるべきである。私にとって, フリーターは「結婚する相手」としては不十分です (23歳女性, 専門学校卒)。
- 将来のことを考えると男の人は正社員になるべきだと思います (28歳女性, 専門学校卒)。
- 結婚した男は, フリーターはだめだと思う (28歳女性, 高卒)。

がって, 現実的に考えた場合, 男性フリーターとの結婚は考えられないとする女性フリーターの感覚は, ある面では当然の選択となる。

しかし, 男性フリーターの立場からは, 女性フリーターの配偶者選好は, 極めて厳しく感じられることとなる。その理由の一つとして男性フリーターにとって, 収入がそれほど高くないからこそ, 家庭生活に目標を見出すことは, 一つの希望として感じられている面もみられるからである。

たとえば, 図 9.7 には「真の愛情があれば世間体など気にするべきではない」という質問項目に対する回答傾向を示した。図から, 男性フリーターでは年齢が高まるに従って真の愛情に価値を置き, 世間体を気にすべきではないとする考え方が強くなっていることがわかる。30歳を超えてフリーターであり, 結婚をしていないということが, 翻って真の愛情に対する期待を高めている様子がうかがえる。

以上, 本節では, 成人前期の結婚が制度的に守られた結婚から自由恋愛にもとづく結婚へと質的に変化したことによって, 選択したり, 拒否したりといった, 極めて選抜性を持つものとして, 成人前期に現れ出たことを示した。

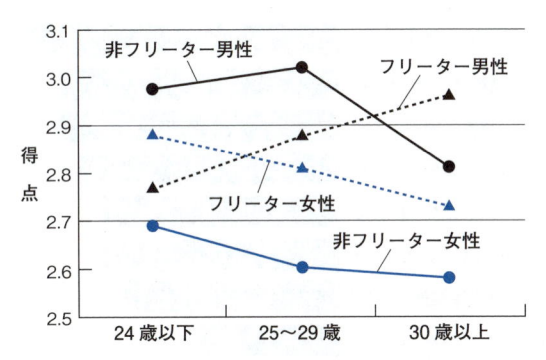

図 9.7 性別，フリーター・非フリーター別の「真の愛情があれば世間体など気にするべきでない」に対する回答（下村，2007）

現状では，結婚は，就労形態や収入，性別，性役割観が微妙に交錯するとても難しい課題となっている。晩婚化，非婚化といった成人前期の発達課題をめぐる問題の一端が示されている。

9.4 自 己
9.4.1 就職と自己——働くべきときに働くということの必然性

前節までに述べた就職と結婚の問題は，成人前期の若者の自己に広範囲に影響を与える。

たとえば，就労と自己との関連に関しては，成人前期の就労状態と**自尊感情**には密接な関連がある。図 9.8 は，23〜27 歳 5,576 名を対象に調査を行った結果である（労働政策研究・研修機構，2010）。現在の就労状況などによってローゼンバーグ（Rosenberg, 1965）の自尊感情尺度（山本ら訳，1982 を使用）の得点を比較した。その結果，図 9.8 に示すとおり，基本的には，無業＜非正規社員＜正規社員の順に，総じて自尊感情が高いことがわかった。

このような結果となる理由として，収入が関連していることが推測される。

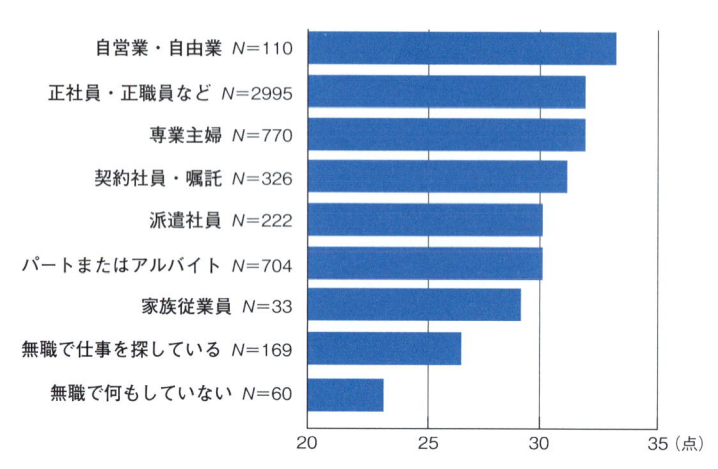

図9.8 のグラフ:
- 自営業・自由業 N=110
- 正社員・正職員など N=2995
- 専業主婦 N=770
- 契約社員・嘱託 N=326
- 派遣社員 N=222
- パートまたはアルバイト N=704
- 家族従業員 N=33
- 無職で仕事を探している N=169
- 無職で何もしていない N=60

(横軸：20〜35 点)

図 9.8　現在の就労状況別の自尊感情得点の平均値
（労働政策研究・研修機構，2010）

　自分で収入を稼いでいればいるほど，その分，自分で生活を切り盛りしている，自立しているという実感は持ちやすく，結果的に，自尊感情は高まるであろう。実際，図 9.9 に示すとおり，収入が高いほど，自尊感情は高い。しかし，もっとも自尊感情が低いのは，月収が 5〜10 万円の若者であり，まったく収入がない者（≒おおむね専業主婦）は，かえって自尊感情が高い。そもそも，図 9.8 では，自ら収入を得ていない**専業主婦**も自尊感情は比較的高い。

　したがって，収入そのものが自尊感情と関連しているというよりは，社会的に是認されている立場にあるか否かが，自尊感情と密接に関わっているのだと推測される。つまり，正社員，自営業，専業主婦といった立場は社会的にも承認されやすい。一方で，非正規就労および無業は，どうしても社会的に承認されない場合がある。そのため，そうした社会的な不承認を先取りし，内面的に取り込むことによって，自尊感情が低くなってしまう。いわば，世間の人々は自分のことをダメだと思っているのだろうということを予期して

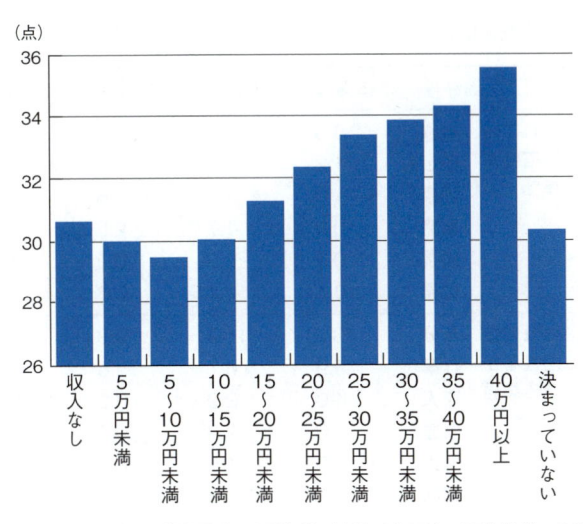

図9.9　月収別の自尊感情得点の平均値（労働政策研究・研修機構，2010）

しまうことによって自尊心を低下させているといえるであろう。

　結局，現在は働くか働かないかは自由に決められる世の中だという側面は確かにあるとしても，実際に働かないことが社会的に承認されるかといえばそうではなく，この板挟みの中で，非正規就労もしくは無業の若者は自尊感情をすり減らしてしまう。働くべきときに働いていないということは，本人の基本的な自尊心というものを低下させる。それは，自分が本来，何らかの仕事をし，生活の糧を得るべきであるのに，それが十分にできていないということに起因するものと考えられる。

9.4.2　結婚と自己——自分・仕事・恋人から家庭・子ども・健康へ

　次に，結婚と自己との関連性についてもみていこう。

　白井ら（2009）で，23～39歳の成人前期の回答者8,336名を対象に調査を実施した。調査の中で，「今の私にとって大切なことは……」に続けて書い

表9.4 自由記述にあたって各単語を使用した回答者の割合 (白井ら, 2009)

		25歳以下	30歳未満	35歳未満	35歳以上
年齢につれて使用する回答者が増える単語	家族	8.5	16.7	26.9	33.3
	子ども	1.2	3.9	7.5	7.7
	健康	1.0	2.0	2.6	3.8
	家庭	0.3	1.7	2.5	2.1
	成長	0.5	0.3	0.9	1.2
	育児	0.1	0.1	0.6	0.4
年齢につれて使用する回答者が少なくなる単語	自分	13.2	11.2	9.3	10.3
	仕事	9.9	6.7	5.8	5.1
	恋人	4.0	2.9	0.9	0.3
	友達	2.6	2.3	0.9	1.2
	努力	1.9	1.5	0.5	0.9
	勉強	1.2	1.4	0.8	0.3
	目標	1.1	0.7	0.5	0.2
	彼女	1.1	0.7	0.3	0.2
	彼氏	0.6	0.5	0.2	0.0

数値は%。

てもらう文章完成法課題を行った。

その結果，自由記述の内容は，年齢によって違いがみられた。表9.4に示したとおり，年齢が上がるにつれて，自由記述内で使用する回答者が増える単語がある一方，使用する回答者が少なくなる単語があった。たとえば，「家族」という単語は，25歳以下の回答者では8.5%が自由記述内で用いていた。これが，30歳未満では16.7%，35歳未満では26.9%，35歳以上では33.3%と，年齢が上がるにつれて「家族」という単語を用いた回答者は増えていった。

同様に，年齢が上がるにつれて使用する回答者が増える単語は，「家族」のほか，「子ども」「健康」「家庭」「成長」「育児」であった。一方，年齢が上がるにつれて使用する回答者が少なくなる単語は，「自分」「仕事」「恋人」

「友達」「努力」「勉強」「目標」「彼女」「彼氏」であった。

基本的に，一貫して順位が上がる単語は，家庭や子どもに関連するものであり，「成長」も「子ども」の成長という意味で使用している回答が多い。集約すれば，過去には重視していなかったが，将来は家庭や子どもの成長やそうしたことを含めた未来や，その基盤となる健康を重視したいという回答が中心となっていると解釈できるであろう。

以上の結果から，基本的に，成人前期の若い時代には，「**自分・仕事・恋人**」が重視されるが，年齢が高くなるにつれて「**家庭・子ども・健康**」が重視される割合が高くなるということができる。

9.5　まとめ——大人になるための「Z次元」

前節の内容から，成人前期の発達の方向性は，基本的には，「自分・仕事・恋人」から「家庭・子ども・健康」へと向かうものであるといえる。この点に関する理論的な裏づけは，西平（1990）が唱える**人格形成のZ次元**的なものとの関連が想定される。

西平（1990）は，成人（大人）になるにあたって，安定した幸福な人格を示す**健全性**（X），優れた業績や名声を示す**偉大性**（Y）だけでは不十分であり，人格的な深さ・内省・慎みといった**超越性**（Z）が重要となると述べる。このZ性は，「社会人として，両親として，独立した人格として，気品や落着きや，奥ゆかしさを与える（p.190）」ものである。アイデンティティの確立には，常に，排他性といったものがつきまとう。

思春期・青年期の自己主張はアイデンティティ形成にとって必要なものであるとはいえ，常に自分に関心を向け，自分は他人と異なることを示したい一方で，他人から浮き上がりたくもないといった自意識の過剰に悩まされる。これは，成人前期では，「以前ほど独自性にこだわらなくなり，むしろ社会的慣行の中にとけこむような生活態度をとり始める（西平，1990，p.193）」。そして，「社会を本能的・母性的な愛情で愛し育てようという感情（西平，

1990, p.194)」を持つに至る。これが，Z次元と呼ばれるものである。

「自分・仕事・恋人」から「家庭・子ども・健康」へといった成人前期の基本的な発達過程とは，このZ次元にそって深化していく過程であるといえるだろう。青年期にあれほど求めた「自分，仕事，恋人」といったものは，次第に意味を持たなくなる。そして，「家族・子ども・健康」に重きを置くようになる。健康が気になるのは，もはや自分の身体が自分だけのものではなくなるからである。

こうして成人前期の主たる発達課題である就職と結婚は，相互に関連し合い，影響し合いながら，その後の**キャリア形成**と**家族形成**の基盤を形作る。その間，自分のキャリアと家族に巻き込まれる形で，自己の問題は遠のいていく。

無論，やがては成人後期に至り，家庭からも子どもからも仕事からも離れて，ひとたび忘れたはずの「自分」が，また別な形で再び問題となる時期が来るだろう。成人前期とは，それまでの間，一人前の職業人・家庭人として，自分以外のものを大切に思う段階であるといえるのかもしれない。

成人後期の発達 10

　この章では，おおよそ40歳から60歳くらいまでの時期について，その特徴を考えていく。この時期については「中年期」という名称で呼ばれることもある。「中年」という言葉が，老化の始まりというような，暗黙裡に否定的な意味を持つのはなぜなのか。中年期とは本当に衰えゆくだけの時期なのか。中年期を真に見つめてみたとき，そこに人間の生涯発達における豊かな世界の広がりがあることに気づく。本章では，その世界の端緒をひも解いてみよう。なお，他の章との関連を考慮し，ここでは「成人後期」と名称を統一しておく。

10.1 ライフサイクルの変化

10.1.1 ライフサイクルという考え方

　かつて人間の発達に関する主たる関心は，青年期までの成長を中心とし，成人期以降の発達はみられないか，もしくは衰退の意味においてのみ変化すると考えられてきた。だが，長寿化や少子化，価値観や生き方の多様化などの今日の社会的変化によって，アイデンティティの探求は人間の生涯全体にわたって行われるようになってきている。これはすなわち，青年期に確立されたアイデンティティだけでは一生を支えきれず，成人期以降であっても再び危機が存在することを意味している。

　ライフサイクル（life cycle）とは，もとは生物学における用語で，受精から胎児期，出生後の発育，成長，成熟期，老衰期を経て死に至るという，一連の生命の循環を表す概念である。心理学はこれを，人間の成長・発達をとらえる観点の一つとして導入した（辻，1979）。心理学的な概念としてのライフサイクルについて，レヴィンソン（Levinson, 1978/1992）は，2つの意

味から定義している。一つは出発点（誕生，始まり）から終了点（死亡，終わり）までの過程，または「旅」という考え方である。この旅の内容やスピードは人や文化によってさまざまな様相を持つものであるが，旅が続く限り一定の順序で進む。もう一つは，ライフサイクルを一連の時期または段階に分けてとらえる「季節」という考え方である。幼児期・児童期までの春，青年期・成人前期の夏，成人後期の秋，老年期の冬というように，季節の移り変わりに人間の一生を投影する。つまり人生は連続した一定不変の流れではなく，質的に異なる季節からなり，それぞれの季節は独自の性格を持つととらえるのである。この考え方は，絵本『葉っぱのフレディ』にも描かれており，一般にも広く受け止められてきている。

　また，古代中国において成立した陰陽五行思想においては，人生を青春・朱夏・白秋・玄冬という季節になぞらえてとらえている。若く成長著しい時期を指す「青春」の語源はこれに由来するといわれている。成人後期を指すのは朱夏の後半から白秋であるが，白秋の白（金色）は黄金色に光る穀物の実った畑や，日が傾きやがて沈みゆく空の色を表す色である。万物が結実する時期であると同時に，枯死へと向かう時期でもある秋，成人後期の特徴を示しているといえよう。

　日本においても，「人生の坂道」，あるいは「老いの坂」と呼ばれる山型の道に沿って，人の誕生から死までを描いた絵画がある。「熊野観心十界曼荼羅」といい，現世と来世を体系的に描いた宗教画である（図10.1）。これは，熊野比丘尼という女性宗教者が勧進（寄進を募ること）のために絵解きに用いたもので，主に16世紀から17世紀に作成されたと考えられている。この曼荼羅の上方には「人生の坂道」あるいは「老いの坂」と呼ばれる山型の道に沿って，人の誕生から死までの姿が描かれている。誕生したばかりの赤ん坊は坂の右下に描かれ，人生の坂道をのぼりながら成長していく。そばにある木々も花を咲かせたり，緑の若葉を勢いよく茂らせたりしている。坂の頂点には若く立派な成人男女が描かれ，この世を謳歌するかのように胸を張って扇を振っている。ところがその頂点をすぎると坂道は下り坂となり，次第

図 10.1　熊野観心十界曼荼羅（写真提供：兵庫県立歴史博物館）

に背は縮み，腰を曲げ，子どもに手を引いてもらったり杖をついたりして，人生の終着点である死へ向かって歩くようになる。背景に描かれた木々も紅葉から枯れ木へと変わっていく。よく見てみると，前半の上りよりも下りの坂のほうが急になっている。人生は後半になるにつれ，1年また1年と，時の経つのが早く感じられるということなのかもしれない。

このように，生涯発達の道筋を旅や坂，季節にたとえる例が，時代を超え，洋の東西を問わず共通しているのは興味深い。ライフサイクルにおけるさまざまな経験は，多かれ少なかれ多くの人に共通のものであると考えることができるだろう。

10.1.2　ライフサイクルにおける成人後期

ライフサイクル論と成人期の発達についての基礎は，精神分析学によってなされたと考えてよいだろう。精神分析学の創始者であるフロイト（Freud, 1905/1969）は，幼児期までの心理─性的発達が成人期にも大きな影響を及ぼすことを指摘し，幼児期以来抑圧されてきた無意識の葛藤が再現される時期であると考えた。だが一方で，人生後半期は人格的発達や変化の可能性は乏しく，発達の進んだ時期としてはみなさなかった。

それに対して，一貫したライフサイクルという概念を編み出し，とくに成人期の発達に着目したのがユング（Jung, C. G.）である。彼は38歳にして師であるフロイトのもとを去り，その20年後である1933年に「人生の段階」という論文を発表した。人間の一生を太陽の変化にたとえ，40歳前後の成人後期を「**人生の正午**」と呼んだ。あたかも頭上を行きすぎる太陽によって作り出される陰影が正午をすぎて逆方向になるかのごとく，決定的な変化が生まれることを指摘したものである（岡本，1995）。つまり，人生の午前中である青年期・成人前期までの発達は，職業を得て社会に根づき家庭を築くなど，外的世界に自己を適応させていくことであった。これに対して，正午をすぎた人生の午後においては，自己の内的欲求や本来の自分の姿を見出し，それを実現していくことによって達成されるという「**個性化の過程**」

あるいは「**自己実現の過程**」としての発達を考えたのである。さらなる発達へと向かう重要な発達的危機期・転換期として成人後期をとらえたユングは，その後の生涯発達研究に大きな功績を遺した。

その後，心理学におけるライフサイクル論の構築に大きく貢献し，その基盤を築いたのは，アイデンティティ理論の提唱者エリクソン（Erikson, E. H.）であろう。若き日のエリクソンは画家を志していたが，精神分析学との出会いを通して，ユダヤ人としての民族的背景や生育歴に関する個人的背景から，彼自身が何者であるかを探求しようとした。この問いがアイデンティティやライフサイクルの理論を構築する本源となっているといえよう。30歳を過ぎて，彼はフロイト派の精神分析家として，『幼児期と社会（"*Childhood and society*"）』（1950/1977, 1980）の中で人間の生涯全般を 8 段階に分け，その発達論を展開している。この発達論は生物学やその他の 19 世紀の科学の知見に根ざしたものであり，**個体発達分化図式**（epigenetic chart）と呼ばれている（詳細は第 1 章参照）。この図式は，今日では非常によく知られており，後のライフサイクル研究や，成人期の発達的研究における理論的基盤となった。

エリクソンは第 7 段階にあたる成人後期の心理社会的危機[1]として，「**世代性 vs 自己陶酔（生殖性 対 停滞）**」をあげている。**世代性**（generativity）とは，generate（生む）を語源としたエリクソンの造語である。彼はこの言葉の中に，生みっぱなしではなく，生んだものをはぐくみ育てるという意味で care（世話をする）の意味を込めたとしている。はぐくみ育てるものは自らの子どもであるかもしれないが，ほかに地域や職業を通して関わりのある子どもや若い世代であったり，自分の作品であったりもする。こうした関

---

[1] エリクソンは各発達段階において心理社会的危機が存在し，それといかに格闘し，乗り越えていくかを重視した。発達に関するエリクソン以前の考え方は，ただ前向き・積極的な価値づけにのみ焦点があてられてきたが，エリクソンは退行的で病理的なものも含め，両者の力動的状況を危機と呼んだ。つまり，成長・成熟といった正の側面と，退行的・病理的な負の側面という対概念で発達段階をとらえたのである。そして，個人の中に両者が存在し，そのどちらにより傾くかという分かれ目・分岐点を指して危機を定義づけた。

わりが教育や伝統を築いていくことになるのであり，すなわち次世代への関心・育成となる。

だが成人後期ともなれば，はぐくみ育てる子どもは思春期・青年期となっている。親から受け継いだ価値観を問い直し，心理的離乳を果たそうとする青年は，親に自らの考えを主張したり抗議したり，時に対決を求めたりもする。成人が青年を傍観し，対決を回避すれば，青年はアイデンティティを確立することができない。そればかりか，これは同時に成人自身が世代性の危機を克服することを困難にし，結果として自己陶酔の泥沼へと陥ってしまう。エリクソンはこうした**相互性**（mutuality）の原理を重視した。

一方で，世代性を持つには，対概念である停滞するとはどういうことなのか知らなければならない（Levinson, 1978/1992）。**停滞**とは，成長せず，義務に縛られ，自我の実現などまったくない人生にはまり込んで動きがとれないと感じることである。停滞を体験し，停滞に耐え，停滞と戦う力というのは，成人後期の世代性を求める努力につきものの一面である。だが，停滞はまったく否定すべきものでもなければ，完全に回避すべきものでもない。停滞は成人後期を通して発達上必要な役割を果たす。自分の弱さを認識することが，他者への分別，共感，同感を生む源となる。自分の弱さと脆さを自覚することで自分と他者を同一視できる場合に限り，他者の苦しみを本当に理解できるといえるだろう。

その後，主にアメリカで成人発達研究が進められたが，中でもレヴィンソン（1978/1992）の実証研究は有名である。彼は4つの職業群に属する四十代の男性に面接調査を行い，そこで得られた個人史を綿密に分析した。そしてその結果から，男性のライフサイクルを図式化している（図10.2）。彼は40歳からの5年間を「**人生半ばの過渡期**」と名づけ，その後の成人後期が始まるように成人前期に築いた生活構造を分離する移行期の役目を果たしていることを指摘した。このモデルに照らせば，10.1で述べてきたさまざまな否定的変化は，この「人生半ばの過渡期」に生じるものであるといえよう。

そして，この「人生半ばの過渡期」を経て築いた新しい生活構造において

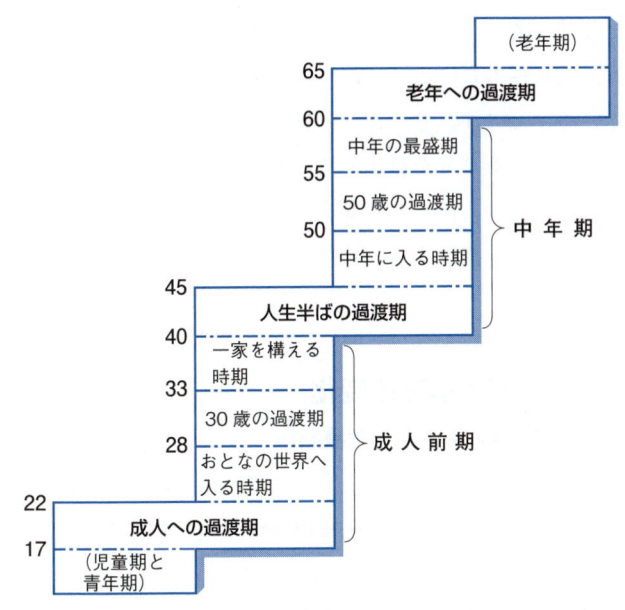

図 10.2 成人前期と中年期の発達段階 (Levinson, 1978/1992)

は，その満足度と適応という側面において違いが出てくることもある（Levinson, 1978/1992）。自分自身や他人のために本分は果たすが，その生活は内面的な興奮や意義に欠けている人たちもいる一方で，独自の満足感や達成感を持つ人たちもいる。後者の人たちにとって，成人後期は人生でもっとも充実し，もっとも創造的な季節となる。若い頃の野心や情熱や幻想に支配されることが少なく，他人への深い愛着を持ちつつ自己を実現することが可能になるのである。

先にあげたユングも，38歳で師フロイトと離別してから社会との交流をほとんど絶ち，7年間にも及ぶ極めて神経症的な一時期を送った。しかし，その後に後世に残る創造的な仕事を成し遂げている。また，ジャキュウス（Jaques, 1965）は300人以上の芸術家の生涯を分析し，成人後期における創

造性の変化を指摘している。分析した芸術家の多くが三十代後半の時期に，死を迎えたり独創的な仕事ができなくなったりする，創造的能力が初めて芽生え始める，創造性の質や内容に決定的な変化が起こる，などの急激な変化を体験していることに注目し，彼らの創造性の現れ方が三十代と四十代以降とでは決定的に異なることを見出している。

こうした見解は，成人後期を生涯発達における重要な転換期であるとみなす新たなパラダイムを提示することにつながっている。

10.2 成人後期の変化

10.2.1 成人後期は平穏期か危機期か

「不惑」と称される40歳からの成人後期は，確かに人生の前半に築きあげた生活基盤の上に立ち，社会や家庭に根ざす大人としての人生の最盛期といえよう。成人期を「平穏期」とする前者のとらえ方は，1960年代までは主流であった。たとえば成人後期にある人々のほとんどは健康な生活を享受しており，身分や自立的生活の保障といった観点からみれば他の発達段階と比べて格段に安定しているというのが，その中心的な見方である。この立場からは，たとえ成人後期に危機を体験している人々であっても，彼らは他の発達段階においても同様に危機に見舞われやすい人である（Costa & McCrae, 1980）とか，成人後期に新たに出てきた問題ではなく過去の問題が継続しているのだ（Lowenthal & Chiriboga, 1972）というような指摘がなされた。また，パーソナリティの縦断的研究においても，成人後期にはパーソナリティの安定性は高まることが示唆されている（下仲・佐藤，1992）。

それに対して，1970年代以降，体力の衰えや能力・成長の限界の実感，子どもの成長と自立などの家族発達の側面からみても，変化の多い「危機期」としてのとらえ方がされるようになってきた。まさにヴァイラント（Vaillant, 1977）の「第2の青年期」という表現にふさわしく，身体的，社会的，心理的に変化の多い時期でもあり，深刻な問題が潜んでいることも確

かである。その背景には長寿化による成人後期の長期化や経済成長の低迷といった要因が働いていると考えられる。
　次に，こうした成人後期におけるさまざまな変化を整理してみよう。

10.2.2　成人後期に体験される変化

1. 身体的変化

　成人後期における身体的変化は，男女差や個人差が大きいため，思春期ほど衝撃的なものとしてとらえられることは少ない。だが女性にとって，閉経に伴うホルモンバランスの変化によって，頭痛，熱っぽさ，のぼせなどのさまざまな身体症状が現れることも多い。これらの症状は，一般的に**更年期障害**と呼ばれる。思春期の2次性徴が生殖機能の成熟という身体発達におけるポジティブな意味を有していたのとは対照的に，更年期は生殖機能の喪失というネガティブな意味を持つ。このため，自然と憂うつや不安感といった心理的な反応に結びつきやすい。一方，男性においても疲労感や体力の衰えといった身体的変化は感じられるが，生殖機能が完全に停止するというような劇的な変化は少ない。

　こうしたホルモンバランスの変化という現象は，成人後期における身体的変化の最たるものであるが，それ以外にもさまざまな体調の変化や体力の衰えを実感する場面が多くなる。身体機能のパフォーマンスが次第に低下してくるため，以前のように動くことができなかったり，疲労感がなかなか抜けなかったり，細かい文字が見えにくくなったりする。こうした体験は，「もはや自分は若くはないのだ」という実感をもたらす。

　また，身体的外見においても変化がみられる。身長に関していえば，成人期を通して徐々に低くなっていくというかなり一貫したパターンが見出されている。さらにその変化は，若い頃よりも五十代に入ってからのほうが，また男性より女性のほうが顕著である（Whitbourne, 1996）。さらに体重は年齢とともに増加しがちで，ウェストやヒップといった胴回りに肉が付き，太くなる傾向がある。頭髪には白髪が交じり，皮膚にはシワやシミが現れる。

これらの身体的外見における変化もまた，若さに高い価値を置く現代社会においては否定的に受け止められることのほうが多い。

　自分の身体に関する感覚や感情は，自己イメージを形成する大きな要であり，アイデンティティの感覚とも深く関連している。このため，成人後期の否定的な身体感覚の変化は，成人後期のアイデンティティの基盤を脅かし，再認識させる契機となる。

2. 心理的変化

　これまでの生き方からの転換を迫られる成人後期は，自分自身に対する関心の高まりが生じる時期である。上瀬（1999）は，中高年期における自己認識欲求の特徴を検討している。これによると，**自己認識欲求**とは「自己に関する認識体系を明確にしたいとする欲求」と定義され，この自己認識体系が不明確になったとき，自己に関する情報収集行動を促すものである。いわば，自分を知りたい，自分というものを明らかにしたいという欲求といえよう。この欲求の高まりはアイデンティティの確立を模索する青年期には当然起こるものであるが，上瀬（1999）では成人後期と老年期においても同様にみられることが示された。その中でも，四十代と六十代を比較した場合には四十代のほうが，またいずれの段階においても男性より女性のほうが自己認識欲求が高いという全体的傾向を明らかにしている。おそらく六十代よりも四十代のほうがこれからの人生という時間軸が長く生き方の選択肢が多いことや，職業・育児・介護などにおいても男性に比べて女性のほうがより担っている役割が多いことなどが影響しているのであろう。

　また，時間軸のとらえ方にも変化が起きる。人生の前半において死はどこか遠い存在である。ところが四十代をすぎると，自分が老いていくことや，死へ近づきつつあることへの関心や不安が高まり，老いと死は現実味を持って感じられるようになる。近親者や友人の死に遭遇することも徐々に多くなり，自分の残された寿命を意識するようになる。岡本（1985）はこれを「**時間的展望の狭まりと逆転**」と呼んでいる。今まで生きてきた年齢ではなく，これから生きられる年数のほうをより重視し，誕生からではなく死の側から

自分の年齢を意識するようになるのである。

　容赦ない身体的衰えと，さまざまな責任からくる抑圧は，成人後期に共通してみられるものである。それゆえ，急速に活気を失い，自己からも外界からも疎外されていくことも少なくない。自分が何を望み，本当はどんな生き方をしたいのか，自らに対するそんな問いかけをする心理的余裕もなく，ただひたすらに自分に課せられた目の前にある責任を果たそうとする。その一方で，巣立ちゆこうとする子どもとの関係においては，親としての自分の価値観を否定されたように感じたり，親の役割が必要なくなったように感じたりする。また，職場では若手のキャリア発達が伸び盛りの時期を迎える反面，次々と新しくなる電子機器などの取扱いにもついていけなくなったり，求められるスキルを身につけることが困難になったりする。その結果，あきらめの感情が生活を覆ってしまうこともある。

　実際，成人後期はストレスが多い危機的な時期であることを示唆した医学的，心理学的研究は多い。神経症やアルコール依存症，心身症の発症が他の発達段階と比べて多いという指摘のほか，近年のわが国における自殺率をみても40歳から60歳までの年代の自殺率がほかの年代よりも高くなっている。表10.1に示すように，平成22年度の自殺者のうち，四十代から六十代が4割近くを占めるようにまでなってきている（警察庁，2011）。その原因・動機としてもっとも多くみられるのは健康問題であるが，次いで経済・生活問題の割合が高い。近年の厳しい経済状況を背景として，心理面への強い影響が懸念される。

3. 社会的変化

　成人期ほど，多くの役割を持つ時期はほかにないだろう。職業における役割と家庭における役割を同時に担い，それらの両立のために葛藤するような場面は成人前期に多くみられる。一方，成人後期においては，複数の役割を担うことに加え，その役割の内容を変えていかなければならなくなる。夫婦・家族の関係性の変化に適応し，職場や地域などでも複数の，かつ重要な役割を担うことが多くなってくる。

表 10.1　年齢と原因・動機別にみた自殺者数のクロス集計 (警察庁, 2011 をもとに作成)

原因・動機別＼年齢別	～19歳	20～29歳	30～39歳	40～49歳	50～59歳	60～69歳	70～79歳	80歳～	不詳	合計
家庭問題 (親子関係・夫婦関係の不和，子育ての悩み，看病疲れなど)	97	356	684	780	811	810	582	377		4,497
健康問題 (身体的・精神的病気の悩み・影響など)	140	1,293	2,101	2,202	2,595	3,268	2,512	1,688	3	15,802
経済・生活問題 (倒産，事業不振，失業，負債，生活苦，借金など)	19	514	958	1,663	2,256	1,641	341	46		7,438
勤務問題 (仕事の失敗，職場の人間関係，仕事疲れなど)	29	471	610	671	581	196	29	2	1	2,590
男女問題 (結婚・不倫・交際をめぐるなやみ，失恋など)	50	347	383	190	84	33	13	3		1,103
学校問題 (入試・進路に関する悩み，教師との人間関係，いじめ・友人との不和など)	160	207	4							371
その他 (犯罪関連，後追い，孤独感など)	48	178	200	207	246	279	174	198	3	1,533
合計	543	3,366	4,940	5,713	6,573	6,227	3,651	2,314	7	33,334

数値は人数。

　親である人たちにとっては，経済的にも心理的にも自立した存在へと子どもを育てあげるよう，親子の関係性を変化させていく必要が出てくる。小さい頃には見えていた子どもの姿が見えなくなり，届いていた互いの声が聞こえなくなる。子どもの自立ということは，すなわち親の自立でもある。

　このほか若くして子どもを持った人たちにとっては，孫が誕生し，その子育てを手伝うこともあるだろうし，親でない人たちにとっては，身体的な限界が間近に迫るのを感じ，自分が親になるかどうかの最後の選択を迫られることになる。

　他方，自らの親は次第に年老いていくために，育てられる側から世話し養う側へと役割を変えねばならなくなる。このように成人後期には家族の形が

大きく変容する。いわば家族としてのライフサイクルの転換期といってもよいだろう。

　また，職業や地域においては，年長者としての責任を求められるようになる。自分のことで精いっぱいになったり，自分の仕事だけに一生懸命打ち込んだりすることが許されなくなり，後継者を育て，組織や他者に対する配慮をも求められる。

　それに加えて，仕事における限界感を認識するようにもなる。成人後期にある職業人にとっては，体力の衰えと時間的展望の狭まりによる自己の限界感を痛切に感じる場面が出てくる。それは，残されたキャリア生活の中で，自分がどこまで業績をあげられるか，定年退職までにどこまで出世できるかという葛藤へとつながる。だが職業における自己実現を果たそうとしても，複数の役割におけるさまざまな責任があり，そのために本来的な仕事に費やすエネルギーはおのずと削られてしまうことも多くなる。こうした限界感や停滞感によって生じる焦りは，職業人としてのアイデンティティを揺るがすことになる。

　こうした体験によって，人生前半で培った能力やスキルだけでは通用しないことを実感し，これまで自分を支えてきたアイデンティティは揺らがざるをえなくなる。だが同時に，仕事の上でのベテラン意識や地域社会の中で根づいてきたという意識，定住による安定感などの肯定的な変化としても体験されるであろう。

　こうした3つの側面におけるさまざまな変化は，それぞれが独立して体験されることは少ない。多くの場合，複数の変化が相互に影響を及ぼし合っている。輻輳的に問題が絡み合うために，その体験は重さを増すのである。

10.3　成人後期におけるアイデンティティの危機

10.3.1　成人後期の変化がもたらすアイデンティティの危機

　さまざまな側面での多くの変化を受け入れ，再び適応していくという成人

後期の課題は，現代の日本ではけっして乗り越えやすいものではない。それがさまざまな社会的背景と絡み合い，自分の人生におけるアイデンティティそのものを揺るがすことと同義だからである。

　成人後期におけるアイデンティティの危機の中でもとくに否定的な色彩が強くなるのは，青年期に築いた社会／家庭の一員としてのアイデンティティが崩壊した場合や，青年期にモラトリアムが遷延して職業選択（社会参加）ができずアイデンティティ拡散（精神的・経済的な自立の挫折）が長期化した場合などであろう。

　政治的・宗教的信条の希薄だとされる現代日本青年にとって，職業的アイデンティティは青年期に獲得するアイデンティティの中核をなすものであるといってよいだろう。青年期の危機を通して，自分は何をなして生きていくのかという問いと格闘し，職業などの社会的なアイデンティティを獲得することは，経済的基盤を築くだけでなく，社会的存在である人間の自尊心や存在意義と強く関連している。だが，教育の長期化にもかかわらず，長引く不況によって，安定と自己成長を約束された職を手に入れるのはかつてないほど困難になってきている。また，人生の前半をかけて社会環境における役割や地位を獲得したとしても，業績主義・成果主義の高まりなどを背景に，昇進や配置転換，リストラなどによってそれが揺らぐこともある。キャリアが長くなるにつれ，これまで以上の能力・成果を求められたり，これまでとは異なる複雑なスキルが必要となったりして，自分が築いてきた職業的アイデンティティを維持することが難しくなるのである。

　また，夫（妻）としてのアイデンティティや，親としてのアイデンティティが揺らぐこともある。成人前期までに夫婦となり，親となって作りあげた自分の家庭は，信頼できる家族がいるという精神的な安心感や次世代を生み出す責任感と希望を培うであろう。しかし，深く愛して信頼していた配偶者から突然裏切られたり，最初は小さなすれ違いにすぎなかった互いの溝が次第に修復不可能なほど大きくなったりと，夫婦間の関係が険悪になって，安らぎや休息の場として家庭が機能しなくなることもある。あるいは，順調に

信頼関係をはぐくんできたとしても，突然の発病や死別に遭遇することもあるだろう。

さらに希望とエネルギーの源であった子どもが，発達に伴って，不登校やひきこもり，非行などの問題行動を示す場合もある。あるいは，自分の人生をかけて一生懸命に育ててきた子どもが巣立ちゆくことは，自分のこれからの人生を支えるアイデンティティが不明瞭になるために，強い不安を伴うことも多い。これは「**空の巣症候群**」と呼ばれ，とくに育児役割を一手に担う女性に多いことが指摘されている。また，近年は35歳以上で子どもを産む女性が増えているために，育児と老親の介護が重なったり，世代の違う若い母親との育児を通した付き合いが困難であったりと，負担が増大する傾向にある。

このように成人後期におけるアイデンティティの危機は予期せぬアクシデントや悲劇，対象喪失を伴うことも多く，深刻な精神的危機に陥ることも少なくない。青年期におけるアイデンティティの危機も，それを乗り越えることは容易ではないが（第8章参照），体力が衰えゆくにもかかわらず公私ともに忙しさと責任が増す成人後期にとって，それはおそらく青年期以上の負担を強いられることになる。

10.3.2　成人後期におけるアイデンティティの問い直し

前節で述べてきたような成人後期におけるさまざまな変化は，成人前期まではほとんど体験されなかったものである。これにより，それまで頭でわかっているつもりになっていた自分の命，与えられた時間，体力，能力が無限ではないという絶対的な事実を，身をもって体験することになる。だが，**自己の有限性の自覚**，「死すべき存在としての自己」の自覚は，単に悲壮感やあきらめ，抑うつ感をもたらすだけではない。内省を促し，人生前半の生き方を問い直すきっかけとなる。そして，新たなアイデンティティの再構築へとつながっていく。

成人後期の入り口で体験された否定的な自己意識は，「これまでの人生で

何をしてきたのか」「家族，友人，仕事，地域社会，そして自分自身から何を得て，何を与えているのか」「自分のために，他人のために本当に欲しているのは何か」といったアイデンティティに関する問いを迫ることになる。この問いが，危機としての機能を持っている。本来，危機とは，単なる破局的・否定的変化の側面にとどまるものではなく，分かれ目・転換点としての意味を持つ。つまり，成人後期の否定的側面を含むさまざまな変化を通して，そこで停滞・退行していくか，それともさらに成熟・発達していくか，という岐路にあることを示しているのである。つまり，成人後期の危機とは，こうした死と再生ともいうべき強大なエネルギーを秘めた自分の人生の再定義の試みであるといえよう。

　第8章でも紹介したマーシャ（Marcia, 1976）は，大学生時代のアイデンティティ・ステイタスと大学卒業6年後のステイタスを比較検討し，それが流動的に移行していたことを見出した。そして，青年期のアイデンティティ・ステイタスは固定的なものではなく，流動的なプロセスの途上であるという視点を提示した。この考え方はその後多くの研究者によって引き継がれ，アイデンティティの生涯発達モデルが展開してきた。

　中でもウォーターマン（Waterman, 1982）の「アイデンティティ発達の連続パターンモデル」（図8.4参照）では，青年期のアイデンティティ・ステイタスが成人期以降もそのまま維持されていくとは限らず，マーシャが設定した危機の経験の有無と積極的関与という2つの分類基準は成人期以降のアイデンティティを検討する際にも有効であること，成人期以降のアイデンティティ・ステイタスは必ずしも成熟の方向へ移行するわけではなく下位のステイタスに向かう場合もあることを指摘した。

　また岡本（1985）はこのアイデンティティの揺らぎと再達成のプロセスを「**アイデンティティの再体制化**」と呼んでいる（表10.2）。こうしたプロセスを通して再度確立されたアイデンティティは，それまでの半生で獲得したそれよりももっと安定した，そして深みを持つものとなっていることが多い。この「危機の認知→主体的模索→獲得（再体制化・再統合）」という一連の

表 10.2 　中年期のアイデンティティ再体制化のプロセス
(岡本，1985)

段階	内　　容
Ⅰ	**身体感覚の変化の認識にともなう危機期** ・体力の衰え，体調の変化への気づき ・バイタリティの衰えの認識
Ⅱ	**自分の再吟味と再方向づけへの模索期** ・自分の半生への問い直し ・将来への再方向づけの試み
Ⅲ	**軌道修正・軌道転換期** ・将来へむけての生活，価値観などの修正 ・自分と対象との関係の変化
Ⅳ	**アイデンティティ再確立期** ・自己安定感・肯定感の増大

プロセスは青年期に一度経験されたものであるが，それと同じような，あるいはそれ以上のアイデンティティの問い直しが成人後期にはあるといえる。さらに岡本は現役引退期（老年期）においてもこの作業が行われることを指摘し，図 10.3 にあるようなアイデンティティの生涯発達モデルを提示している。このモデルにおいて，青年期，成人後期，定年退職期にそれぞれ確立されたアイデンティティが，同じAというステイタスであっても徐々にその成熟の度合いを増していくことが表されている。

10.3.3　危機をどう乗り越えるか

だが危機の感じ方，とらえ方には個人差がある。すべての人々が成人後期の入り口で体験したアイデンティティの揺らぎや崩壊をしっかりと認知し，

図中テキスト:

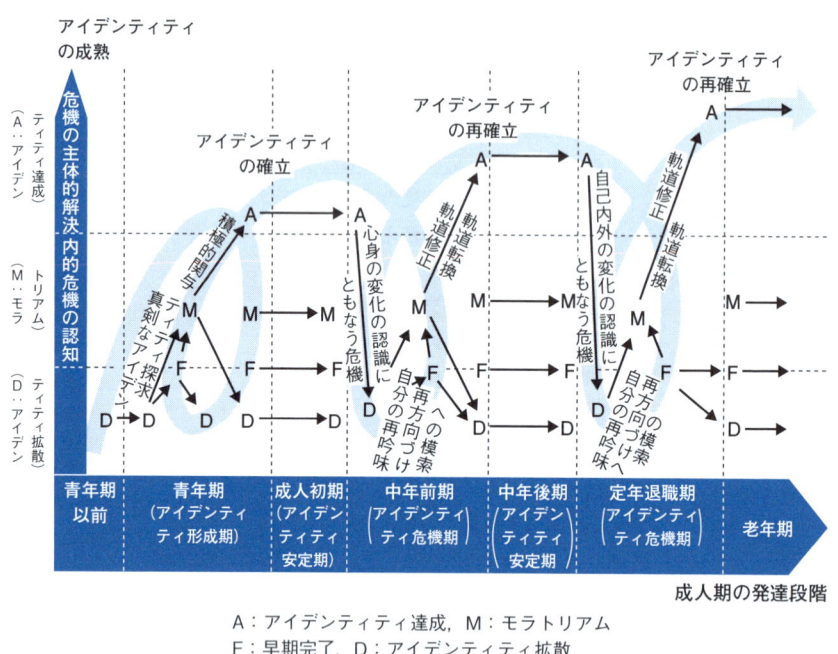

アイデンティティの成熟

危機の主体的解決・内的危機の認知
(A：アイデンティティ達成)
(M：モラトリアム)
(D：アイデンティティ拡散)

アイデンティティの確立
アイデンティティの再確立
アイデンティティの再確立

積極的関与
真剣なアイデンティティ探求
心身の変化にともなう危機
軌道修正
軌道転換
自分の再吟味・再方向づけへの模索
自己内外の変化の認識にともなう危機
軌道修正
軌道転換
再方向づけ・自分の再吟味への模索

青年期以前｜青年期(アイデンティティ形成期)｜成人初期(アイデンティティ安定期)｜中年前期(アイデンティティ危機期)｜中年後期(アイデンティティ安定期)｜定年退職期(アイデンティティ危機期)｜老年期

成人期の発達段階

A：アイデンティティ達成, M：モラトリアム
F：早期完了, D：アイデンティティ拡散

アイデンティティ形成プロセス：D ─→ M ─→ A（アイデンティティ達成）
　　　　　　　　　　　真剣なアイデン　積極的関与
　　　　　　　　　　　ティティ探求

アイデンティティ再体制化プロセス：(A) ─→ D ─→ M ─→ A（アイデンティティ再達成）
　　　　　　　　　　心身の変化の　自分の再吟味　軌道修正・
　　　　　　　　　　認識にともな　・再方向づけ　軌道転換
　　　　　　　　　　う危機　　　　への模索

図 10.3　成人期におけるアイデンティティのラセン式発達モデル（岡本，1994）

その再体制化に向けて模索や対応をし，より安定したアイデンティティを再び獲得するわけではない。衰えゆく身体という現実を受け入れられず無理に若作りをしたり，若い人と張り合って世代性を発揮できなかったり，年齢相応の成熟を達成することが困難な人もいる。このように，危機に遭遇した際にとる対応の違いが，到達するアイデンティティ・ステイタスに及ぼす影響を，ウィットボーンとウェインストック（Whitbourne & Weinstock, 1979）

```
                   ┌─────────────────┐
                   │ 潜在的な危機の事態 │
                   └────────┬────────┘
                            │
                   ┌────────┴────────┐
                   │    個人の知覚    │
                   └────────┬────────┘
                ┌───────────┴───────────┐
          ┌─────┴─────┐           ┌─────┴──────┐
          │ 危機とみなす │           │危機とみなさない│
          └─────┬─────┘           └─────┬──────┘
                │                       │
          モラトリアム              ┌────┴────┐
                │                  否　認    問題にしない
       ┌────────┴────────┐      予定アイデンティティ  アイデンティティ達成
       │                 │                        （すでに解決済み）
     解　決            未解決
   アイデンティティ  アイデンティティ拡散         アイデンティティ拡散
                    （かかわりあわない）          （かかわりあわない）
                      モラトリアム
                    （まだ危機にある）
                    予定アイデンティティ
                    （安易な解決を望む）
```

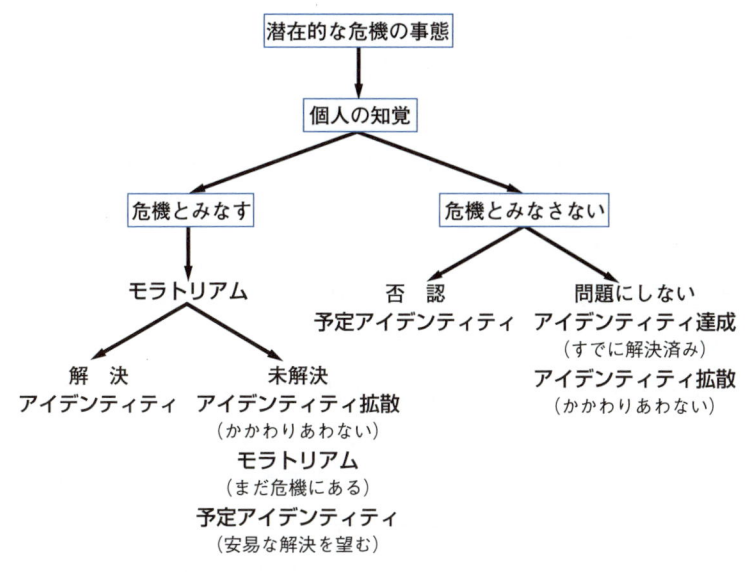

図 10.4　成人期におけるアイデンティティ危機解決のステップ・モデル
(Whitbourne & Weinstock, 1979；岡本，2002)
予定アイデンティティは，早期完了とも訳される。

は「成人期におけるアイデンティティ危機解決のステップ・モデル」（図10.4）として表している。

　この危機の感じ方，とらえ方の違いを生み出すものとして，岡本（2002）は**危機を認知する力**と**危機に対応する力**をあげている。危機を認知する力とは，今までの自分のあり方や生き方，つまりアイデンティティではもはや自分を支えきれない，これから自分らしく生きていけないということを危機として自覚することである。この認識からアイデンティティの見直しと組み替え，つまり再体制化が始まるのである。しかし，さまざまな否定的変化の中にあっても，それが自己を問い直す契機にならず，自己のあり方とは切り離されてやりすごされてしまう人もある。こうなると，成人後期における自己探求は行われないか，ごく浅いレベルで終わってしまう。自己の内的危機を

認知する力が，心の発達にとっては大きな鍵となるのである。

またその自己の内的危機を認知した上で，それを契機としてアイデンティティを問い直し，成人後期以降の自分の生き方へと再統合していく主体的な対応力が必要となる。過去においてやり残した課題や，生きられなかった別の生き方などが再吟味され，それらが現在の自分と連続性を持ち，これからの生き方の中で統合されていく。

危機は程度の差こそあれ，誰にでも訪れる。だが，このアイデンティティの危機を認知する力と，それに主体的に対応する力は，自我の強さや柔軟性が基盤にある（岡本，2002）。この自我の力とは，たとえば，現実吟味（空想・創造・期待と切り離して，現実を客観的に直視できる力），欲動・情動の統制と調整（不満・不安に耐えうる力），適切な自我防衛（不満・不安を現実に即して，効果的に処理できる力），思考過程（自分の内面を概念化し，言語化する力）などとされる（前田，1985）。

しかしながら，いかに自我の強さと柔軟性を備えていようとも，アイデンティティの危機をその個人の力だけで乗り越えることは極めて困難である。そもそもエリクソンは人格発達における他者との関係性の果たす役割を重視したが，以降の研究者たちは西洋的な男性優位の個人主義の中で，自立や他者からの分離を発達の最優先課題としてきた。これに対して近年は女性のアイデンティティ研究が盛んに行われるようになり，関係性が女性の人格発達のキーワードであることが指摘されるようになってきた。そして現在では，女性だけでなく男性にとっても関係性が重要な要素として認識されるようになってきており，個人の他者との関係のあり方が，アイデンティティ発達の重要な指標であるとされている（杉村，1998）。

こうした意味からいえば，成人後期を乗り越えるには，複数の他者と信頼関係を築き，支え・支えられる存在としての実感を持つことが非常に重要となるといえよう。

10.4 おわりに

　成人後期の危機は，自らの持つアイデンティティに変容を求められるがゆえに起きる。おそらく人生の前半を賭して築きあげたアイデンティティが通用しなくなるという体験は，そうそう容易に乗り越えられるものではない。だからこそ，許されるのならば危機ととらえることはせず，やりすごしたくもなるのである。しかし，人生における危機解決への再挑戦は，最初のときの危機体験と似ているようでいて，そこで編みこまれた模様は格段に複雑で，乗り越えた先にある成熟は色とりどりの豊かな世界ではないだろうか。

　秋の山河が織りなす美しい景色を表す言葉に，「錦秋（錦繡）」がある。澄み渡る青い空を切り取るように，対照的な蔦や櫨の赤，栗や橡や欅の黄色が錦絵のように山を彩る。そうした色鮮やかな木々の葉もやがて落ち，肥やしとなり布団となって地面を温め，新たな命の誕生を迎える。人生の秋である成人後期の人間においても，危機の末に到達した成熟の姿は深く複雑な色合いを帯びているのではないだろうか。作家の宮本輝は奇しくも『錦繡』（1982）という小説を書いているが，成人期にあった彼自身が喀血を伴う大病によって死を覚悟した体験がこの作品の原動力となっているそうである。小説の中に登場する亜紀という人物は物語の最後に次のように語る。「自分の命というものを見たあなたは，それによって生きることが恐ろしくなったとお書きになりましたわね。でも本当は，あなたはこの短いと言えば言える，長いと言えば言える人生を生きていくための，もっとも力強い糧となるものを見たのではないだろうか，ということでございます」。また宮本輝自身もこの小説についての水上勉との対談の中で，「死への恐ろしさを感じつつ死ぬことと，死が一体何であるかを知った上でそれを迎えることとの間にこそ人生の幸，不幸の究極の分かれ目がある」と述べている。死の存在，人生の終わりを理解し，残りの人生を豊かに生きようと模索する，転換点としての成人後期の本質を表している言葉であろう。

　成人後期は，生涯の中で苦しくも豊かで美しい時期である。青年期危機と

異なり，かつて無限にも思えたエネルギーはもはやなく，守るべきものがあり，必要とされながら，自己の内にある危機と向き合わねばならない。だが，それまでの人生で獲得されてきた自我の力と複数のアイデンティティを通した関係性こそが，成人後期の危機を乗り越え，さらなる成熟へと至る原動力となるのではないだろうか。

老年期の発達 11

　人の生涯をライフステージに区分した場合，老年期は最後に位置づけられる時期である。高齢者や老年期という用語を耳にすると，老い，孤独，衰退といったネガティブなイメージが先行しがちではあるが，仕事から解放されて悠々自適なシニアライフを謳歌する高齢者像や，穏やかな高齢者像といったポジティブなイメージも少なからず想起されるかもしれない。かつて老年期は衰退の時期としてとらえられてきたが，高齢者人口の増加に伴い，老年期のあり方が多様化してくるようになった。こうした社会的背景を受け，「65歳以上が高齢者」というとらえ方に対する意識改革が提起されるようになってきている（内閣府，2012）。

　現在の高齢者の年齢は，社会からの引退時期（すなわち定年）であるおよそ60～65歳頃ととらえられているが，それ以降人はどのように変化，もしくは発達していくのであろうか。本章では，生涯発達における老年期の心理社会的な特徴について概観していくこととする。

11.1 生涯発達における老年期の特徴

　「年をとってから，足腰が弱くなったので，遠出を避けるようになった」「若い頃に比べてなかなか人の名前が思い出せなくなった」「昔のことは覚えているが，最近のことはちっとも覚えられない」「仕事が生きがいだったが，退職後なにに生きがいを見出せばよいのかわからない……」など，**老年期**とほかの年代とを比較すると，加齢によるさまざまな機能低下や喪失を経験しやすいことが一つの大きな特徴とされる。井上（1993）は，老年期に経験しやすい喪失として心身の健康，経済的基盤，社会的つながり，生きがいなどをあげている。

　バルテスとバルテス（Baltes & Baltes, 1990）は，生涯発達的視点から老

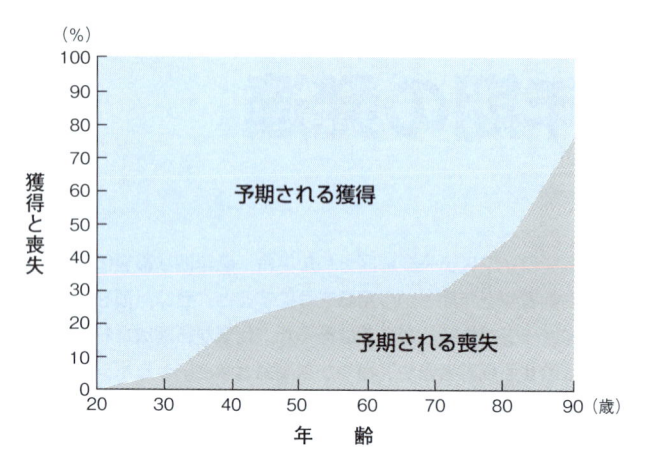

図 11.1　生涯発達における獲得と喪失のバランスの加齢変化パターン
(Baltes & Baltes, 1990)

年期を見据え，老年期は獲得と喪失のバランスを保つことが難しくなる時期であると述べている（図 11.1）。すなわち，老年期以前はある意味「獲得」する時期であるが，老年期は「喪失」する時期，そして喪失に再適応していく時期であるととらえることができる。

　エリクソンらは，こうした老年期の発達における心理・社会的危機として「統合 対 絶望」という命題を提案している（Erikson & Erikson, 1997/2001）。そしてさまざまな機能が低下し，社会とのつながりが失われていく老年期において，絶望感に圧倒されるのではなく，過去や現在の自分自身や人生についての秩序と意味を見出し，一貫性と全体性の感覚を持ち続ける，すなわち統合させてゆくことができれば，心理・社会的危機を乗り越えられるとしている。この危機を乗り越えるための強さとして「英知」，すなわち「死そのものに向き合う中での，生そのものに対する聡明かつ超然とした関心（Erikson & Erikson, 1997/2001）」が重要になると考えている。さらに，エリクソンらは，超高齢期を想定した発達段階として，第 9 段階の発達段階を

提唱しており，不可避で対峙せざるをえない多くの悲しみを乗り越えた状態として**老年的超越**（gerotoran scendence）をあげている。後に詳述する老年的超越は，老年期にみられる価値観や心理・行動の変化とされるが，こうした現象からも，老年期がただ喪失に圧倒される時期ではなく，それらを乗り越えようとするさらなる発達の時期であるととらえることができる。

11.2 認知機能や知的能力の加齢変化

「年をとってから，顔は思い浮かぶけど名前が思い出せなくなることが多くなった」「昔のことは覚えているのに，新しいことが覚えられなくなった」など，身近な高齢者のこうした発言を耳にしたことがあるかもしれない。一方，「亀の甲より年の功」といったことわざがあるように，高齢者は若者よりも多くの人生経験を経ており，それゆえに知識や知恵に優れている面もあると考えられてきた。先述したように，老年期はある意味喪失の時期ととらえられがちであるものの，その過程は実は一様ではないことが多くの研究で示されている。ここではとくに，認知機能や知的能力に焦点をあて，それらが加齢に伴ってどのように変化していくかについて概観していく。

11.2.1 認知機能の加齢変化

認知機能や知的能力の生涯発達的変化を概観する際によく用いられているモデルにホーンとキャッテル（Horn & Cattell, 1966）の**流動性知能**（fluid intelligence）と**結晶性知能**（crystallized intelligence）がある。流動性知能は，情報を速く処理することで新しいことを学習したり，新しい環境に適応する能力であり，この能力は大脳の生理的な面の影響を受ける。加齢によって生理的な老化が生じるため，この流動性知能は加齢に伴い低下する。一方，結晶性知能は，語彙力や文章構成力といったこれまでの学習や人生経験を生かす能力であり，年をとってもある程度維持される。すなわち，加齢によって知能が一様に低下するというよりは，その知能の特徴によって，加齢の影

響を受けたり，ある程度までは維持されうると考えるものである。

　しかし，このモデルでは記憶や反応速度といった流動性知能とは異なるが年齢敏感性がかなり高い能力が含まれていないという指摘がなされている（Salthouse, 2010）。ソルトハウス（Salthouse, T. A.）は近年の実証研究を概観し，図 11.2 に典型的な認知加齢のプロフィールを示している。ここから，推論や空間認知，記憶，作業速度は年齢とともに減衰していく反面，語彙や知識は中年期以降上昇，維持されていることがうかがえる（Salthouse, 2010）。ただし，年齢と認知機能の関連性の個人差については，一般的にほとんどみられないことがわかっているが，これらの変数は相互に独立しているわけではないため，解釈に注意が必要である。また，横断研究と縦断研究によって加齢変化の乖離がみられる背景として，練習効果やコホートの影響の問題が指摘されている（Salthouse, 2010）。

　では，こうした知能に影響する要因にはどのようなものがあるのだろうか。まず，前提として誰もが体験しうる脳や神経系の生理的な加齢変化の影響がある。さらに，心臓系疾患やその他の障がいといった健康面，高い教育歴，

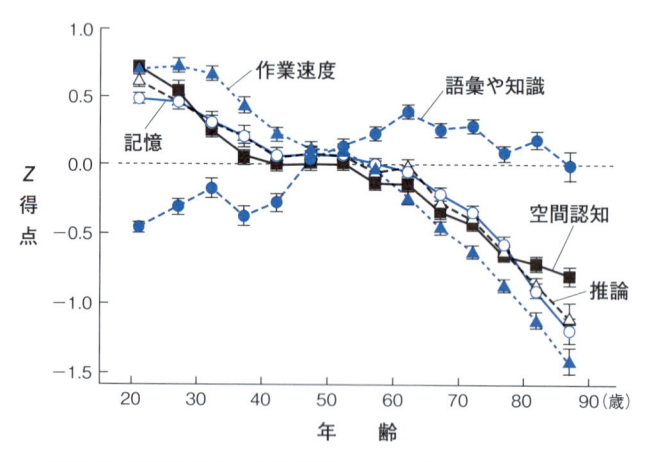

図 11.2　認知的加齢の典型プロフィール（Salthouse, 2010）

刺激的な環境，文化教育的な施設や機会の活用などの社会面，さらにはパーソナリティといった個人特性なども影響するといわれている（Schaie, 1996）。

11.2.2 知　恵

　知恵は，人生設計や人生における決断，人生の見直しと受容などの人生に関する重要な問題についての判断である。シュタウディンガー（Staudinger, 1999）は，**人生計画課題**（life planning task）と**人生回顧課題**（life review task）という2つの方法で測定された知恵の年齢差に関する実証研究を概観している（図11.3）。人生計画課題とは，人生の岐路に立たされたとき，その問題をどのように解決していくか計画を立てるような人生計画場面について，主人公の年齢が若年者と高齢者，さらに人生の問題が各年代に生起しやすい標準的な人生問題かめったに想起しない非標準的な人生問題かという課題文について回答を求めるものである（高山ら，2000）。一方，人生回顧課

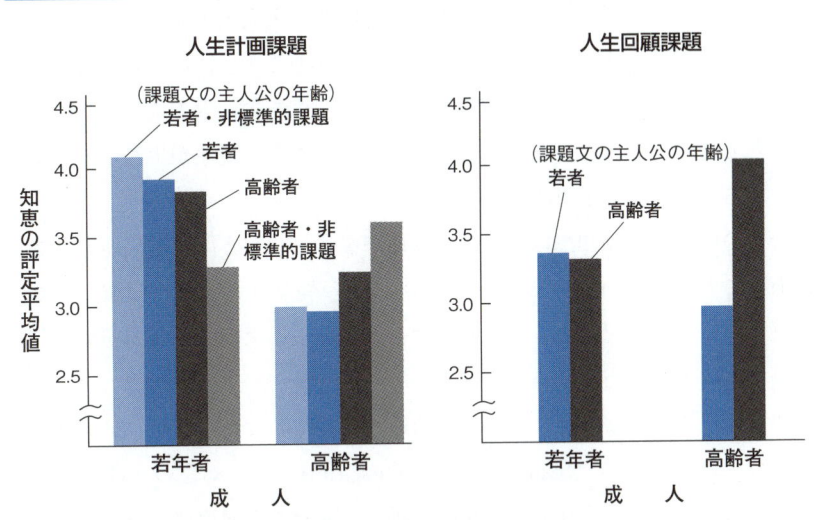

図 11.3　**人生計画課題と人生回顧課題における知恵の評定平均値**
（左：Smith & Baltes, 1990；右：Staudinger et al., 1992）

題では，自分とまったく違った人生を歩んだ友人と再会したことを契機に，自らの人生を回顧し受容していくという人生回顧場面を設定し，主人公が若年者と高齢者という課題文それぞれについて回答を求める（高山ら，2000）。その結果，人生計画課題では，若年者は若年者が主人公の課題において高齢者よりも優れ，また高齢者は高齢者が主人公の課題において若年者よりも優れていた。このように主人公の年齢によって，若年者か高齢者のいずれかの反応が高くなる傾向を**年齢調整効果**（age-match effect）という（Staudinger, 1999）。一般的な高齢者の場合以外の高齢の熟達者（たとえば臨床心理学者）や，非標準的な問題に関しての高齢者の課題の場合は，この効果は適用されないという例外もあるようであり，若い頃からの経験（たとえば専門的な実践など）において人生計画課題に直面してきたような場合にはこの効果は変容するとされている。また，高齢者が主人公の非標準的な課題では，高齢者の非熟達者は若年者よりも成績が良いことが示されている。一方，人生回顧課題では，主人公が高齢者の場合に，若年者よりも高齢者のほうが課題成績が良かった。この背景として，若年者は高齢者が主人公の場合は，遠い将来のこととしてとらえるため，高齢になったときのことを回顧する機会はほとんどないが，高齢者は，現在のことについて人生を振り返ることはごく自然なことであり，頻繁に行っているために，このような現象が生じると考えられている（Staudinger, 1999）。

最近の研究から，知恵は知能とは関連がなく，むしろ問題解決能力と関連があることがわかっている（高山ら，2000）。つまり知恵は，知識や言葉の理解といった知能ではなく，日常生活や人生を送る上で必要な問題や課題を解決する能力といえる。

知恵は，人生経験を経れば自然と発達していくのであろうか。シュタウディンガーとバルテス（Staudinger & Baltes, 1994）は，知恵の発揮に重要な要因として，パーソナリティ，知能，新しい経験への開放性，多様な個人経験，さらに優れた指導者との出会いなどをあげている。つまり，知恵は，単に加齢によって発達するというよりは，それを発達させるさまざまな要因が

あって初めて獲得されていくものであるといえる。

11.2.3　加齢に伴う認知機能の低下が日常生活に与える影響

　これまで述べてきたように，一部維持されるものもあるが，認知機能は年をとればある程度低下してくるといえる。本節で紹介した加齢の影響の大半は，高齢者が普段なじみのない実験室や検査場面で得られた結果である。しかしながら，高齢者の日常生活では，実験室の結果から予想されるほど，高齢者の日常生活へマイナスな影響をもたらしているわけではなさそうである。実際，多くの60歳以上の高齢者は，日常生活や社会生活をほとんど困難なく送っている。

　これには2つの理由があると考えられている。一つは，知識は生涯にわたって維持・獲得されていくというものである。つまり，問題解決や日常生活で必要なことに取り組むための情報が，生活を通じて学習・獲得され，知識として利用できるということである。もう一つは，慣れ親しんだ行動は自動化されるということである。すなわち，日常生活で必要となる複雑な行動であっても，これまでの人生において何度も何度も経験していることは，自動化され意識を向けなくてもすむため，スムーズに行えるのである。また記憶に関しては，自分なりの外的な補助手段や手がかり（メモなど）を用いるといった予防的対処や補償機能が身につくことで，機能低下をカバーしていることが考えられる。これはのちに述べるSOC理論とも関連する現象である。

　むしろ，高齢者が若年者よりも困難を抱くのは，よく知らない未知の環境で作業や行動をさせられたり，なじみのない課題を遂行しなければならないような新奇場面においてであるということになる。

11.3　心理面での特徴

11.3.1　パーソナリティの変化

　「年をとってから，ますます頑固になった」「昔は怒りっぽかったけど，年

のせいかすっかり穏やかになった」など身近な高齢者に関するこうした会話を耳にしたことはないだろうか。高齢者の人格は，若い頃に比べて変化するものなのか。ここでは，パーソナリティに関する生涯発達における変容について概観していくこととする。

　特性論にもとづくパーソナリティの5因子（ビッグ・ファイブ）の生涯発達に関しては以下のような見解が得られている。神経症傾向（neuroticism）については，三十代から五十代にかけて上昇しその後下降していくという報告（Allemand et al., 2008；McCrae et al., 1999；Robets et al., 2006；Soto et al., 2011）がある。一方，文化差によって発達の様相が異なるという報告もあり，たとえば，神経症傾向はイギリス人においては年齢とともにわずかに低下するが，ドイツ人では年齢とともにわずかに上昇するという報告もなされている（Donnellan & Lucas, 2008）。外向性（extraversion）に関しては，幼児期後期から青年期にかけて低下していき，成人期を通じて安定するという報告（Soto et al., 2011）がある反面，成人期以降は年齢とともに低下する傾向があるという報告（Allemand et al., 2008；Donnellan & Lucas, 2008；Robets et al., 2006）があるなど，一貫してはいないようである。調和性（agreeableness）と誠実性（conscientiousness）については，中年期においてもっとも高いという報告もあるが（Donnellan & Lucas, 2008），年齢とともに上昇するというある程度一致した知見が得られている（Allemand et al., 2008；Robets et al., 2006；Soto et al., 2011）。開放性（openness）については，成人期にわたっては発達していき，中年期以降もわずかに上昇していくという報告（Soto et al., 2011）がある一方，年齢とともに低下するという報告もある（Donnellan & Lucas, 2008）。以上の5因子が，日本ではビッグ・ファイブとして一般的であるが，開放性と関連がある自律性（autonomy）をとりあげて，自律性は年齢が上がるにつれて下降するが，とくに60歳以上でその傾向が顕著となるという報告もある（Allemand et al., 2008（図11.4 参照）；Robets et al., 2006）。

　下仲・中里（1999）は，老人用文章完成テスト（Sentence Completion

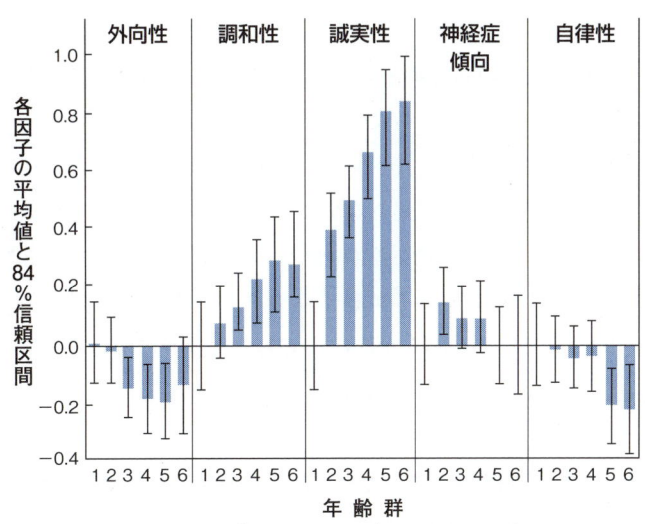

図11.4 パーソナリティ5因子モデルの生涯発達的変化 (Allemand et al., 2008)

Test；SCT) を用いて15年間の縦断研究を行っている。その結果，過去の自己概念は年齢が上がるにつれて肯定反応が上昇する一方，未来の自己概念は70歳以後年齢が上がるごとに，肯定的な反応から否定的な反応に変化したことが示されている。また自我機能についても検討しており，70～80歳の間で自我機能が低下した群は，他者から見られる自己認知，身体的自己，現在の自己の肯定反応が低下していたことから，自我機能は肯定的な自己概念の維持や生存に影響を及ぼすことがわかっている。

このように，老年期においても，パーソナリティは発達する可能性があることがさまざまな研究から明らかになっている。全体的な傾向として，加齢に伴い情緒的に安定していく傾向にあり，また好奇心の旺盛さや興味の幅は低減していく一方，人に対するポジティブな感情や思考傾向が高まり，意志

の強さや頼りがい，自制心などが高まるようになる。また，自己概念に対して肯定的な評価が高まるようになるようである。

さらに，100歳以上の高齢者を対象にした実証的研究から，長寿に関わる人格特徴として，性役割のうち女性性の高さとタイプB行動パターンが関連することが報告されている（下仲ら，1991）。しかしながら，女性性に関しては必ずしも心理適応と関連しないことや，タイプB行動パターンと心理的適応の関連については男女差があり，タイプB行動の高齢男性は精神的に安定している一方で，タイプBよりもタイプA行動の高齢女性のほうがより適応的であることが明らかになっており，長寿に関わる人格特性が必ずしも適応につながるわけではないといえそうである。

11.3.2 生涯発達的視点からとらえた自尊感情，自己概念の変化

老年期はそれまでの発達段階と異なり，これまで獲得してきた機能や資源を喪失する機会が多くなる。では，高齢者の**自尊感情**や**自己概念**はどのように変化してくるのだろうか。

ロビンスら（Robins et al., 2002）は，9歳から90歳を対象に，自尊感情が生涯にわたってどのように変動するかを横断的に検討している。その結果，自尊感情は幼児期に高く，青年期の間に低下し，成人期から徐々に上昇し中年期にピークを迎え，高齢期の70歳頃から急激に下降していくことが示された（図11.5）。老年期の自尊感情の低下の背景として，老年期における配偶者の喪失，ソーシャル・サポートの減少，身体的健康度の低下，認知機能の低下，社会経済的状態の降下などが影響しているのではないかと考察されているが，同時に高齢期の自尊感情の低下は，高齢者の情緒的不健康さを反映したものというよりは，むしろ高齢者のより謙虚でバランスのとれた自己観に影響する自己概念の変化ととらえることができるのではないかとも考えられている。これは，高齢者はほかの年代とは異なり，**理想自己**を**現実自己**に近づけるように評価することから，人生後期における獲得，すなわち良くも悪くもありのままの現実自己に，理想自己をうまくフィットさせるように

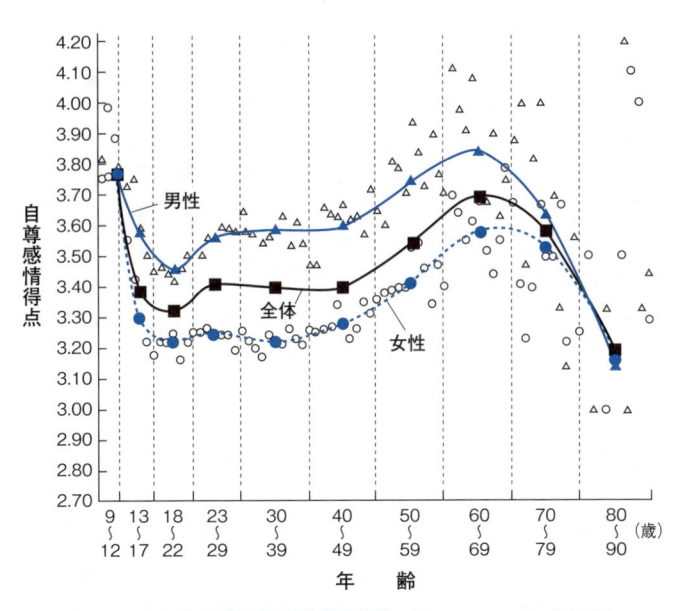

図 11.5 　自尊感情の生涯発達的変化 (Robins et al., 2002)

なる（Ryff, 1991）という報告と一致するものとも考えられる。つまり，高齢になると自尊感情，すなわち自分自身について，尊敬されるべき存在や価値がある存在という感情ではなく，良くも悪くもありのままの今の自分を受け入れるようになると考えられる。心理的 well-being の一つである自己受容は，若年者よりも高齢者のほうが高くなるという結果からもそのことがうかがえる（Ryff, 1991）。

では，高齢者の自尊感情は，パーソナリティのどの側面と関連があるのであろうか。ロビンスら（2002）は，ビッグ・ファイブと自尊感情の相関が生涯にわたりどのように変化するかを横断的に調査している（図 11.6）(Robins et al., 2001)。その結果，69 歳までは自尊感情と情緒的安定性，外向性の相関が高いが，70 歳以上になると，情緒的安定性との相関が弱まり，情緒的安定性よりも外向性のほうが関連が強くなることが示された。また，

11.3　心理面での特徴　　243

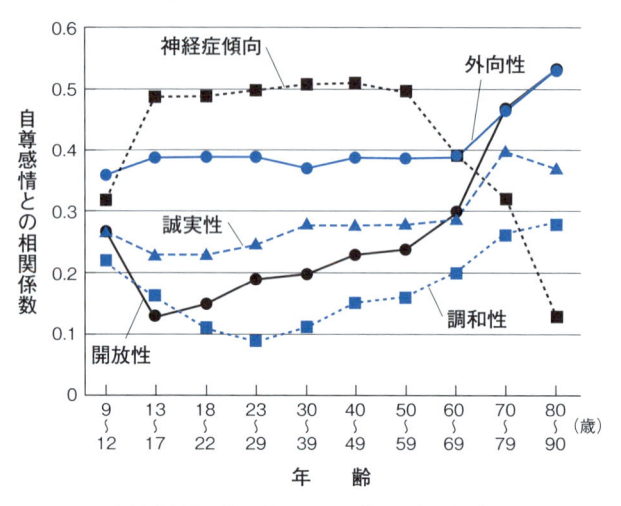

図 11.6　自尊感情とビッグ・ファイブとの相関係数の加齢変化
（Robins et el., 2001 をもとに作成）

　開放性は，中年期までは自尊感情との関連が弱い相関であったが，70歳以上になると中程度の関連を持つようになった。また調和性と誠実性も中年期以降から自尊感情との関連が漸増している。開放性に関しては，社会的望ましさが影響しているという問題も指摘されてはいるものの，70歳から90歳におけるこうした変化については，ポジティブな社会的つながりの維持や創出，そして統御感覚を高めるような新規で挑戦的な状況を求めようとすることの重要性が，年齢とともに増大するからではないかと考察されている。また，外向性や開放性といった特性は，新しい興味関心事を見出したり，それらを楽しむことを促す結果，孤独感から身を守るという機能もある。一方，情緒的安定性が老年期において自尊感情との関連が減少した背景には，老年期の自尊感情が現在のネガティブ感情によるものではなく，生涯にわたって成し遂げてきたことや経験にもとづいているためではないかとされている。

11.4 老年期の適応理論

　高齢者たちはどのように老年期のさまざまな変化や喪失に向き合い，対処していくのであろうか。ここでは，老年期の適応に関する理論や概念について概観していくこととする。

　老年期の適応概念としてもっとも古くから研究されてきた概念の一つに，**サクセスフル・エイジング**（successful aging）がある。1960年頃の欧米では，高齢者が職業引退をした後，社会においてどのようにあるべきかという議論が盛んに行われていた。代表的な理論として，中年期の活動や態度を引退後も継続することが望ましいとする**活動理論**（active theory），それに対して引退後は活動的な生活から離脱するプロセスを受け入れ，さらに個人がそれを望むことがよいとする**離脱理論**（disengagement theory）がある（Havighurst, 1961）。その後，これらの折衷的な理論として，引退前の対処方法を引退後も継続させることで適応が促進されるという**継続性理論**（continuity theory）がアッチェリー（Atchley, 1989）によって提唱されている。さらに近年では，急増している超高齢者層や虚弱高齢者のサクセスフル・エイジングの付加要因の一つとして，離脱理論から発展した**老年的超越**（gerotran scendence）が注目されてきている（中嶌・小田，2001；冨澤，2009）。

11.5 老年期の適応的変化

　老年期は，加齢の影響により心理的適応が低下すると予想されるかもしれないが，実はほかの年代と比較して，高齢者は幸福感が維持・上昇することが知られている（Diener et al., 1999；菅・唐澤，2010）。また，身体的機能の低下が顕著な超高齢期においても，主観的幸福感がある程度維持されることが報告されており（権藤ら，2005），こうした現象は，**幸福感のパラドックス**（Paradox of well-being）と呼ばれている。ここでは，こうした現象を

説明するいくつかの理論モデルを紹介することとする．

11.5.1 SOC モデル

社会に適応するという視点だけではなく，高齢者が自らの加齢の変化や喪失にどう適応していくかという個人レベルにおいても，老いのプロセスに焦点をあてて老年期の適応がとらえられてきた．その代表的モデルとして，**SOC モデル**（Selective Optimization with Compensation）がある（Baltes & Baltes, 1990）．このモデルでは，生涯発達的視点から獲得と喪失のバランスをとらえると，人生の後期は喪失が多い時期ではあるものの，「**選択**」「**最適化**」「**補償**」という 3 つの積極的なストラテジーを用いることでサクセスフル・エイジングの達成が可能になると考える．

高齢のマラソンランナーの例では，若い頃に比べてさまざまな機能が低下してくるが，ほかの活動を減らして特定の活動に専念したり（選択），トレーニングの時間を増やしたり，生活リズムや食事療法の影響といった最適なコンディションについての知識を増やす（最適化），体力などの機能的な喪失への影響を減らすためにマラソン技術に関する専門家になる（補償），などのストラテジーを実行することで，高齢になっても高水準のパフォーマンスを維持することができるとされている．

またカーステンセン（Carstensen, 1992）は，**社会情動的選択性理論**が SOC モデルとかなり一致していることを主張しており，社会的ネットワークが減じていく高齢者にとっては，社会的な現実の中で，社会活動を減らすことで選択肢を区別（選択）したり，ポジティブな情動を提供してくれる数少ない人を選んだり，自分にとって重要で実りのある関係のみを維持することで，人は情緒的で物理的な資源を節約していると考えられている．

こうした SOC 方略は，前期高齢者においては，加齢に対する満足度と関連があり，また後期高齢者においてはリソースが加齢によって制限された場合に well-being において防衛的な緩衝効果が示されている（Jopp & Smith, 2006）．一方，前期高齢者とは異なり，後期高齢者においては加齢に対する

満足度とは関連がないこと（Jopp & Smith, 2006）や，SOC 行動への関与は年齢が高くなるほど減少傾向にある（Freund & Baltes, 1998）ことがわかっている。また，身体的な障がいがある高齢者にとっては，活動をあきらめたり制限したり（選択），障がいを補償しようと努力するというSOC 行動が，依存心や無力感の増大，自分の状態に対処することへの情緒的困難さなどとの関連がみられており，障がいを持った人にはネガティブな心理的影響を持つ可能性についても示唆されている（Gignac et al., 2000）。老年期全般でのSOC モデルの適用は必ずしも良好とはいえないが，少なくともこうしたストラテジーを用いることで，喪失に対するネガティブな心理的反応を緩衝する効果があることは事実のようである。

11.5.2 老年的超越

　先述した老年的超越はトーンスタム（Tornstam, 1989）によって提唱された概念である。高齢期に現れる価値観や心理や行動の変化を意味するが，社会との関係，自己意識，宇宙的意識という 3 次元での複数の特徴がみられるとされている（増井ら，2010）（**表 11.1**）。すなわち，物質的で合理的な観点から，より宇宙的で超越的なメタパースペクティブへの変化が生じることで，高齢期においても生活満足が上昇すると考えられている（Tornstam, 1997）。エリクソンら（Erikson & Erikson, 1997/2001）も，生涯発達の最終段階として，第 9 段階の発達段階を提唱しており，たくさんの喪失体験を経験するこの時期の高齢者たちは，不可避で対峙せざるをえない多くの悲しみがあるが，これらを乗り越えた状態として**老年的超越**（gerotoranscendence）をあげている。近年では，超高齢者における老年的超越が心理的 well-being の高さと関連することから，老いによる機能低下を緩衝する可能性が実証的に示されている（増井ら，2010）。

11.5.3 社会情動的選択性理論

　ソーシャル・ネットワークやソーシャル・サポートが心理的 well-being に

表 11.1 トーンスタムの老年的超越概念の内容 (増井ら, 2010)

次　　元	超越の特徴	説　　明
社会との関係の変化	人間関係の意義と重要性の変化	友人の数や交友範囲の広さといった表面的な部分は重視せず，少数の人と深い関係を結ぶことを重視するようになる。
	社会的役割についての認識の変化	社会的役割と自己の違いを再認識し，社会的な役割や地位を重視しなくなる。
	無垢さの解放	内なる子どもを意識することや無垢であることが成熟にとって重要であることを認識する。
	物質的豊かさについての認識の変化	物質的な富や豊かさは自らの幸福には重要でないことを認識する。
	経験に基づいた知恵の獲得	なにが善でなにが悪であるかを決めるのは困難であることを認識する。
自己意識の変化	自己認識の変化	自己のなかにこれまで知らなかった，隠された部分を発見する。
	自己中心性の減少	自分が世界の中心にあるという考え方をしなくなる。
	自己の身体へのこだわりの減少	身体機能や容姿の低下をそのまま受容できるようになる。
	自己に対するこだわりの減少	自己中心的な考え方から利他主義的な考え方に変化する。
	自己統合の発達	人生のよかったことも悪かったことも，すべて自分の人生を完成させるために必要であったことを認識する。
宇宙的意識の獲得	時間や空間についての認識の変化	現在と過去，そして未来の区別や，「ここ」と「あそこ」といった空間の区別がなくなり，一体化して感じられるようになる。
	前の世代とのつながりの認識の変化	先祖や昔の時代の人々とのつながりをより強く感じるようになる。
	生と死の認識の変化	死は1つの通過点であり，生と死を区別する本質的なものはないと認識する。
	神秘性に対する感受性の向上	何気ない身近な自然や生活のなかに，生命の神秘や宇宙の意思を感じるようになる。
	一体感の獲得	人類全体や宇宙（大いなるもの）との一体感を感じるようになる。

寄与するという研究が多くなされているが，高齢者の幸福感には，たくさんの人との交流を持つことよりも，数が少なくても情緒的に親密なパートナーとの人付き合いのほうが関連することがわかっている（たとえば，Fung et al., 2001）。つまり，高齢になると求める人間関係のあり方が量から質へとシフトしていくことがうかがえる。こうした現象を説明する理論に，**社会情動的選択性理論**（socioemotional selectivity theory）がある。この理論は，社会的交流における動機づけの理論の一つであり，人は知識の獲得と情動調整によって動機づけられるが，その重要性は知覚された時間によって変化するというものである（Carstensen, 2006）。たとえば，若者のように将来の時間に限界を感じていない場合は，情報を収集したり，新しいことを経験したり，知識の幅を広げたりするために交流するパートナーを選択するが，高齢者のように将来に限りがあると感じるようになると，心理的well-being（より良い状態）が最大になるように，情動を調整するほうへ動機づけられ，結果として情緒的に親しい家族や親しい友人との交流を求めるようになる。老年期の社会的接触が減少していく背景として，高齢者が対人交流を選択することで，限られた情緒的・物理的リソースを節約しているためであるとも考えられている。

11.5.4　積極性効果

　高齢者の情報処理の特徴の一つに積極性効果という現象がある。積極性効果とは「若年者におけるネガティブな材料への偏りが成人期を通じて人生後期のポジティブな情報を選択する方向にシフトしていくという発達パターン」と定義されている（Carstensen et al., 2006/2008）。これは実験場面でも同様の現象が報告されており，たとえば，チャールズら（Charles et al., 2003）は，ポジティブ，ネガティブ，中立の3種類の画像を用いて再生と再認の記憶課題を実施した。その結果，記憶成績では，高齢者はほかの年代群よりもポジティブや中立な情報と比べて，ネガティブな情報の再生数が減少したことや，再認課題でも年齢に伴いネガティブな画像に対する成績が低下

したことを報告している。また，ある商品に対する好悪評価を下すという意思決定課題においても高齢者は若年者と比べるとよりポジティブな意見をあげ，ネガティブな意見をあまりあげない傾向にあることや，自分の評価内容についての満足度が若年者よりも高いことが報告されている（Kim et al., 2008）。こうした積極性効果は，社会情動的選択性理論と関連した現象であると考えられているが，自動的な処理が行われている情報処理の初期段階においては，高齢者はポジティブ刺激とネガティブ刺激の両刺激に同程度に注意を向けることが示されている（Leclerc & Kensinger, 2008）。しかしながら，高齢者はその後の意図的に統制可能な処理過程において，ポジティブ情報の処理を促進させており（Leclerc & Kensinger, 2008），積極性効果は，高齢になると意図的に行われるようになる認知的な統制メカニズムによって行われていると考えられている（たとえば，Mather & Carstensen, 2005）。

11.5.5　ストレスへの対処能力——成熟したコーピングの使用

　高齢者はストレッサーを報告しにくいという現象も報告されている（Aldwin et al., 1996）。とくに75歳以上の後期高齢者は，日常生活で生じる問題に対して，ほかの年代ほどストレッサーとは感じておらず，また喪失に対しても問題視しない傾向にあることが示されている。この背景には，中年期以前までにストレッサーからある意味解放されている可能性，長年の経験から問題が生じる前に予防的なコーピング方略を用いている可能性，さらにはストレスの時間的特徴が一時的なものから慢性的なものへと代わっているために，改めてストレッサーとして評価しにくいという可能性が考えられる。

　また，高齢者は若年者に比べて，不適切な感情や考えを控えることで葛藤状況に反応する傾向があるという報告がある（Diehl et al., 1996）。年齢が上がるに従い，防御的反応としてより成熟したコーピング（coping）を採用したり，高齢者は葛藤状況を自分自身とは分離させることで，より肯定的に状況を解釈する傾向にあるのではないかとも考えられている。

11.6 死の受容

　老年期はほかの発達段階と比較すると，より死を身近に感じ，それに対峙していく時期でもある。死に直面した人は，死をどのように受け止め，受け入れていくのであろうか。アメリカの精神科医であったキューブラー＝ロス（Kübler-Ross, 1969/1971）は，200名以上の終末期の患者にインタビューを行った。その結果，不治の病であることを知ってから死の受容に至る段階として，否認，怒り，取り引き，抑うつ，受容の5段階を提唱している。

　初めの否認段階では，「そんなはずはない，何かの間違いだ」といった否認の防衛機制が働くことが，少なくともほとんどの患者にみられる。次の怒りの段階では，「なぜ自分が不治の病にならなければならないのか」という怒りや恨みなどの激しい感情がみられるようになる。一方，こうした感情は家族や医療スタッフに向けられることがあり，対応に苦慮することもある。取り引き段階では，「もし治ったらなんでもするから，どうか治してください」という避けられない結果を先延ばしにしようとする。神頼みをしたり，場合によっては医者を過剰に理想化することもある。その後，病状の進行とともに，体力の低下や衰弱がみられるようになり，大きな喪失感を持つようになる。これが抑うつ段階となる。この段階では，病状が悪化する中で経験するさまざまな喪失に対する反応性抑うつ状態と，この世との永遠の別れを覚悟し，死を迎える準備をするための準備性抑うつ状態という2つの抑うつに分かれる。これまでの段階をうまく通り抜けるための周囲からの助けがあると，自然に死を受け入れられるようになるという。これが死の受容段階である。この段階になると，まどろむことが多くなり，また感情がほとんどない「長い旅路の終わりの前の最後の休息」段階（中里，2007）である。これらの段階にはかなり個別性があり，また順番が入れ替わったり，複数の段階の特徴が一度に現れる場合もある。さらには，誰しもが最終段階である死の受容段階に至るわけではないともされている。

11.7 生涯発達における老年期

　本章では，生涯発達における老年期の心理社会的な特徴に関するこれまでの実証的知見を紹介し，さらに老年期の適応に関する理論モデルや概念について概観した。老年期は，確かに喪失を経験しやすい時期ではあるものの，絶望の時期とは断定できないことがこれまでの知見から推察できる。発達という観点からみれば，さまざまな加齢変化や喪失を経験しつつ，それらにうまく適応しようとする過程も発達ととらえることができよう。

発達障害 12

　教育や福祉に関わる人は，誰もが「発達障害」という言葉を聞いたことがあるのではないだろうか。しかし，発達障害は理解することが難しい障がいでもある。発達障害の概念が日本で広がり始めたのは 1990 年代，定義が定まってきたのは 2000 年代になってからである。また，法律における発達障害，教育における発達障害，医学における発達障害の概念は，多くの部分は一致しているが，少しずつ異なっているのが現実である。このことも発達障害の理解を難しくしている一因である。加えて，ほかの障がいと違い，機能・構造的障がいが目に見えにくいことや，聴力，視力，知能のようには困難の程度を数値化しにくいため，診断自体が難しいことも，障がいの理解を難しくしている。本章では，発達障害についての概念や診断基準を整理しつつ，どのように理解し支援すればよいかについて，概説していきたい。

12.1　発達障害とは

12.1.1　発達障害をめぐって

　発達障害（developmental disabilities）は，以前は「発達の障害」を示す一般的な用語として，幅広く使われてきた。身体の発達，運動の発達，知能の発達などに障がいがみられる場合にも，かつては「発達障害」といわれることもあった。結果として，発育障害，脳性マヒや知的障害なども「発達障害」とする考え方もあり，海外や国内でも，このように幅広い問題を「発達障害」に含める立場もある。しかし，これから述べていくように，現在の日本では「発達障害」という用語を，特定のより狭い問題について言及する場合にのみ使用するようになってきている。

12.1.2 医学における発達障害

医学においてよく用いられる発達障害の診断基準としては，アメリカ精神医学会から刊行されている **DSM**（Diagnostic and Statistical Manual of Mental Disorders；『精神疾患の診断・統計マニュアル』）がある（American Psychiatric Association, 2000/2003）。DSM は，何度か改訂が進められ，現時点での最新版は DSM–Ⅳ–TR である（アメリカでは 2013 年 5 月に DSM–Ⅴが刊行されている）。DSM で「発達障害」という診断カテゴリーが示されたのは，DSM–Ⅲのときであった。しかし，DSM–Ⅳでは「発達障害」という診断カテゴリーはなくなっている。

もう一つ，医学的な診断基準として使われるのが **ICD**（International Classification of Diseases）である。世界保健機関（WHO）から刊行されているもので，最新版は ICD–10 である。『ICD–10 精神および行動の障害──臨床記述と診断ガイドライン』は国際疾病分類の中の，精神および行動に関する障がいについて別本のような形で独立させたものである（World Health Organization, 1992/2005）。

12.1.3 発達障害者支援法における発達障害

発達障害者支援法は，2004 年 12 月に成立し，2005 年 4 月から施行された。この法律において，発達障害は「自閉症，アスペルガー症候群その他の広汎性発達障害，学習障害，注意欠陥多動性障害その他これに類する脳機能の障害であってその症状が通常低年齢において発現するものとして政令で定めるものをいう」と定義されている（「発達障害者支援法」第 1 章「総則」第 2 条）。これらの障がいは，それまでの法律ではカバーしきれず，支援の狭間にあった障がいである。すでに，知的障害のある人たちを対象とした「知的障害者福祉法」，身体障害のある人たちを対象とした「身体障害者福祉法」，精神障害のある人たちを対象とした「精神保健福祉法」というものは存在していた。しかし，知的障害，身体障害，精神障害がなく，学習障害，高機能自閉症，注意欠陥多動性障害などのある人たちは，医療，保健，福祉，教育

および労働のサービスを受けられないという問題があった。発達障害者支援法は，発達障害の定義を明確に示し，発達障害のある人への支援をするための法的根拠を示した，ということで大変意義がある。

「自閉症，アスペルガー症候群その他の広汎性発達障害，学習障害，注意欠陥多動性障害」を発達障害とすることはほぼ同意が得られているが，実は「その他これに類する脳機能の障害であってその症状が通常低年齢において発現するものとして政令で定めるもの」の部分の解釈は非常に難しい。章末の**付表 12.1** に「発達障害者支援法等で定義された『発達障害』の範囲図」を示した。また，章末の**付表 12.2** に ICD-10 の「心理的発達の障害」「行動及び情緒の障害」を示したが，このうちのどれを「脳機能の障害」とみなすかは判断が極めて難しい。

12.1.4　教育における発達障害

教育の分野では発達障害について早くから注目してきた。文部科学省（2007）は，発達障害者支援法の施行に伴い，発達障害者支援法と整合性があるように用語や定義を整理した（**表 12.1**）。したがって，現在の教育の分野における発達障害の定義は，発達障害者支援法と等しくなっている。教育の分野においては，主な発達障害として「自閉症」「高機能自閉症」「学習障害」「注意欠陥多動性障害」を想定しているといえる。

12.1.5　定義・診断名をめぐって

ここまで述べてきたように，発達障害にはさまざまな定義がある。おおむね共通している，あるいは中心となる考えに従えば，発達障害とはいくつかの障がいを包括する上位概念であり，それには「自閉症，アスペルガー症候群その他の広汎性発達障害」「学習障害」「注意欠陥多動性障害」が含まれているということである。本章では，基本的にこの3つの障がいを発達障害として，論を進めていきたいと思う。なお，こうした障がいは少し前までは「軽度発達障害」と呼ばれることがあった。身辺自立ができ，言葉によるコ

表12.1 主な発達障害の定義について（文部科学省，2007）

自閉症の定義（Autistic Disorder）
（平成15年3月の「今後の特別支援教育の在り方について（最終報告）」参考資料より作成）
　自閉症とは，3歳位までに現れ，他人との社会的関係の形成の困難さ，言葉の発達の遅れ，興味や関心が狭く特定のものにこだわることを特徴とする行動の障害であり，中枢神経系に何らかの要因による機能不全があると推定される。

高機能自閉症の定義（High-Functioning Autism）
（平成15年3月の「今後の特別支援教育の在り方について（最終報告）」参考資料より抜粋）
　高機能自閉症とは，3歳位までに現れ，他人との社会的関係の形成の困難さ，言葉の発達の遅れ，興味や関心が狭く特定のものにこだわることを特徴とする行動の障害である自閉症のうち，知的発達の遅れを伴わないものをいう。
　また，中枢神経系に何らかの要因による機能不全があると推定される。

学習障害（LD）の定義（Learning Disabilities）
（平成11年7月の「学習障害児に対する指導について（報告）」より抜粋）
　学習障害とは，基本的には全般的な知的発達に遅れはないが，聞く，話す，読む，書く，計算する又は推論する能力のうち特定のものの習得と使用に著しい困難を示す様々な状態を指すものである。
　学習障害は，その原因として，中枢神経系に何らかの機能障害があると推定されるが，視覚障害，聴覚障害，知的障害，情緒障害などの障害や，環境的な要因が直接の原因となるものではない。

注意欠陥／多動性障害（ADHD）の定義（Attention-Deficit/Hyperactivity Disorder）
（平成15年3月の「今後の特別支援教育の在り方について（最終報告）」参考資料より抜粋）
　ADHDとは，年齢あるいは発達に不釣り合いな注意力，及び／又は衝動性，多動性を特徴とする行動の障害で，社会的な活動や学業の機能に支障をきたすものである。
　また，7歳以前に現れ，その状態が継続し，中枢神経系に何らかの要因による機能不全があると推定される。

（注）アスペルガー症候群とは，知的発達の遅れを伴わず，かつ，自閉症の特徴のうち言葉の発達の遅れを伴わないものである。なお，高機能自閉症やアスペルガー症候群は，広汎性発達障害に分類されるものである。

ミュニケーションが可能であることが多いため，「軽度」といわれていたのである。しかし，実際には発達障害のある人のかかえる苦しみや悩みは，けっして軽いものではない。外からは見えにくい障がいであるため，かえって誤解されたり，傷つけられたりすることも少なくない。このような観点から，近年は「軽度発達障害」という用語は使われなくなっている。

12.2 主な発達障害とその特徴

12.2.1 自閉症，アスペルガー症候群その他の広汎性発達障害

自閉症（自閉性障害；autistic disorder），**高機能自閉症**（high-functioning autism），アスペルガー症候群（アスペルガー障害）などは，まとめて**広汎性発達障害**あるいは**自閉症スペクトラム障害**といわれる。**表 12.1** の定義，あるいは章末の**付表 12.3**，**付表 12.4** に示した DSM-Ⅳ-TR の診断基準でも示されているように，これらの障がいは，以下のような特徴を持つ。

1. 他人との社会的関係の形成の困難さ

視線を合わせる，表情を作る，身振りや手振り，体の姿勢など，人間関係を形成する上で重要な非言語的行動がうまくできない。また，他者のそれらの行動を理解することが難しい。興味があるものを誰かに見せたり，渡したりするなど，楽しみ，興味，達成感をほかの人と分かち合おうとすることが苦手である。その年齢や発達段階で予想される仲間関係を形成することができない。人への働きかけが極端に少なかったり，変わった行動をしてしまったりする。社会的ルールの理解が難しい。感情を適切に表現したり，相手の感情を正しく理解したりすることが難しい。

2. 言葉の問題

話し言葉の発達が遅れているかほとんど話し言葉がない。会話ができる場合でも自ら会話を始めたり，維持したりすることが難しい。文脈に関係のない言葉（擬声語やコマーシャルのフレーズなど）を繰り返す。抑揚，アクセント，リズムなどを適切に使うことが難しい。

3. 興味や関心が狭く特定のものにこだわる

意味のない決まったパターンの行動（体を前後に揺する，手をひらひらさせる，廊下を直角に曲がる，おもちゃを一直線に並べるなど）を繰り返す。特定の興味のあるもの（水遊び，機械のスイッチ，ミニカーのタイヤなど）にこだわり，ほかのことができない。いつも同じ状態であることにこだわる（おもちゃの配置が換わると怒る，新しい食器が使えないなど）。

上述の1，2，3の特徴がみられ，知的障害を伴う場合は，「（知的障害を伴う）自閉症」，知的障害を伴わない場合は「高機能自閉症」となる。2の言葉の遅れが著しくない場合は，「アスペルガー症候群」と診断される。

また，これらの特徴に加えて，**感覚過敏**という問題を持っている子どもも多い。視覚刺激（人の目や街の看板など），聴覚刺激（モーターの音や人の声など），触覚刺激（長袖や靴下の感覚など）に対して過度に敏感で，こうした刺激を極端に避けたり，刺激にさらされるとパニックを起こしたりする子どももいる。

文部科学省の定義で示されているように，自閉症スペクトラム障害の問題は，「中枢神経系に何らかの要因による機能不全がある」ことが影響していると考えられている。したがって，直接的には親の不適切な養育や，仲間経験の不足によるものではなく，中枢神経系の働きが，定型発達している子どもと異なるために現れる症状であると理解される。端的にいえば，社会性やコミュニケーションの学習や発達に関係する脳の機能が定型発達している子どもと異なるために困難をかかえる，と表現できる。

自閉症スペクトラム障害のメカニズムについては，神経心理学や認知心理学の観点からさまざまな研究が行われており，問題の理解と支援に役立っている。その中でも注目されているのは「**心の理論**」という考え方である。「心の理論」とは，他者の心的状態（思考，感情，意図，欲求など）を想像あるいは推論する能力のことである。目には見えない他者の心を，相手の視線，表情，口調，知識，出来事の前後の文脈，状況などの手がかりから想像あるいは推測する能力は，社会性やコミュニケーションの基本となる。自閉

症スペクトラム障害のある子どもは，「心の理論」の獲得が，定型発達している子どもとは異なることが，さまざまな研究で明らかにされている（Baron-Cohen et al., 1994/1997）。

12.2.2　学習障害（LD）

表12.2の定義に示すように，日本において学習障害（Learning Disabilities；LD）は，全体的な知的能力に著しい問題はないが，特定の学習能力に問題を示す障がいであり，日本において発達障害概念が本格的に発展するきっかけになった障がいである。医学的な診断名としては，DSM-Ⅳ-TRにおける読字障害，書字表出障害，算数障害などがLDに該当する（章末付表12.5）。しかし，文部科学省が示した定義は教育的な観点からの定義であるため，医学的な学習障害と必ずしも完全に対応しているわけではない（表12.2）。

また，文部科学省の定義が示しているように，日本のLDはその背景として中枢神経系に何らかの機能障害があると推定される。しかし，ヨーロッパ諸国などでは，教育の世界において，必ずしも中枢神経系の問題に起因する学習上の問題であるLearning Disabilitiesに限定せず，その他の原因による学習上の著しい問題（学習環境が整備されないために生じた著しい学業上の遅れなど）を包含した学習困難（Learning Difficulties）の概念を重視している国もある。

LDのある子どもの特徴は以下のようになる。読字障害のある子どもの場合，書かれたり，印刷されたりした文字や文章を読む際に著しい困難を示す。文字や文章と接する機会が標準的にあっても，ひらがな，カタカナ，漢字を音読や黙読することができない。少しは読める場合も，読み飛ばしが多かったり，読み違い（形態の似ている別の語として認識，意味の似ている別の語として認識，音の似ている別の語として認識など）が多かったりする。また，なんとか読めたとしても流暢さに欠け，スピードが極端にゆっくりで，拾い読みがやっとであり，書かれていた内容を理解するまでに至らない場合もある。読字障害は，ディスレクシア（dyslexia）と呼ばれることもある。

表12.2 教育と医学に見る定義の比較 (田中, 2006)

教育定義	医学定義	
文部省（1999）	DSM-IV-TR（2000）	ICD-10（1992）
学習障害 （Learning Disabilities） 　読む 　書く 　算数（計算・推論） 　聞く 　話す	学習障害 （Learning Disorders） 　読字障害 　書字表出障害 　算数障害 コミュニケーション障害 （Communication Disorders） 　受容―表出言語障害 　表出性言語障害	学力（学習能力）の特異的発達障害 （Specific Developmental Disorders of Scholastic Skills） 　特異的読字障害 　特異的綴字（書字）障害 　特異的算数能力障害（算数能力の特異的障害） 会話および言語の特異的発達障害 （Specific Developmental Disorders of Speech and Language） 　受容性言語障害 　表出性言語障害
	運動能力障害 （Motor Skills Disorder） 　発達性協調運動障害	運動機能の特異的発達障害 （Specific Developmental Disorders of Motor Function）

　書字障害（書字表出障害）のある子どもの場合，文字を書く際に著しい困難を示す。言葉を話すことには大きな問題がないのに，文字や文章を書くことが難しい。ひらがなやカタカナでも，成長しても鏡文字を書いたり，似たような形や音の他の文字と間違ったりすることが多い。拗音や促音については習得できない場合もある。漢字の場合は，偏と旁が逆になったり，一部の要素の過不足がある文字を書いてしまったりすることもある。似たような意味をもつ漢字や似たような形の他の漢字と間違って書くことも多い。また，同音異義語と間違う場合もある。要素ごとの大きさのバランスが極端に悪い文字を書いてしまうこともある。書字障害はディスグラフィア（dysantigraphia）と呼ばれることもある。

　算数障害の場合，数や量などの理解と操作に困難を示す。基本的な四則演

算，分数や小数，繰り上がりと繰り下がり，筆算などの理解が難しく，計算の手順を一度覚えてもそれが定着せず，しばらくするとすぐに忘れてしまう場合もある。算数障害はディスカリキュリア（dyscalculia）と呼ばれることもある。

その他，「聞く」「話す」「推論する」などの特定の能力において困難を示す場合も学習障害に含めることがある。この場合は，教育領域で使用される言語障害やDSM-Ⅳ-TRでいうコミュニケーション障害，ICDでいう会話および言語の特異的発達障害と，今後概念が整理される必要があると思われる（章末付表12.5）。

学習障害の背景にある神経心理学的な研究も数多くされている。読む，書く，計算するなどの学習は，進化論的にみてもおそらく後から人間に発達した認知機能であり，複雑なプロセスを必要とする。外部から入ってきた情報と，すでに長期記憶として貯蔵されている情報をワーキングメモリ上で処理，操作，統合し，適切な形で出力しなければならない。加えて音韻情報，形態情報など複数の種類の情報を同時に処理し，必要に応じて自由自在に変換しなければならない。こうしたプロセスのどこかでつまずきが生じると，読む，書く，計算するなどの活動において，著しい困難が生じると考えられている。

12.2.3 注意欠陥多動性障害（ADHD）

注意欠陥多動性障害（Attention-Deficit/Hyperactivity Disorder；ADHD）は，注意力の欠如や多動性，衝動性を特徴とする問題である（表12.1参照）（注意欠陥／多動性障害と表記する場合もある）。DSM-Ⅳ-TRでは章末の付表12.6に示しているような診断基準が使用される。不注意症状9項目（A（1）），多動・衝動性症状9項目（A（2））が示されており，不注意症状のみが6項目以上あてはまる場合は不注意優勢型，多動・衝動性症状のみが6項目以上あてはまる場合は多動・衝動性優勢型，両者とも6項目以上あてはまる場合は混合型と分類される。その他，B〜Eの診断基準も満たす必要がある。

不注意症状としては，注意の持続，選択的注意，注意の切り換え，注意の分散などが定型発達している子どもよりもうまくできない点が特徴となる。幼い子どもは，成人と比べれば誰でも注意力には限界がある。それでも徐々に，1つのことへ注意を持続すること，重要度が高い対象へ意図的に注意を向けることが可能になり，1つの対象から別の対象へ注意をスムーズに切り換えたり，複数の対象に適度に注意を分散したりすることが可能になっていく。しかし，ADHDのある子どもは，これらのことに困難をかかえる。見落とし，聞き落としが多く，忘れ物や物をなくすこと，落とすこと，作業のミスが多い。1つの課題への集中力が極端に短い。逆に1つのことに没頭し続けると，注意が配分できないために周りのことがまったくわからなくなる。活動の切り換えが難しいなどの特徴を示す。多動・衝動性の特徴が顕著ではない不注意優勢型ADHDの場合，激しい問題行動がないために気づかれるのが遅れることも多い。しかし，本人は幼い頃から困難を感じて，苦しんでいることもある。

　多動・衝動性症状としては，落ち着かずに体を常に動かす，席を離れてしまう，必要以上に走り回ったり高いところにのぼったりする，多弁，待つことができない，などの問題が頻発する。集団でおとなしく話を聞かなければならない幼児期以降の保育や学校教育においては，多動・衝動性症状は本人にとっても周囲にとっても，大変な困難を伴う。

　文部科学省の定義で示されているように，ADHDは「中枢神経系に何らかの要因による機能不全がある」ことが影響していると考えられている。ADHDに関する基礎研究や臨床は，20世紀半ばの「微細脳損傷（Minimal Brain Damage；MBD）」あるいは「微細脳機能障害（Minimal Brain Disfunction；MBD）」の概念が基礎になっている。現在では，ドーパミンの伝達障害など，脳機能の問題とADHDとの一部関連が報告されている（鍋谷，2010）。ADHDの薬物治療では，中枢神経刺激剤が使用される。神経伝達物質のドーパミン機能の増強を促進するもので，日本では長時間作用型メチルフェニデート（商品名「コンサータ」）が使用されることが多い。

認知心理学的な観点からは，ADHD と実行機能，ワーキングメモリとの関連が指摘されている。ワーキングメモリとは，言語理解，学習，推論のような複雑な認知課題のために必要な情報の一時貯蔵や操作を提供するシステムであり，さまざまな活動や課題の要求に柔軟に対処できる性質を備えたものととらえられている。ワーキングメモリにはさまざまな働きがあるが，その中の実行機能と呼ばれるものに，ADHD などの発達障害の問題が関係しているのではないかと考えられている。実行機能には，計画する，まとめる，進歩状況を確認する，焦点を定める，衝動性を制御する，臨機応変に方略を修正する，結果を評価するなどの働きがあるとされている（小野，2010）。

12.3 発達障害のある子どもの支援

12.3.1 アセスメント

アセスメント（査定）は，診断や判定などに使われる場合もあるが，基本的には発達障害のある人の支援につながるものでなければならない。すなわち，単なるラベリングのために行われてはならず，困難の状態や背景について情報を得て，支援計画の立案と実施のためにアセスメントを行う必要がある。

知能や認知についてのアセスメントは，全体的な知的能力や認知的特性を把握する上で重要なものとなる。困難の内容や年齢，発達段階などを考慮し，ビネー式検査（田中ビネー，鈴木ビネーなど），ウェクスラー式検査（WPPSI，WISC，WAIS），K-ABC（Kaufman Assessment Battery for Children），DN-CAS（Das-Naglieri Cognitive Assessment System）などを必要であれば組み合わせて実施する（第 5 章参照）。ウェクスラー式検査，K-ABC，DN-CAS などでは，全体的な知能や認知能力だけではなく，下位検査の得点から認知的特性を示すプロフィールを検討することができる。学業上の問題がある場合は，学業についてのアセスメントも必要である。文字の読み書き，計算，描画などについて情報を集め，エラーの分析や，どのプロセスでつまずきが

あるのかについても把握する必要がある。

　また行動アセスメントも，発達障害を理解するために非常に重要である。ADHDや自閉症スペクトラム障害の場合は，行動上の問題が診断を行う上でも重要である。LDI（Learning Disabilities Inventry）などのチェックリスト式のアセスメントを行う際にも，行動観察することが重要である。また，問題行動が著しく，その改善を目指す場合は，応用行動分析の観点からアセスメントをしておくことが有用である。問題行動が生じる時間帯や，直前の出来事，どのような行動がどのくらい持続するか，周囲はどのように反応するか，問題行動の結果，どのようなことが起こるかなどについて系統的にアセスメントすることにより，行動変容の手がかりをつかむことができる（山本ら，1997）。

　発達障害のある本人がどのようなことに困難を感じ，どのような自己理解をしているかについて把握するナラティヴ・アセスメントも重要である。本人が語る情報は，客観的なアセスメント以上に重要な情報が含まれていることもある（斎藤ら，2010）。

12.3.2　読字・書字の支援

　発達障害があり，読字・書字の問題をかかえる人を支援する場合，定型発達している人の学習支援方法では，うまくいかないことが多い。学習の量が不足しているからだと考え，いたずらに学習の量を増やすだけでは，本人の劣等感や疲労，学習に対する嫌悪感や無力感を増やすだけの結果に終わることもある。認知面のアセスメントを基に，苦手な部分については，スモールステップでモチベーションを下げないように配慮しながら学習支援を続けていく必要がある。また，定型発達している子どもへの学習支援とは違う方法を用いて，得意な認知機能を使って苦手なところを補う学習支援を計画，実施する必要もある（小池ら，2002；小池ら，2004）。ICTテクノロジーの進歩によって，支援機器の活用も広がっている。苦手な部分のトレーニングと並行しつつ，スキャナ，音読ソフト，電子辞書，キーボードによる文字入力，

マルチメディア教材などを活用し，本人の好奇心や興味に合わせた学習支援を展開する必要がある。

12.3.3　社会性，感情，行動の支援

自閉症スペクトラム障害などのコミュニケーションや対人関係の問題をかかえやすい障がいの場合は，社会性についての支援が必要となる。支援の際には，個別や小集団指導での**ソーシャルスキルトレーニング**（Social Skill Training；SST）が，多く用いられている（小貫ら，2004；田中・岩佐，2010）。人との付き合い方について，自然な学習が困難な人にとっては，SSTのような意図的な学習のほうが効果的にスキルを学習できる場合が多い。また，イラストと短い文章を用いて端的に人付き合いのルールを提示する**ソーシャルストーリー**（Gray, 2000/2010）や，会話を中心としたやり取りについて視覚を通して学ぶ**コミック会話**（Gray, 1994/2005）なども効果的である。

発達障害のある子どもの中には怒りなどの感情のコントロールがうまくいかず，困難を経験する者も少なくない。そういった場合，**アンガーマネージメント**（本田，2010）などの支援法が有効な場合もある。行動上の問題については，**応用行動分析**による問題理解や行動変容が有効な支援方法として期待されている。問題行動の機能は何かを推定しながら，問題行動の先行要因や結果を操作し，同じ機能を持つ，より望ましい行動へ変容を促す支援法である（山本ら，1997；武藤・坂本，2011）。

言語や自己理解の発達に著しい問題がない場合は，言語的コミュニケーションを用いたカウンセリングによる支援も効果的，かつ必要となる。斎藤ら（2010）は，大学生を対象にナラティブセラピーの観点から支援を行った興味深い事例を報告している。

12.3.4　2次的問題の予防

発達障害のある人は，同年代の仲間と比べてさまざまなことがうまくでき

ないことも多く，そのために人から非難されることも多くなってしまう。その結果，自尊心が低下したり，他者に対する否定的な感情をいだいたりすることも多くなる。結果として，不登校状態に陥ったり，非行に関与したりすることもある。また，うつ病をはじめとした精神疾患の問題をかかえてしまうこともある。このような問題は**2次的問題**（2次的障害）といわれており，深刻視されている。2次的問題を予防するためには，家族や教職員の理解や本人自身の自らの特性理解が重要になる。また，得意なことや好きなことをする機会や時間を確保し，自尊心の低下を防ぎ，目標や夢を持って，生活ができるような支援も必要である。

12.3.5 インクルージョンとユニバーサルデザイン

　世界的な傾向として，障がいのある子どももできる限り普通教育の場で障がいのない仲間とともに学べるように教育を整備する方向に進んでいる。日本においても，改正された障害者基本法（平成23年8月5日施行）では，「国及び地方公共団体は，障害者が，その年齢及び能力に応じ，かつ，その特性をふまえた十分な教育が受けられるようにするため，可能な限り障害者である児童及び生徒が障害者でない児童及び生徒とともに教育を受けられるよう配慮しつつ，教育の内容及び方法の改善及び充実を図る等必要な施策を講じなければならない」（法第16条関係）と明記されている。

　障がいの有無に限らず，多様な特性や背景を持った子どもたちがともに学べる教育を目指す考え方は，**インクルージョン**（inclusion）あるいは**インクルーシブ教育**（inclusive education；包含教育・包括教育）と呼ばれる。障がいのある本人および家族の負担や地域・学校コミュニティからの阻害を避けるためにも，日本においても今後インクルージョンは重要な考え方となるだろう。

　インクルージョンの実現のためには，通常学級での教育の改革が必要となる。多様な特性のある子どもが，適切な支援を受けつつもともに学べるような教育内容と教育環境を整えていく必要がある。その際の重要な要素となる

のが，**ユニバーサルデザイン**（universal design）の考え方である。ユニバーサルデザインは，年齢や能力の異なったさまざまな人が存在する社会で，施設，製品，情報提示をできるだけ多くの人にとって使いやすいデザインにすることを目指している。建物の入り口にスロープをつけたり，缶のアルコール飲料の上部に点字で「おさけ」と表示したりするなどが，代表的なものである。

近年，欧米では「学習のためのユニバーサルデザイン（Universal Design for Learning；UDL）」が進んでいる。UDLは，すべての人に等しく学習する機会を与えるカリキュラムの開発を目指している。子ども（学習者）の多様な学習スタイルや認知特性を前提として，すべての子どもが学習に参加できるような教授方法，授業内容，教材，評価法などを柔軟に考え，実践するのがUDLである（Rose & Meyer, 2002）。読字障害のため，教科書を読むのが難しい子どもには，教科書を拡大したコピーやデジタル教科書と音読ソフトの使用を促す。また，マルチメディア教材などを積極的に使い，文字情報に過度に依存せず，図や音声解説などにより理解を促すなど，情報提示にも工夫をする。書字の難しい子どもの場合は，キーボード入力や音声入力でのレポート提出を認める。テーマの自由度が高い課題の成果物に関しては，映像や音楽による作品でも許容する授業内容などを考えることである。UDLは，欧米では少しずつ広がりをみせている。しかし，日本においては，到達目標や教授方法が画一的であり，ペーパーテストの結果を重視する傾向があるため，UDLの考え方が広がるにはいくつかの壁があると思われる。だからこそ学習に対する視野を広げる上で今後重要な概念になると考えられる。

12.4 まとめ

発達障害についての理解は，教育や福祉，人間の発達に関わるすべての人にとって必須の領域である。しかし，その概念や診断に関して，まだ発展途上の部分も多く，不確定要素が大きい。大切なのは，発達障害を理解するこ

とによって，生物学的な要因によって人間関係，社会性，注意力，衝動性，特定の学習において困難が生じることがあり，そういった問題をかかえる人への理解と支援の重要性の認識が深まることである。たとえ発達障害の診断基準を満たす程度ではなくても，発達障害と同種類の困難で苦しんでいる人も数多くいる。そういった人についても視野を広げることが，発達障害について学ぶ意義でもある。また，発達障害を理解するためには，発達心理学の基礎理論や研究知見について十分に理解する必要がある。本書全体で述べられているような発達心理学の知識について理解することが，発達障害理解と支援につながっていくであろう。

付表 12.1	発達障害者支援法等で定義された「発達障害」の範囲図 (文部科学省, 2007)

発達障害者支援法

自閉症, アスペルガー症候群その他の広汎性発達障害
学習障害
注意欠陥多動性障害
その他これに類する脳機能の障害であってその症状が通常低年齢で発現するものとして政令で定めるもの

発達障害者支援法施行令（政令）

脳機能の障害であって，その症状が通常低年齢で発現するもののうち， 　言語の障害 　協調運動の障害 　その他厚生労働省令で定める障害

発達障害者支援法施行規則（厚生労働省令）

自閉症, アスペルガー症候群その他の広汎性発達障害，学習障害，注意欠陥多動性障害，言語の障害及び協調運動の障害を除く， 　心理的発達の障害（ICD-10 の F80-F89　※） 　行動及び情緒の障害（ICD-10 の F90-F98　※）

※　文部科学事務次官・厚生労働事務次官通知 「法の対象となる障害は，脳機能の障害であってその症状が通常低年齢において発現するもののうち，ICD-10（疾病及び関連保健問題の国際統計分類）における「心理的発達の障害（F80-F89）及び「小児〈児童〉期及び青年期に通常発症する行動及び情緒の障害（F90-F98）」に含まれる障害であること。なおてんかんなどの中枢神経系の疾患脳外傷や脳血管障害の後遺症が上記の障害を伴うものである場合においても，法の対象とするものである。」

> **付表 12.2** ICD-10（疾病及び関連保健問題の国際統計分類）（抄）（その 1）
> (World Health Organization, 1992；融道ら，2005)

F80-F89　心理的発達の障害

- F80　会話及び言語の特異的発達障害
    - F80.0　特異的会話構音障害
    - F80.1　表出性言語障害
    - F80.2　受容性言語障害
    - F80.3　てんかんを伴う後天性失語（症）［ランドウ・クレフナー症候群］
    - F80.8　その他の会話及び言語の発達障害
    - F80.9　会話及び言語の発達障害，詳細不明
- F81　学習能力の特異的発達障害
    - F81.0　特異的読字障害
    - F81.1　特異的書字障害
    - F81.2　算数能力の特異的障害
    - F81.3　学習能力の混合性障害
    - F81.8　その他の学習能力発達障害
    - F81.9　学習能力発達障害，詳細不明
- F82　運動機能の特異的発達障害
- F83　混合性特異的発達障害
- F84　広汎性発達障害
    - F84.0　自閉症
    - F84.1　非定型自閉症
    - F84.2　レット症候群
    - F84.3　その他の小児〈児童〉期崩壊性障害
    - F84.4　知的障害〈精神遅滞〉と常同運動に関連した過動性障害
    - F84.5　アスペルガー症候群
    - F84.8　その他の広汎性発達障害
    - F84.9　広汎性発達障害，詳細不明
- F88　その他の心理的発達障害
- F89　詳細不明の心理的発達障害

F90-F98　小児〈児童〉期及び青年期に通常発症する行動及び情緒の障害

- F90　多動性障害
    - F90.0　活動性及び注意の障害
    - F90.1　多動性行為障害
    - F90.8　その他の多動性障害
    - F90.9　多動性障害，詳細不明
- F91　行為障害
    - F91.0　家庭限局性行為障害
    - F91.1　非社会化型〈グループ化されない〉行為障害
    - F91.2　社会化型〈グループ化された〉行為障害

付表 12.2 ICD-10（疾病及び関連保健問題の国際統計分類）（抄）（その2）
(World Health Organization, 1992；融道ら，2005)

- ○ F91.3　反抗挑戦性障害
- ○ F91.8　その他の行為障害
- ○ F91.9　行為障害，詳細不明
- F92　行為及び情緒の混合性障害
    - ○ F92.0　抑うつ性行為障害
    - ○ F92.8　その他の行為及び情緒の混合性障害
    - ○ F92.9　行為及び情緒の混合性障害，詳細不明
- F93　小児〈児童〉期に特異的に発症する情緒障害
    - ○ F93.0　小児〈児童〉期の分離不安障害
    - ○ F93.1　小児〈児童〉期の恐怖症性不安障害
    - ○ F93.2　小児〈児童〉期の社交不安障害
    - ○ F93.3　同胞抗争障害
    - ○ F93.8　その他の小児〈児童〉期の情緒障害
    - ○ F93.9　小児〈児童〉期の情緒障害，詳細不明
- F94　小児〈児童〉期及び青年期に特異的に発症する社会的機能の障害
    - ○ F94.0　選択（性）かん〈緘〉黙
    - ○ F94.1　小児〈児童〉期の反応性愛着障害
    - ○ F94.2　小児〈児童〉期の脱抑制性愛着障害
    - ○ F94.8　その他の小児〈児童〉期の社会的機能の障害
    - ○ F94.9　小児〈児童〉期の社会的機能の障害，詳細不明
- F95　チック障害
    - ○ F95.0　一過性チック障害
    - ○ F95.1　慢性運動性又は音声性チック障害
    - ○ F95.2　音声性及び多発運動性の両者を含むチック障害［ドゥ ラ トゥーレット症候群］
    - ○ F95.8　その他のチック障害
    - ○ F95.9　チック障害，詳細不明
- F98　小児〈児童〉期及び青年期に通常発症するその他の行動及び情緒の障害
    - ○ F98.0　非器質性遺尿（症）
    - ○ F98.1　非器質性遺糞（症）
    - ○ F98.2　乳幼児期及び小児〈児童〉期の哺育障害
    - ○ F98.3　乳幼児期及び小児〈児童〉期の異食（症）
    - ○ F98.4　常同性運動障害
    - ○ F98.5　吃音症
    - ○ F98.6　早口〈乱雑〉言語症
    - ○ F98.8　小児〈児童〉期及び青年期に通常発症するその他の明示された行動及び情緒の障害
    - ○ F98.9　小児〈児童〉期及び青年期に通常発症する詳細不明の行動及び情緒の障害

付表 12.3　DSM-IV-TR における自閉性障害の診断基準
(American Psychiatric Association, 2000；高橋ら，2003)

診断基準　299.00　自閉性障害

A. (1)，(2)，(3) から合計 6 つ（またはそれ以上），うち少なくとも (1) から 2 つ，(2) と (3) から 1 つずつの項目を含む。
  (1) 対人的相互反応における質的な障害で以下の少なくとも 2 つによって明らかになる。
    (a) 目と目で見つめ合う。顔の表情，体の姿勢，身振りなど，対人的相互反応を調節する多彩な非言語的行動の使用の著明な障害
    (b) 発達の水準に相応した仲間関係を作ることの失敗
    (c) 楽しみ，興味，達成感を他人と分かち合うことを自発的に求めることの欠如（例：興味のある物を見せる，持って来る，指差すことの欠如）
    (d) 対人的または情緒的相互性の欠如
  (2) 以下のうち少なくとも 1 つによって示されるコミュニケーションの質的な障害：
    (a) 話し言葉の発達の遅れまたは完全な欠如（身振りや物まねのような代わりのコミュニケーションの仕方により補おうという努力を伴わない）
    (b) 十分会話のある者では，他人と会話を開始し継続する能力の著明な障害
    (c) 常同的で反復的な言語の使用または独特な言語
    (d) 発達水準に相応した，変化に富んだ自発的なごっこ遊びや社会性をもった物まね遊びの欠如
  (3) 行動，興味，および活動の限定された反復的で常同的な様式で，以下の少なくとも 1 つによって明らかになる。
    (a) 強度または対象において異常なほど，常同的で限定された型の 1 つまたはいくつかの興味だけに熱中すること。
    (b) 特定の機能的でない習慣や儀式にかたくなにこだわるのが明らかである。
    (c) 常同的で反復的な衒奇的運動（例：手や指をばたばたさせたりねじ曲げる，または複雑な全身の動き）
    (d) 物体の一部に持続的に熱中する。
B. 3 歳以前に始まる，以下の領域の少なくとも 1 つにおける機能の遅れまたは異常：(1) 対人的相互反応，(2) 対人的コミュニケーションに用いられる言語，または (3) 象徴的または想像的遊び
C. この障害はレット障害または小児期崩壊性障害ではうまく説明されない。

付表 12.4　DSM-Ⅳ-TR におけるアスペルガー障害の診断基準
(American Psychiatric Association, 2000；高橋ら，2003)

診断基準　　299.80　アスペルガー障害

A. 以下のうち少なくとも 2 つにより示される対人的相互反応の質的な障害：
  (1) 目と目で見つめ合う，顔の表情，体の姿勢，身振りなど，対人的相互反応を調節する多彩な非言語的行動の使用の著明な障害
  (2) 発達の水準に相応した仲間関係を作ることの失敗
  (3) 楽しみ，興味，達成感を他人と分かち合うことを自発的に求めることの欠如（例：他の人達に興味のある物を見せる，持って来る，指差すなどをしない）
  (4) 対人的または情緒的相互性の欠如
B. 行動，興味および活動の，限定的，反復的，常同的な様式で，以下の少なくとも 1 つによって明らかになる。
  (1) その強度または対象において異常なほど，常同的で限定された型の 1 つまたはそれ以上の興味だけに熱中すること
  (2) 特定の，機能的でない習慣や儀式にかたくなにこだわるのが明らかである。
  (3) 常同的で反復的な衒奇的運動（例：手や指をばたばたさせたり，ねじ曲げる，または複雑な全身の動き）
  (4) 物体の一部に持続的に熱中する。
C. その障害は社会的，職業的，または他の重要な領域における機能の臨床的に著しい障害を引き起こしている。
D. 臨床的に著しい言語の遅れがない（例：2 歳までに単語を用い，3 歳までにコミュニケーション的な句を用いる）。
E. 認知の発達，年齢に相応した自己管理能力，（対人関係以外の）適応行動，および小児期における環境への好奇心について臨床的に明らかな遅れがない。
F. 他の特定の広汎性発達障害または精神分裂病の基準を満たさない。

付表 12.5　DSM-Ⅳ-TR における読字障害・書字表出障害・算数障害の診断基準
(American Psychiatric Association, 2000；高橋ら, 2003)

DSM-Ⅳ-TR の読字障害（315.00）
A. 読みの正確さと理解力についての個別施行による標準化検査で測定された読みの到達度が，その人の生活年齢，測定された知能，年齢相応の教育の程度に応じて期待されるものより十分に低い。
B. 基準 A の障害が読字能力を必要とする学業成績や日常の活動を著明に妨害している。
C. 感覚器の欠陥が存在する場合，読みの困難は通常それに伴うものより過剰である。

DSM-Ⅳ-TR の書字表出障害（315.2）
A. 個別施行による標準化検査（あるいは書字能力の機能的評価）で測定された書字能力が，その人の生活年齢，測定された知能，年齢相応の教育の程度に応じて期待されるものより十分に低い。
B. 基準 A の障害が文章を書くことを必要とする学業成績や日常の活動（例：文法的に正しい文や構成された短い記事を書くこと）を著明に妨害している。
C. 感覚器の欠陥が存在する場合，書字能力の困難が通常それに伴うものより過剰である。

DSM-Ⅳ-TR の算数障害（315.1）
A. 個別施行による標準化検査で測定された算数の能力が，その人の生活年齢，測定された知能，年齢に相応の教育の程度に応じて期待されるものより十分に低い。
B. 基準 A の障害が算数能力を必要とする学業成績や日常の活動を著明に妨害している。
C. 感覚器の欠陥が存在する場合，算数能力の困難は通常それに伴うものより過剰である。

付表 12.6 DSM-Ⅳ-TR における注意欠陥／多動性障害の診断基準（その 1）
(American Psychiatric Association, 2000；高橋ら, 2003)

診断基準　注意欠陥／多動性障害

A. (1) か (2) のどちらか：
(1) 以下の不注意の症状のうち 6 つ（またはそれ以上）が少なくとも 6 カ月間持続したことがあり，その程度は不適応的で，発達の水準に相応しないもの：
〈不注意〉
- (a) 学業，仕事，またはその他の活動において，しばしば綿密に注意することができない，または不注意な過ちをおかす。
- (b) 課題または遊びの活動で注意を持続することがしばしば困難である。
- (c) 直接話しかけられたときにしばしば聞いていないように見える。
- (d) しばしば指示に従えず，学業，用事，または職場での義務をやり遂げることができない（反抗的な行動，または指示を理解できないためではなく）。
- (e) 課題や活動を順序立てることがしばしば困難である。
- (f) （学業や宿題のような）精神的努力の持続を要する課題に従事することをしばしば避ける，嫌う，またはいやいや行う。
- (g) 課題や活動に必要なもの（例：おもちゃ，学校の宿題，鉛筆，本，または道具）をしばしばなくす。
- (h) しばしば外からの刺激によって容易に注意をそらされる。
- (i) しばしば毎日の活動を忘れてしまう。

(2) 以下の多動性-衝動性の症状のうち 6 つ（またはそれ以上）が少なくとも 6 カ月間持続したことがあり，その程度は不適応的で，発達水準に相応しない：
〈多動性〉
- (a) しばしば手足をそわそわと動かし，またはいすの上でもじもじする。
- (b) しばしば教室や，その他，座っていることを要求される状況で席を離れる。
- (c) しばしば，不適切な状況で，余計に走り回ったり高い所へ上ったりする（青年または成人では落ち着かない感じの自覚のみに限られるかもしれない）。
- (d) しばしば静かに遊んだり余暇活動につくことができない。
- (e) しばしば"じっとしていない"，またはまるで"エンジンで動かされるように"行動する。
- (f) しばしばしゃべりすぎる。

〈衝動性〉
- (g) しばしば質問が終わる前に出し抜けに答え始めてしまう。
- (h) しばしば順番を待つことが困難である。
- (i) しばしば他人を妨害し，邪魔する（例：会話やゲームに干渉する）。

付表 12.6 DSM-Ⅳ-TR における注意欠陥／多動性障害の診断基準（その 2）
(American Psychiatric Association, 2000；高橋ら，2003)

B. 多動性-衝動性または不注意の症状のいくつかが 7 歳以前に存在し，障害を引き起こしている。
C. これらの症状による障害が 2 つ以上の状況〔例：学校（または職場）と家庭〕において存在する。
D. 社会的，学業的，または職業的機能において，臨床的に著しい障害が存在するという明確な証拠が存在しなければならない。
E. その症状は広汎性発達障害，精神分裂病，または他の精神病性障害の経過中にのみ起こるものではなく，他の精神疾患（例：気分障害，不安障害，解離性障害，または人格障害）ではうまく説明されない。

▶病型に基づいてコード番号をつけよ
　314.01　注意欠陥／多動性障害，混合型：過去 6 カ月間 A1 と A2 の基準をともに満たしている場合
　314.00　注意欠陥／多動性障害，不注意優勢型：過去 6 カ月間，基準 A1 を満たすが基準 A2 を満たさない場合
　314.01　注意欠陥／多動性障害，多動性-衝動性優勢型：過去 6 カ月間，基準 A2 を満たすが基準 A1 を満たさない場合

コード番号をつけるうえでの注意　（特に青年および成人で）現在，基準を完全に満たさない症状をもつ者には"部分寛解"と特定しておくべきである。

引用文献

第1章
安藤寿康（2000）．心はどのように遺伝するか——双生児が語る新しい遺伝観—— 講談社

安藤寿康・安藤典明（編）（2005）．事例に学ぶ心理学者のための研究倫理 ナカニシヤ出版

Ariès, P.（1960）．*L'enfant et la vie familiale sous l'Ancien Régime*. Paris：Plon.
（アリエス，P. 杉山光信・杉山恵美子（訳）（1980）．〈子供〉の誕生——アンシャン・レジーム期の子供と家族生活—— みすず書房）

東 洋・繁多 進・田島信元（1992）．発達心理学ハンドブック 福村出版 p.5.

Baltes, P. B., Reese, H., & Lipsett, L.（1980）. Lifespan developmental psychology. *Annual Review of Psychology*, **31**, 65-110.

Bandura, A.（1986）. *Social foundations of thought and action: A social cognitive theory*. Englewood Cliffs, New Jersey：Prentice Hall.

Bandura, A., Ross, D., & Ross, S. A.（1961）. Transmission of aggression through imitation of aggressive models. *Journal of Abnormal and Social Psychology*, **63**, 575-582.

Bowlby, J.（1969）. *Attachment and loss*. Vol.1：Attachment. The Hogarth Press.
（ボウルビィ，J. 黒田実郎・大羽 蓁・岡田洋子（訳）（1976）．母子関係の理論——①愛着行動—— 岩崎学術出版）

Bronfenbrenner, U.（1979）. *The ecology of human development*. Cambridge, MA：Harvard University Press.
（ブロンフェンブレンナー，U. 磯貝芳郎・福富 護（訳）（1996）．人間発達の生態学——発達心理学への挑戦—— 川島書店）

Bronfenbrenner, U., & Morris, P. A.（1998）. The ecology of developmental processes. In W. Damon（Series Ed.）, & R. M. Lerner（Vol.Ed.）, *Handbook of child psychology*. Vol.1：Theoretical models of human development. 5th ed. New York：Wiley. pp.993-1028.

Bruner, J. S.（1960）. *The process of education*. Harvard University Press.
（ブルーナー，J. S. 鈴木祥蔵・佐藤三郎（訳）（1963）．教育の過程 岩波書店）

Cairns, R. B., Elder, Jr. G. J., & Costello, E. J.（1996）. *Developmental science*. Cambridge University Press.
（ケアンズ，R. B.・エルダー，Jr. G. J.・コステロ，E. J. 本田時雄・髙梨一彦（監訳）（2006）．発達科学——「発達」への学際的アプローチ—— ブレーン出版）

Cummings, E. M., Davies, P. T., & Campbell, S. B.（2000）. *Developmental psychopathology and family process: Theory, research, and clinical implications*. Guilford Press.
（カミングス，E. M.・デイヴィーズ，P. T.・キャンベル，S. B. 菅原ますみ（監訳）（2006）．発達精神病理学——子どもの精神病理の発達と家族関係—— ミネルヴァ書房）

傳田健三（2005）．子どものうつ病——その心に何が起きているのか—— 児童青年精神医学とその近接領域，**46**, 248-258.

Erikson, E. H.（1982）. *The life cycle completed: A review*. Rikan Enterprises.
（エリクソン，E. H. 村瀬孝雄・近藤邦夫（訳）（1989）．ライフサイクル，その完結

みすず書房）
Freud, S.（1953）. *Three esseys on the theory of sexuality*. Standard ed. Vol.7.（Originally published in 1905）. Hogarth press.
（フロイト，S. 懸田克躬（訳）（1969）. フロイト著作集　第5巻——性欲論・症例研究——　人文書院）
Fujinaga, T., Kasuga, T., Uchida, N., & Saiga, T.（1990）. Long-tem follow-up study of children：Developmentally retarded by early environmental deprivation. *Genetic, Social, and General Psychology Monographs*, **166**, 39-104.
Gesell, A. L.（1954）. The ontogenesis of infant behavior. In L. Carmichael（Ed.）, *Mannual of childpsychology*. 2nd ed. New York：John Wiley. pp.335-373.
後藤宗理・中澤　潤・大野木裕明（2000）. 心理学マニュアル　要因計画法　北大路書房
Havighurst, R. J.（1972）. *Developmetal tasks and education*. New York：McKay.
（ハヴィガースト, R. J. 児玉憲典・飯塚裕子（訳）（1997）. ハヴィガーストの発達課題と教育——生涯発達と人間形成——　川島書店）
Hess, E. H.（1967）. "Imprinting" in animals in psychobiology. In J. L. McGaugh, N. M. Weinberg, & R. E. Whalen（Eds.）, *The biological basis of behavior*. San Francisco：W. H. Freeman. pp.107-112.
保坂　亨・中澤　潤・大野木裕明（2000）. 心理学マニュアル　面接法　北大路書房
Huttenlocher, P. R., de Courtenl, C., Gary, L. J., & van der Loos, H.（1982）. Synaptogenesis in juman visual cortex-evidence for synapse elimination during normal development. *Neuroscience Letter*, **33**, 247-252.
石黒広昭（2004）. 社会文化的アプローチの実際——学習活動の理解と変革のエスノグラフィー——　北大路書房
Jensen, A. R.（1969）. How can we burst I.Q. and scholastic achievement. *Harvard Educational Review*, **39**, 1-123.
鎌原雅彦・宮下一博・大野木裕明・中澤　潤（1998）. 心理学マニュアル　質問紙法　北大路書房
菊池章夫（2010）. 発達課題再見：Hさんを読み直す　菊池章夫・二宮克美・堀毛一也・齋藤耕二（編著）社会化の心理学／ハンドブック——人間形成への多様な接近——　川島書店　pp.45-58.
木下康仁（2003）. グラウンデッド・セオリー・アプローチの実践——質的研究への誘い——　弘文堂
小西行郎（2009）. 早期教育は本当に必要か——胎児から三歳児の赤ちゃんに起こっていること——　iliholi, **9**, 18-23.
Lorenz, K. Z.（1952）. *King Solomon's ring：New light on animals ways*. Thomas Y. Crowell Company.
（ローレンツ, K. 日高敏隆（訳）（1987）. ソロモンの指環——動物行動学入門——　早川書房）
松沢哲郎・長谷川寿一（2000）. 心の進化——人間性の起源をもとめて——　岩波書店
三宅和夫（1981）. 発達　藤永　保ほか（編）新版　心理学事典　平凡社　p.686-691.
三宅和夫（1990）. 子どもの個性——生後2年間を中心に——　東京大学出版会
村田孝次（1992）. 発達心理学史　培風館
永江誠司（2004）. 脳と発達の心理学——脳を育み心を育てる——　ブレーン出版
中澤　潤・大野木裕明・南　博文（1997）. 心理学マニュアル　観察法　北大路書房

日本教育心理学会（編）（2003）．教育心理学ハンドブック　有斐閣
西平直喜（1979）．青年期における発達の特徴と教育　岩波講座「子どもの発達と教育6」岩波書店
岡本夏木（1977）．ピアジェの知能の発生的段階説　村井潤一（編）発達の理論――発達と教育・その基本問題を考える――　ミネルヴァ書房　pp.65-116.
Piaget, J. (1936). *Origins of intelligence in the child.* London：Routledge & Kegan Paul.
Piaget, J. (1964). *Six études de psychologie.* Gonthier.
　（ピアジェ，J．滝沢武久（訳）（1968）．思考の心理学――発達心理学の6研究――みすず書房）
Postman, N. (1982). *The disappearance of childhood.* Vintage/Random House.
　（ポストマン，N．小柴　一（訳）（1985）．子どもはもういない――教育と文化への警告――　新樹社）
Preyer, W. (1882). *Die Seele des Kindes.* Fernau.
榊原洋一（2004）．子どもの脳の発達　臨界期・敏感期――早期教育で知能は大きく伸びるのか？――　講談社
Sameroff, A. J., & Chandler, M. J. (1975). Reproductive risk and the continuum of caretaking causality. In F. D. Horowitz, E. M. Hetherington, S. Scarr, & G. M. Siegel (Eds.), *Review of child development research.* Vol.4. The University of Chicago Press. pp.187-244.
Sigelman, C. K., & Rider, E. A. (2006). *Life-span human development.* 5th ed. Thompson Learning. p.52.
Skinner, B. F. (1974). *About behaviorism.* New York：Knopf.
　（スキナー，B. F．犬田　充（訳）（1975）．行動工学とはなにか――スキナー心理学入門――　佑学社）
鑪幹八郎（1977）．精神分析と発達心理学　村井潤一（編）発達の理論――発達と教育・その基本問題を考える――　ミネルヴァ書房　pp.147-213.
内田伸子（2005）．人間発達の可塑性――人の発達と初期環境――　内田伸子（編著）心理学――こころの不思議を解き明かす――　光生館　pp.18-40.
梅本堯夫・大山　正（編著）（1994）．心理学史への招待――現代心理学の背景――　サイエンス社
Vygotsky, L. S. (1934). *Мышление и речъ：Myshlenie i rech.* Moscow：Gosizdat.
　（ヴィゴツキー，L. S．柴田義松（訳）（2001）．思考と言語［新訳版］　新読書社）
八杉竜一（1969）．進化論の歴史　岩波書店
吉田寿夫（編著）（2006）．心理学研究法の新しいかたち　誠信書房

第2章

Altman, J., & Sudarshan, K. (1975). Postnatal development of locomotion in the laboratory rat. *Animal Behaviour,* **23**, 896-920.
有泉基水（1978）．b. 機能的発達　小川次郎（編）新生児学――基礎と臨床――　朝倉書店　pp.678-686.
Bekoff, A., & Lau, B. (1980). Interlimb coordination in 20-day-old rat fetuses. *Journal of Experimental Zoology,* **214**, 173-175.
Bekoff, A., & Trainer, W. (1979). The development of interlimb co-ordination during swimming in postnatal rats. *Journal of Experimental Biology,* **83**, 1-11.
Bernard, J., & Sontag, L.W. (1947). Fetal reactivity to tonal stimulation：A preliminary

report. *Journal of Genetic Psychology*, **7**, 205-210.
Birnholz, J. C. (1988). On observing the human fetus. In W. P. Smotherman, & S. R. Robinson (Eds.), *Behavior of the fetus*. New Jersey: Telford Press. pp.47-60.
Birnholz, J. C., & Benacceraf, B. B. (1983). The development of fetal hearing. *Science*, **222**, 516-518.
Coronios, J. D. (1933). Development of behavior in the fetal cat. *Genetic Psychology Monographs*, **14**, 283-306.
De Fries, J. I. P., Visser, G. H. A., Mulder, E. J. H., & Prechtl, H. F. R. (1987). Diurnal and other variations in fetal movement and heart rate patterns at 20 to 22 weeks. *Early Human Development*, **15**, 333-348.
De Fries, J. I. P., Visser, G. H. A., & Prechtl, H. F. R. (1982). The emergence of fetal behavior: I. Qualitative aspects. *Early Human Development*, **12**, 99-120.
Fifer, W. P. (1987). Neonatal preference for mother's voice. In N. A. Krasnegor, E. M. Blass, M. A. Hofer, & W. P. Smotherman (Eds.), *Perinatal development: A psychobiological perspective*. New York: Academic Press. pp.11-124.
Fox, M. W. (1965). Reflex-ontogeny and behavioural development of the mouse. *Animal Behaviour*, **13**, 234-241.
Fox, M. W. (1966). Neuro-behavioral ontogeny. A synthesis of ethological and neurophysiological concepts. *Brain Research*, **2**, 3-20.
Gandelman, R. (1992). *Psychobiology of behavioral development*. Oxford: Oxford University Press.
James, D., Pillai, M., & Smoleniec, J. (1995). Neurobehavioral development in the human fetus. In J. P. Lecanuet, W. P. Fifer, N. A. Krasnegor, & W. M. Smotherman (Eds.), *Fetal development: A psychobiological perspective*. New Jersey: Lawrence Erlbaum. pp.101-128.
Kodama, N. (1982). Analysis of genetic and maternal effects on behavioral development in inbred mice. *Japanese Psychological Research*, **24**, 78-89.
児玉典子（1991）．行動の発生　藤田　統（編著）動物の行動と心理学　教育出版　pp.42-48.
Kodama, N. (1993). Behavioral development and strain differences in perinatal mice (Mus musculus). *Journal of Comparative Psychology*, **107**, 91-98.
児玉典子（2000）．母親の体毛刺激に対する帝王切開された胎児の反応　日本心理学会第64回大会発表論文集，951.
Kodama, N. (2002). Effects of odor and taste of amniotic fluid and mother's milk in nipple attachment in mice. *Developmental Psychobiology*, **41**, 310.
児玉典子（2007）．胎児期と周生期の行動発達　朝倉心理学講座3　南　徹弘（編）発達心理学　朝倉書店　pp.28-41.
兒玉典子（2008）．胎児期の記憶と出生直後の学習が母親と父親への愛着をいかに形成するか　平成16年度～平成19年度科学研究費補助金（基盤研究（C）(2)）研究成果報告書
児玉典子・勝本沙矢香（2010）．母親と父親の唾液と尿に対する新生児マウスの反応　日本動物心理学会第69回大会発表　動物心理学研究，**59**，282.
Kodama, N., & Sekiguchi, S. (1984). The development of spontaneous body movement in prenatal and perinatal mice. *Developmental Psychobiology*, **17**, 139-150.

児玉典子・Smotherman, W. P. (1997). 母親への Nipple Attachment 形成メカニズムに関する予備的研究――母親ラットの体毛の刺激特性―― 滋賀大学教育学部紀要（人文科学・社会科学），**47**，91-102.

Korthank, A. J., & Robinson, S. R. (1998). Effects of amniotic fluid on opioid activity and fetal responses to chemosensory stimuli. *Developmental Psychobiology*, **33**, 235-248.

Lecanuet, J.-P., Granier-Deferre, C., Jacquet, A. I., & Busnel, M. C. (1992). Decelerative cardiac responsiveness to acoustical stimulation in the near term fetus. *Quarterly Journal of Experimental Psychology*, **44B**, 270-303.

Lecanuet, J.-P., Granier-Deferre, C., & Busnel, M. C. (1995). Human auditory perception. In J.-P. Lecanuet, W. P. Fifer, N. A. Krasnegor, & W. P. Smotherman (Eds.), *Fetal development : A psychobiological perspective*. New Jersey : Lawrence Erlbaum. pp.239-262.

Leventhal, A. S., & Lipsitt, L. P. (1964). Adaptation, pitch, discrimination, and sound localization in the neonate. *Child Development*, **35**, 759-767.

Making, J. W., & Porter, R. H. (1989). Attractiveness of lactating females' breast odors to neonates. *Child Development*, **60**, 803-810.

Narayanan, C. H., Fox, M. W., & Hamburger, V. (1971). Prenatal development of spontaneous and evoked activity in the rat (Rattus norvegicus albinus). *Behaviour*, **12**, 100-134.

Nasello-Paterson, C., Natale, R., & Connors, G. (1988). Ultrasonic evaluation of fetal body movements over twenty-four hours in the human fetus at twenty-four to twenty-eight weeks gestation. *American Journal of Obstetrics and Gynecology*, **158**, 312-316.

Patric, J., Campbell, K., Carmichael, L., Natale, R., & Richardson, B. (1982). Patterns of gross fetal body movements over 24 hours observation interval in the last 10 weeks of pregnancy. *American Journal of Obstetrics and Gynecology*, **136**, 471-477.

Pedersen, P. E., & Blass, E. M. (1981). Olfactory control over suckling in albino rats. In R. N. Aslin, J. R. Alberts, & M. R. Petersen (Eds.), *The developent of perception : Psychobiological perspectives*. New York : Academic Press. pp.359-381.

Pedersen, P. E., & Blass, E. M. (1982). Prenatal and postnatal determinants of the 1st suckling episode in albino rats. *Developmental Psychobiology*, **15**, 349-355.

Robinson, S. R., & Méndez-Gallardo, V. (2010). Amniotic fluid as an extended milieu interieur. In K. E. Hood, C. T. Halpern, G. Greenberg, & R. M. Lerner (Eds.), *Handbook of developmental science, behavior, and genetics*. West Sussex : Wiley-Blackwell. pp.234-284.

Robinson, S. R., & Smotherman, W. P. (1995). Habituation and classical conditioning in the rat retus : Opioid involvement. In J.-P. Lecanuet, W. P. Fifer, N. A. Krasnegor, & W. P. Smotherman (Eds.), *Fetal development : A psychobiological perspective*. New Jersey : Lawrence Erlbaum. pp.295-314.

Rudy, J. W., & Cheatle, M. D. (1977). Odor aversion learning in neonatal rats. *Science*, **198**, 845-846.

Russell, M. J. (1976). Human olfactory communication. *Nature*, **260**, 520-522.

Schaal, B., Marlier, L., & Soussignan, R. (1995). Responsiveness to the odor of amniotic fluid in the human neonate. *Biology of Neonate*, **67**, 397-406.

Schaal, B., Orgeur, P., & Regnon, C. (1995). Odor sensing in the human fetus : Anatomical,

functional, and chemoecological bases. In J.-P. Lecanuet, W. P. Fifer, N. A. Krasnegor, & W. P. Smotherman (Eds.), *Fetal development: A psychobiological perspective*. New Jersey: Lawrence Erlbaum. pp.205-237.
Siqueland, E. R., & Lipsitt, J. P. (1966). Conditioned head-turning in human newborns. *Journal of Experimental Child Psychology*, **3**, 356-376.
Smotherman, W. P., & Robinson, S. R. (1987). Psychobiology of fetal experience in the rat. In N. A. Krasnegor, E. M. Blass, M. A. Hofer, & W. P. Smotherman (Eds.), *Perinatal development: A psychobiological perspective*. New York: Academic Press. pp.39-60.
Smotherman, W. P., & Robinson, S. R. (1991). Conditioned activation of fetal behavior. *Physiology and Behavior*, **50**, 73-77.
Smotherman, W. P., & Robinson, S. R. (1992). Dimethyl disulfide mimics the effects of milk on fetal behavior and responsiveness to cutaneous stimuli. *Physiology and Behavior*, **52**, 761-765.
Smotherman, W. P., & Robinson, S. R. (1994). Milk as the proximal mechanism for behavioral change in the newborn. *Acta Paediatrica Supplement*, **397**, 64-70.
柘植秀臣（1972）．各種動物の胚と胎児の行動発達　柘植秀臣（編）行動発達の神経学的基礎——カグヒルとヘリックの研究——　恒星社厚生閣　pp.157-183.

第 3 章

Baillargeon, R. (1987). Object permanence in 3 1/2 and 4 1/2-month-old infants. *Developmental Psychology*, **23**, 655-664.
Clarke-Stewart, A., Friedman, S., & Koch, J. (1985). *Child development: A topical approach*. John Wiley & Sons.
Fantz, R. L. (1961). The origin of form perception. *Scientific American*, **204**, 66-72.
郷式　徹（2003）．乳幼児が世界を知るメカニズム　無藤　隆・岩立京子（編）乳幼児心理学　北大路書房
Han, W.-J. (2005). Maternal nonstandard work schedules and child cognitive outcomes. *Child Development*, **76**, 137-154.
木下孝司（2005）．感覚——運動期　「いま，ここ」赤ちゃんの世界——　子安増生（編）よくわかる認知発達とその支援　ミネルヴァ書房　pp.10-11.
Lenneberg, E. H. (1967). *Biological foundations language*. John Wiley & Sons.
（レネバーグ，E. H.　佐藤方哉・神尾昭雄（訳）（1974）．言語の生物学的基礎　大修館書店）
Luria, A. R. (1961). *The role of speech in the regulation of normal and abnormal behavior*. New York: Liveright Publishing Corporation.
（ルリヤ，A. R.　天野　清（訳）（1980）．ルリヤ現代の心理学　文一総合出版）
Russell, M. J. (1976). Human olfactory communication. *Nature*, **260**, 520-522.
桜井登世子（2006）．認知と思考　桜井茂男（編）はじめて学ぶ乳幼児の心理——こころの育ちと発達の支援——　有斐閣　pp.97-116.
Salapatek, P. (1975). Pattern perception in early infancy. In L. B. Cohen, & P. Salapatek (Eds.), *Infant perception: From sensation to cognition*. Vol.1. Academic Press. pp.133-248.
総務省統計局政策統括官（2011）．平成 23 年労働力調査（10〜12 月分（速報））　総務省〈http://www.stat.go.jp/data/roudou/sokuhou/tsuki/index.htm〉

Steiner, J. E. (1979). Human facial expressions in response to taste and smell stimulation. *Advances in Child Development and Behavior*, **13**, 257-295.
鈴木公基 (2010). 知的能力の発達　櫻井茂男 (編) たのしく学べる最新発達心理学——乳幼児から中学生までの心と体の育ち——　図書文化社　pp.47-66.
高橋道子 (2006). 身体と運動の発達　若井邦夫・高橋道子・高橋義信・堀内ゆかり　グラフィック乳幼児心理学　サイエンス社　pp.25-49.
高橋義信 (2006). 言語発達　若井邦夫・高橋道子・高橋義信・堀内ゆかり　グラフィック乳幼児心理学　サイエンス社　pp.75-94.
内田伸子 (1991). 世界を知る枠組みの発達　内田伸子・臼井　博・藤崎春代 (編) 乳幼児の心理学　有斐閣
内田伸子 (2008). 乳幼児心理学への招待 [改訂版] ——子どもの世界づくり——　サイエンス社

第4章

Ainsworth, M. D., Blehar, M. C., Waters, E., & Wall, S. (1978). *Patterns of attachment : A psychological study of the strange situation*. Lawrence Erlbaum.
荒木紀幸 (1988). 道徳教育はこうすればおもしろい——コールバーグ理論とその実践——　北大路書房
Bowlby, J. (1969). *Attachment and loss*. Vol.1. Attachment. Hogarth Press.
　(ボウルビィ, J. 黒田実郎・大羽　蓁・岡田洋子・黒田聖一 (訳) (1991). 母子関係の理論 [新版] ——I 愛着行動——　岩崎学術出版社)
Bowlby, J. (1988). *A secure base : Clinical applications of attachment theory*. Basic Books.
　(ボウルビィ, J. 二木　武 (監訳) (1993). 母と子のアタッチメント——心の安全基地——　医歯薬出版)
Condon, W. S., & Sander, L. (1974). Neonate movement is syncronized with adult speech. *Science*, **183**, 99-101.
Damon, W. (1971). *The positive justice concept from the childhood to adolescence : A developmental analysis*. Unpublished master's thesis. Berkeley : University of California.
Damon, W. (1973). *The development of the child's conception of justice*. Paper Presented at the meeting of the society for research in child development. Philadelphia : March.
Damon, W. (1975). Early conceptions of positive justice as related to the development of logical operations. *Child Development*, **46**, 301-312.
Davis, M. H. (1994). *Empathy : A social psychological approach*. Westview Press.
　(デイヴィス, M. H. 菊池章夫 (訳) (1999). 共感の社会心理学——人間関係の基礎——　川島書店)
Eckerman, D. O., Whaley, J. L., & Kutz, S. L. (1974). Growth of social play with peers during the second year of life. *Developmental Psychology*, **11**, 42-49.
Eisenberg, N. (1986). *Altruistic emotion, cognition, and behavior*. New Jersey : Lawrence Erlbaum Associates.
Eisenberg, N. (1992). *The caring child*. Cambridge, MA : Harvard University Press.
　(アイゼンバーグ, N. 二宮克美・首藤敏元・宗方比佐子 (訳) (1995). 思いやりのある子どもたち——向社会的行動の発達心理——　北大路書房)
Eisenberg, N., & Mussen, P. (1989). *The roots of prosocial behavior in children*. Cambridge : Cambridge University Press.

（アイゼンバーグ，N.・マッセン，P. 菊池章夫・二宮克美（訳）（1991）．思いやり行動の発達心理　金子書房）

遠藤利彦（1997）．愛着と発達　井上健治・久保ゆかり（編）子どもの社会的発達　東京大学出版会　pp.8-31.

遠藤利彦・田中亜希子（2005）．アタッチメントの個人差とそれを規定する諸要因　数井みゆき・遠藤利彦（編著）アタッチメント——生涯にわたる絆——　ミネルヴァ書房

Fantz, R. L.（1961）. The origin of form perception. *Scientific American*, **204**, 66-72.

Feshbach, N. D.（1975）. The relationship of child-rearing factors to children's aggression, empathy, and related positive and negative behaviors. In J. D. Wit, & W. W. Hartup（Eds.）, *Determinants and origins of aggressive behavior*. The Hagu：Moutone. pp.413-426.

Haith, M. M., Bergman, T., & Moore, M. J.（1977）. Eye contact and face scanning in early infancy. *Science*, **98**, 853-855.

繁多　進（1991）．社会性の発達とは　繁多　進・青柳　肇・田島信元・矢澤圭介（編）社会性の発達心理学　福村出版　pp.9-16.

繁多　進（1995）．社会性の発達を考える　二宮克美・繁多　進（執筆代表）たくましい社会性を育てる　有斐閣　pp.1-17.

Harlow, H. F.（1958）. The nature of love. *American Psychologist*, **13**, 673-685.

Harlow, H. F.（1966）. Love in infant monkeys. In S. Coopersmith（Ed.）, *Frontiers of psychological research*. Freeman.

橋本秀美（2000）．青年期の社会性の特徴　塩見邦雄（編著）社会性の心理学　ナカニシヤ出版　pp.169-201.

Hay, D. F., Nash, A., & Pederson, J.（1983）. Interaction between six-month-old peers. *Child Development*, **54**, 557-562.

広田信一（2008）．向社会的行動の発達　堀野　緑・濱口佳和・宮下一博（編著）子どものパーソナリティと社会性の発達——測定尺度つき——　北大路書房　pp.160-173.

櫃田紋子・浅野ひとみ・大野愛子（1986）．乳幼児の社会性の発達に関する研究6 ——乳児間の社会的行動その2——　日本教育心理学会第26回総会発表論文集，470-471.

Hoffman, M. L.（1987）. The contribution of empathy to justice and moral judgment. In N. Eisenberg, & J. Strayer（Eds.）, *Empathy and its development*. Cambridge University Press. pp.47-80.

伊藤忠弘・平林秀美（1997）．向社会的行動の発達　井上健治・久保ゆかり（編）子どもの社会的発達　東京大学出版会　pp.167-184.

岩田純一（1990）．ことば　無藤　隆・高橋惠子・田島信元（編）発達心理学入門Ⅰ——乳児・幼児・児童——　東京大学出版会

川井　尚・恒次欽也・大藪　泰・金子　保・白川園子・二木　武（1983）．乳児——仲間関係の縦断的研究1　初期の発達的変化——　小児の精神と神経，**23**，35-42.

小林　真（2010）．人間関係　櫻井茂男・岩立京子（編著）たのしく学べる乳幼児の心理［改訂版］　福村出版　pp.91-106.

Lewis, M., Young, G., Brooks, J., & Michalson, L.（1975）. The beginning of friendship. In M. Lewis, & L. Rosenbaum（Eds.）, *Friendship and peer relations*. New York：Wiley. pp.27-66.

Lorenz, K.（1935）. *Über tierisches und menschliches Verhalten：Aus dem Werdegang der Verhaltenslehre*. München：R. Piper Verlag.

(ローレンツ，K. 丘　直通・日高敏隆（訳）（1977）．動物行動学1　思索社）
Main, M., & Solomon, J.（1990）. Procedures for identifying infants as disorganised/disoriented during the ainsworth strange situation. In M. T. Greenberg, D. Cicchetti, & E. M. Cummings（Eds.）, *Attachment in the preschool years*. University of Chicago Press. pp.121-160.
Meltzoff, A. N., & Moore, M. K.（1977）. Imitation of facial and manual gestures by human neonates. *Science*, **198**, 75-78.
中島義明・安藤清志・子安増生・坂野雄二・繁桝算男・立花政夫・箱田裕司（編）（1999）．心理学辞典　有斐閣
中澤　潤（2008）．仲間関係　堀野　緑・濱口佳和・宮下一博（編著）子どものパーソナリティと社会性の発達——測定尺度つき——　北大路書房　pp.11-20.
岡本夏木（1985）．ことばと発達　岩波書店
Parten, B. M.（1932）. Social participation among pre-school children. *Journal of Abnormal and Social Psychology*, **27**, 243-269.
Piaget, J.（1932）. *Le jugement moral chez l'enfant*. Paris：F. Alcan.
　　（ピアジェ，J. 大伴　茂（訳）（1954）．児童道徳判断の発達　同文書院）
斉藤こずゑ（1986）．仲間関係　無藤　隆・斉藤こずゑ・内田伸子（編著）子ども時代を豊かに——新しい保育心理学——　学文社　pp18-58.
戸田須恵子（2005）．乳児の言語獲得と発達に関する研究　釧路論集——北海道教育大学釧路校研究紀要——, **37**, 101-108.
内田伸子（2008）．幼児心理学への招待［改訂版］——子どもの世界づくり——　サイエンス社
渡辺弥生（1986）．分配における公正観の発達　教育心理学研究, **34**, 84-90.
渡辺弥生（1992）．幼児・児童における分配の公正さに関する研究　風間書房
矢野喜夫・落合正行（1991）．発達心理学への招待——人間発達の全体像をさぐる——　サイエンス社

第5章

天野　清・黒須俊夫（1992）．小学生の国語・算数の学力　秋山書店
Baltes, P. B.（1987）. Theoretical propositions of life-span developmental psychology：On the dynamics between growth and decline. *Developmental Psychology*, **23**, 611-626.
Guilford, J. P., & Hoepfner, R.（1971）. *The analysis of intellect*. New York：McGraw-Hill.
速水敏彦・松田敦子（1982）．原因シェマの発達——学業成績の能力および努力帰属に関して——　教育心理学研究, **30**, 165-174.
Horn, J. K., & Cattell, R. B.（1966）. Refinement and test of theory of fluid and crystallized intelligence. *Journal of Educational Psychology*, **57**, 253-270.
北尾倫彦（2006）．不適応児の理解と指導　北尾倫彦・中島　実・林　龍平・広瀬雄彦・高岡昌子・伊藤美加　精選コンパクト教育心理学——教師になる人のために——　北大路書房　pp.106-115.
桜井茂男（1983）．認知されたコンピテンス測定尺度（日本語版）の作成　教育心理学研究, **31**, 245-249.
三宮真智子（2008）．メタ認知——学習力を支える高次認知機能——　北大路書房
Sternberg, R. J.（1996）. *Successful intelligence：How practical and creative intelligence determine success in life*. New York：Simon & Schuster.

住田幸次郎（1988）．創造性検査の構成とその特徴　日本創造学会（編）創造性研究 6 ——創造性研究と測定——　共立出版　pp.23-32.
Thurstone, L. L. (1938). *Primary mental abilities*. Chicago：University of Chicago Press.
弓野憲一（2002）．知能と創造性の発達と育成　弓野憲一（編）発達・学習の心理学　ナカニシヤ出版　pp.97-112.

第 6 章

相川　充・津村俊充（編）（1996）．社会的スキルと対人関係——自己表現を援助する——　誠信書房
安藤玲子・高比良美詠子・坂元　章（2005）．小学生のインターネット使用と情報活用の実践力との因果関係　日本教育工学会論文誌，**28**，65-68.
荒木史代（2009）．児童期Ⅱ　中澤　潤（編著）発達心理学の最先端——認知と社会化の発達科学——　あいり出版　pp.151-170.
Coie, J. D., & Kupersmidt, J. B. (1983). A behavioral analysis of emerging social status in boys' groups. *Child Development*, **54**, 1400-1416.
Crick, N. R., & Dodge, K. A. (1994). A review and reformulation of social information processing mechanisms in children's social adjustment. *Psychological Bulletin*, **115**, 74-101.
Dodge, K. A. (1980). Social cognition and children's aggressive behavior. *Child Development*, **51**, 162-170.
Dodge, K. A. (1983). Behavioral antecedents of peer social status. *Child Development*, **54**, 1386-1399.
Dodge, K. A. (1986). A social information processing model of social competence in children. In M. Perlmutter (Ed.), *The Minnesota Symposia on child psychology*. Vol.18. Hillsdale, New Jersey：Lawrence Erlbaum Associates. pp.77-125.
榎本淳子（2008）．対人葛藤解決　渡辺弥生・伊藤順子・杉村伸一郎（編）原著で学ぶ社会性の発達　ナカニシヤ出版　pp.150-158.
保坂　亨（1996）．子どもの仲間関係が育む親密さ——仲間関係における親密さといじめ——　現代のエスプリ，**353**，43-51.
石川信一（2012）．「友達ともっと遊びたい」——社会的スキルを伸ばす——　児童心理，**66**（12），11-17.
石川信一・岩永三智子・山下文大・佐藤　寛・佐藤正二（2010）．社会的スキル訓練による児童の抑うつ症状への長期的効果　教育心理学研究，**58**（3），372-384.
菊地章夫（1989）．社会的スキルの問題　日本教育心理学会 31 回総会発表論文集，L7
國枝幹子・古橋啓介（2005）．児童期における友人関係の発達　福岡県立大学人間社会学部紀要，**15**（1），105-118.
Kupersmidt, J. B., Coie, J. D., & Dodge, K. A. (1990). The role of poor peer relationships in the development of disorder. In S. R. Asher, & J. D. Coie (Eds.), *Peer rejection in childhood*. New York：Cambridge University Press. pp.274-305.
（アッシャー，S. R.・クーイ，J. D.（編）山崎　晃・中澤　潤（監訳）（1996）．子どもと仲間の心理学——友だちを拒否するこころ——　北大路書房　pp.264-293.）
黒沢幸子・有本和晃・森　俊夫（2003）．仲間関係発達尺度の開発——ギャング，チャム，ピア・グループの概念にそって——　目白大学人間社会学部紀要，**3**，21-33.
Lemerise, E. A., & Arsenio, W. F. (2000). An integrated model of emotion processes and

cognition in social information processing. *Child Development,* **71**, 107-118.
松尾直博 (2010). 人間関係の発達 櫻井茂男・大川一郎（編著）(2010). しっかり学べる発達心理学 [改訂版] 福村出版 pp.109-124.
内閣府政策統括官 (2012). 平成23年度青少年のインターネット利用環境実態調査 内閣府
 〈http://www8.cao.go.jp/youth/youth-harm/chousa/h23/net-jittai/pdf-index.html〉
内閣府政策統括官 (2013). 平成24年度青少年のインターネット利用環境実態調査 内閣府
 〈http://www8.cao.go.jp/youth/youth-harm/chousa/h24/net-jittai/pdf-index.html〉
坂井明子・山崎勝之 (2004). 小学生における3タイプの攻撃性が攻撃反応の評価および結果予期に及ぼす影響 教育心理学研究, **52**, 298-309.
Selman, R. L. (Ed.) (2003). *The promotion of social awareness*. Russell Sage Foundation.
Takahira, M., Ando, R., & Sakamoto, A. (2008). Effect of Internet use on depression, loneliness, aggression, and preference for Internet communication : A panel study with 10- to 12-year old children in Japan. *International Journal of Web Based Communities,* **4**, 302-318.
戸ヶ崎泰子・坂野雄二 (1997). 母親の養育態度が小学生の社会的スキルと学校適応におよぼす影響——積極的拒否型の養育態度の観点から—— 教育心理学研究, **45**, 173-182.
外山美樹 (2010). 学級という集団 外山紀子・外山美樹 やさしい発達と学習 有斐閣 pp.155-177.
渡部玲二郎 (1993). 児童における対人交渉方略の発達——社会的情報処理と対人交渉方略の関連性—— 教育心理学研究, **41**, 452-461.
渡部玲二郎 (2000). 社会的問題解決能力の発達 堀野 緑・濱口佳和・宮下一博（編著）子どものパーソナリティと社会性の発達——測定尺度つき—— 北大路書房 pp.188-201.
渡辺弥生 (2010). 人と人がつながるには 川島一夫・渡辺弥生（編著）図で理解する発達——新しい発達心理学への招待—— 福村出版 pp.107-120.
Yeates, K. O., & Selman, R. L. (1989). Social competence in the schools : Toward an integrative developmental model for intervention. *Developmental Review,* **9**, 64-100.

第7章

Coleman, J., & Hendry, L. (1999). *The nature of adolescence*. 3rd ed. Taylor & Francis.
 （コールマン, J.・ヘンドリー, L. 白井利明・若松養亮・杉村和美・小林 亮・柏尾眞津子（訳）(2003). 青年期の本質 ミネルヴァ書房）
Erikson, E. H. (1959). *Identity and the life cycle : Selected papers*. In Psychological Issues. Vol.1. New York : International Universities Press.
 （エリクソン, E. H. 小此木啓吾（訳編）(1973). 自我同一性——アイデンティティとライフサイクル—— 誠信書房）
藤井恭子 (2001). 青年期の友人関係における山アラシ・ジレンマの分析 教育心理学研究, **49**, 146-155.
藤井恭子 (2009). 友人関係の発達 宮下一博（監修）松島公望・橋本広信（編）ようこそ！青年心理学——若者たちは何処から来て何処へ行くのか—— ナカニシヤ出版 pp.54-64.

福富　護（2001）．思春期と「心理学」――どう理解するか――　現代のエスプリ，**409**，152-159.

原ひろ子（1991）．次世代育成力――類としての課題――　原ひろ子・舘かおる（編）母性から次世代育成力へ――産み育てる社会のために――　新曜社　pp.305-330.

日野林俊彦（2007）．青年と発達加速　南　徹弘（編）朝倉心理学講座3　発達心理学　朝倉書店　pp.175-188.

平石賢二（2010）．青年期の親子関係　大野　久（編著）エピソードでつかむ青年心理学　ミネルヴァ書房　pp.113-145.

保坂　亨（1998）．児童期・思春期の発達　下山晴彦（編）教育心理学II――発達と臨床援助の心理学――　東京大学出版会　pp.103-123.

保坂　亨（2010）．いま，思春期を問い直す――グレーゾーンにたつ子どもたち――　東京大学出版会

池田幸恭（2006）．青年期における母親に対する感謝の心理状態の分析　教育心理学研究，**54**，487-497.

伊藤美奈子（2000）．思春期の心さがしと学びの現場――スクールカウンセラーの実践を通して――　北樹出版

伊藤直樹（2009）．学校が直面する様々な課題　伊藤直樹（編）教育臨床論――教師をめざす人のために――　批評社　pp.63-136.

伊藤裕子（2000）．性役割　久世敏雄・齋藤耕二（監修）福富　護・二宮克美・高木秀明・大野　久・白井利明（編）青年心理学事典　福村出版　p.103.

健康・栄養情報研究会（2001）．国民栄養の現状（平成11年国民栄養調査結果）　第一出版

木堂　椎（2006）．りはめより100倍恐ろしい　角川書店

小泉智恵（2010）．生殖医療による子の誕生――血のつながらない親子関係――　柏木惠子（編）よくわかる家族心理学　ミネルヴァ書房　pp.172-173.

国立社会保障・人口問題研究所（2013）．人口統計資料集　2013年版
〈http://www.ipss.go.jp/syoushika/tohkei/Popular/Popular2013.asp?chap=0〉（2013年9月10日閲覧）

古澤頼雄（2005）．非血縁家族を構築する人たちについての文化心理学的考察――その人たちへの社会的スティグマをめぐって――　東京女子大学比較文化研究所紀要，**66**，13-25.

古澤頼雄（2010）．ひとり親家庭　柏木惠子（編）よくわかる家族心理学　ミネルヴァ書房　pp.152-153.

Kosawa, Y., & Tomita, Y. (1999). Biological parents' attitudes toward adoption and alternative fertilization techniques. *Science Reports of Tokyo Woman's Christian University*, **50**, 1623-1631.

古澤頼雄・富田庸子・塚田-城みちる（2006）．非血縁家族において子どもが作る自分史への発達支援――育て親によるテリングに関する探索的検討――　中京大学心理学研究科・心理学部紀要，**5**，23-33.

越川房子（1999）．思春期　中島義明・安藤清志・子安増生・坂野雄二・繁桝算男・立花政夫・箱田裕司（編）心理学辞典　有斐閣　p.338.

厚生労働省（2011）．平成22年（2010）人口動態統計の年間推計
〈http://www.mhlw.go.jp/toukei/saikin/hw/jinkou/suikei10/index.html〉（2011年5月6日閲覧）

厚生労働省雇用均等・児童家庭局（2001）．平成12年乳幼児身体発育調査報告書
　〈http：//www.mhlw.go.jp/houdou/0110/h1024-4.html〉（2013年9月10日閲覧）
Kretschmer, E. (1949). *Psychotherapeutische Studien*. Stuttgart：Thieme.
　（クレッチマー，E. 新海安彦（訳）(1958)．精神療法　岩崎書店）
葛野浩昭（2000）．人類学からみた親子関係の多様性　藤崎宏子（編）親と子――交錯するライフコース―― ミネルヴァ書房 pp.107-131.
松本清一（2001）．思春期保健――リプロダクティブ・ヘルスの立場から―― 現代のエスプリ，**409**，8-16.
宮島 喬（2004）．ヨーロッパ市民の誕生――開かれたシティズンシップへ―― 岩波書店
宮下一博（1995）．青年期の同世代関係　落合良行・楠見 孝（責任編集）講座生涯発達心理学4 自己への問い直し――青年期―― 金子書房 pp.155-184.
文部科学省（2010）．平成22年度学校基本調査速報　参考資料
　〈http：//www.e-stat.go.jp/SG1/estat/List.do?bid=000001027494&cycode=0〉（2011年5月5日閲覧）
文部科学省（2011）．平成22年度学校保健統計調査　年次統計
　〈http：//www.e-stat.go.jp/SG1/estat/List.do?bid=000001014499&cycode=0〉（2011年5月5日閲覧）
森田洋司・清永賢二（1994）．いじめ［新訂版］――教室の病い―― 金子書房
村瀬幸浩（2008）．自立と共生を目指す性の教育　児童心理，**62**（12），33-41.
中道圭人（2009）．身体の発達――からだとこころ―― 宮下一博（監修）松島公望・橋本広信（編）ようこそ！青年心理学――若者たちは何処から来て何処へ行くのか―― ナカニシヤ出版 pp.27-36.
西井克泰（2006）．思春期・青年期の心理臨床――男性の場合―― 伊藤美奈子（編）朝倉心理学講座16 思春期・青年期臨床心理学　朝倉書店 pp.147-162.
Piaget, J., & Inhelder, B. (1966). *La psychologie de l'enfant*. Presses Universitaires de France.
　（ピアジェ，P.・イネルデ，B. 波多野完治・須賀哲夫・周郷 博（訳）(1969)．新しい児童心理学　白水社）
齊藤誠一（2003）．からだの成長は心にどう影響をあたえるか――思春期の危機の構造　児童心理，**57**（3），20-25.
佐藤有耕（2010）．青年期の友人関係　大野 久（編著）エピソードでつかむ青年心理学　ミネルヴァ書房 pp.147-184.
澤田 昭（1982）．現代青少年の発達加速　創元社
清水將之（2006）．ひとは十代をどう通過するか――臨床の場から考える青年期―― 伊藤美奈子（編）朝倉心理学講座16 思春期・青年期臨床心理学　朝倉書店 pp.177-190.
白井利明（1997）．青年心理学の観点からみた「第二反抗期」 心理科学，**19**，9-24.
白井利明（2010）．社会に出ていくということ　大野 久（編著）エピソードでつかむ青年心理学　ミネルヴァ書房 pp.229-269.
庄司進一（2003）．生・老・病・死を考える15章――実践・臨床人間学入門―― 朝日新聞出版
Sullivan, H. S. (1953). *The interpersonal theory of psychiatry*. New York：W. W. Norton & Company.
　（サリヴァン，H. S. 中井久夫・宮崎隆吉・高木敬三・鑪幹八郎（訳）(1990)．精神

医学は対人関係論である　みすず書房）
高石昌弘（2001）．思春期保健——学校保健の立場から——　現代のエスプリ，**409**，17-25．
田村　毅（2001）．思春期とインターネット　現代のエスプリ，**409**，174-181．
戸田まり（2009）．学校生活のなかで育つ——自分と出会う——　無藤　隆・藤崎眞知代（編）発達心理学　北大路書房　pp.77-96．
都筑　学（2006a）．思春期の子どもの発達を取り上げる意味　都筑　学（編著）思春期の自己形成——将来への不安のなかで——　ゆまに書房　pp.1-16．
都筑　学（2006b）．現代社会における子どもの自己形成の危機と支援　都筑　学（編著）思春期の自己形成——将来への不安のなかで——　ゆまに書房　pp.261-280．
WHO（1972）．Human development and public health. *WHO technical report series*, **485**．

第8章

Adler, A.（1956）．The science of living. In H. L. Ansbacher, & R. R. Ansbacher（Eds.）, *The indeivcidual psychology of Alfred Adler: A systematic presentation in selections from his writings*. New York: Basic Books.（Original work published（1929）．）
　（アドラー，A．野田俊作（監訳）岸見一郎（訳）（1996）．個人心理学講義——生きることの科学——　一光社）
Ariès, P.（1960）．*L'enfant et la vie familial sous l'Ancien Règime*. Paris: Plon.
　（アリエス，P．杉山光信・杉山恵美子（訳）（1980）．〈子供〉の誕生——アンシャン・レジーム期の子供と家庭生活——　みすず書房）
浅野智彦（2005）．物語アイデンティティを越えて？　上野千鶴子（編）脱アイデンティティ　勁草書房　pp.77-101．
榎本淳子（2008）．大学生が抱える友人関係における悩みとその解決方法——自由記述から——　日本発達心理学会第19回大会発表論文集，544．
Erikson, E. H.（1959）．Identity and the life cycle. *Psychological Issues Monograph*. Vol.1. No.1. New York: International Universities Press.
　（エリクソン，E. H．小此木啓吾（訳編）（1973）．自我同一性——アイデンティティとライフサイクル——　誠信書房）
Frankl, V. E.（1952）．*Aerztiche Seelsorge*. Wien: Franz Deuticke.
　（フランクル，V. E．霜山徳爾（訳）（1957）．死と愛——実存分析入門——　みすず書房）
福重　清（2006）．若者の友人関係はどうなっているのか　浅野智彦（編）検証・若者の変貌——失われた10年の後に——　勁草書房　pp.115-147．
福富　護・成田健一・松井　豊・上瀬由美子・宇井美代子・菊島充子・櫻庭隆浩（1998）．女子高校生の『援助交際』経験と抵抗感——『援助交際』に対する意識（1）——　日本教育心理学会第40回総会発表論文集，222．
伊藤茂樹（1999）．大学生は「生徒」なのか——大衆教育社会における高等教育の対象——　駒澤大學教育学研究論集，**15**，85-111．
岩田弘三・北條英勝・浜島幸司（2001）．生活時間調査からみた大学生の生活と意識——3大学調査から——　大学教育研究，**9**，1-29．
木原雅子（2006）．10代の性行動と日本社会——そしてWYSH教育の視点——　ミネルヴァ書房
国立社会保障・人口問題研究所（2006）．平成17年わが国独身層の結婚観と家族観——第

13回出生動向基本調査―― 厚生統計協会

髙坂康雅（2008）．青年期における容姿・容貌に対する劣性を認知したときに生じる感情の発達的変化　青年心理学研究，**20**，41-54．

髙坂康雅（2009）．恋愛関係が大学生に及ぼす影響と，交際期間，関係認知との関連　パーソナリティ研究，**17**，144-156．

髙坂康雅（2010）．大学生及びその恋人のアイデンティティと"恋愛関係の影響"との関連　発達心理学研究，**21**，182-191．

髙坂康雅（2011）．"恋人を欲しいと思わない青年"の心理的特徴の検討　青年心理学研究，**23**，147-158．

髙坂康雅（2013）．青年期における"恋人を欲しいと思わない"理由と自我発達との関連　発達心理学研究，**24**，284-294．

栗原　彬（1989）．やさしさの存在証明――若者と制度のインターフェイス――　新曜社

久世敏雄（2000）．青年期とは　久世敏雄・斎藤耕二（監修）福富　護・二宮克美・高木秀明・大野　久・白井利明（編）青年心理学事典　福村出版　pp.4-5．

Marcia, J. E.（1966）. Development and validation of ego-identity status. *Journal of Personality and Social Psychology*, **3**, 551-558.

松井　豊（1996）．親離れから異性との親密な関係の成立まで　斎藤誠一（編）青年期の人間関係　培風館　pp.19-54．

溝上慎一（2009）．「大学生活の過し方」から見た学生の学びと成長の検討――正課・正課外のバランスのとれた活動が高い成長を示す――　京都大学高等教育研究，**15**，107-118．

溝上慎一（2010）．現代青年期の心理学――適応から自己形成の時代へ――　有斐閣

NHK放送文化研究所（編）（2003）．NHK　中学生・高校生の生活と意識調査――楽しい今と不確かな未来――　日本放送出版協会

NHK放送文化研究所（編）（2004）．現代日本人の意識構造［第6版］　日本放送出版協会

日本性教育協会（編）（2001）．「若者の性」白書――第5回　青少年の性行動全国調査報告――　小学館

日本性教育協会（編）（2007）．「若者の性」白書――第6回　青少年の性行動全国調査報告――　小学館

日本性教育協会（編）（2013）．「若者の性」白書――第7回　青少年の性行動全国調査報告――　小学館

野田陽子（1999）．青少年の友人関係とその変化　青少年問題，**46**（9），36-41．

小此木啓吾（1978）．モラトリアム人間の時代　中央公論社

オーネット（編）（2010）．第15回新成人意識調査　ことぶき科学情報，53．

大野　久（1995）．青年期の自己意識と生き方　落合良行・楠見　孝（編）講座生涯発達心理学4　自己への問い直し――青年期――　金子書房　pp.89-123．

大野　久（2010）．青年期のアイデンティティの発達　大野　久（編）エピソードでつかむ青年心理学　ミネルヴァ書房　pp.37-75．

佐藤有耕（2010）．青年期の友人関係　大野　久（編）エピソードでつかむ青年心理学　ミネルヴァ書房　pp.147-183．

新堀通也（1985）．大学生――ダメ論をこえて――　現代のエスプリ，**213**，5-18．

新村　出（編）（2008）．広辞苑［第6版］　岩波書店

総務庁青少年対策本部（1999）．非行原因に関する総合的研究調査（第3回）　総務庁青少年対策本部

高木秀明（1999）．青年期　中島義明・安藤清志・子安増生・坂野雄二・繁桝算男・立花政夫・箱田裕司（編）心理学辞典　有斐閣　pp.501-502.
高比良美詠子（1998）．対人・達成領域別ライフイベント尺度（大学生用）の作成と妥当性の検討　社会心理学研究，**14**，12-24.
詫摩武俊（1973）．恋愛と結婚　依田　新・大西誠一郎・斎藤耕二・津留　宏・西平直喜・藤原喜悦・宮川知彰（編）現代青年心理学講座5　現代青年の性意識　金子書房　pp.141-193.
詫摩武俊・菅原健介・菅原ますみ（1989）．羊たちの反乱──現代青少年の心のゆくえ──　福武書店
種村文孝・佐藤有耕（2007）．青年期を中心に年齢段階別に検討した親友の有無と人数　日本教育心理学会第49回総会発表論文集，650.
遠矢幸子（1996）．友人関係の特性と展開　大坊郁夫・奥田秀宇（編）親密な対人関係の科学　誠信書房　pp.89-116.
Waterman, A. S. (1982). Identity development from adolescence to adulthood: An extension of theory and a review of research. *Developmental Psychology*, **18**, 341-358.

第9章

Erikson, E. H. (1959). *Identity and the life cycle*. Reissue ed. New York: W. W. Norton.
　（エリクソン，E. H. 西平　直・中島由恵（訳）（2011）．アイデンティティとライフサイクル　誠信書房）
Erikson, E. H., & Erikson, J. M. (1997). *The life cycle completed: A review*. Extended ed. New York: W. W. Norton & Company.
　（エリクソン，E. H.・エリクソン，J. M. 村瀬孝雄・近藤邦夫（訳）（2001）．ライフサイクル，その完結［増補版］　みすず書房）
玄田有史・曲沼美恵（2004）．ニート──フリーターでも失業者でもなく──　幻冬舎
Giddens, A. (1991). *Modernity and self-identity: Self and society in the late modern age*. Cambridge: Polity Press.
　（ギデンズ，A. 秋吉美都・安藤太郎・筒井淳也（訳）（2005）．モダニティと自己アイデンティティ──後期近代における自己と社会──　ハーベスト社）
後藤宗理・大野木裕明（編）（2003）．現代のエスプリ427　フリーター──その心理社会的意味──　至文堂
Havighurst, R. J. (1953). *Human development and education*. New York: Longman, Green.
　（ハヴィガースト，R. J. 荘司雅子（訳）（1958）．人間の発達課題と教育──幼年期から老年期まで──　牧書店）
本田由紀（2002）．ジェンダーという観点から見たフリーター　小杉礼子（編）自由の代償／フリーター──現代若者の就業意識と行動──　労働政策研究研修機構
国立社会保障・人口問題研究所（2006）．第13回出生動向基本調査──結婚と出産に関する全国調査（夫婦調査について）──
雇用開発センター（2005）．若年者の働き方と生活意識
Levinson, D. J. (1978). *The seasons of man's life*. New York: Alfled A. Knopf.
　（レビンソン，D. J. 南　博（訳）（1992）．ライフサイクルの心理学（上）（下）　講談社）
溝上慎一（2010）．現代青年期の心理学──適応から自己形成の時代へ──　有斐閣
内閣府（2010）．若者の意識に関する調査（ひきこもりに関する実態調査）

日本労働研究機構（2001）．日欧の大学と職業――高等教育と職業に関する12カ国比較調査結果―― 調査研究報告書 No.143 日本労働研究機構

西平直喜（1990）．成人（おとな）になること――生育史心理学から―― 東京大学出版会

大日向雅美（1990）．青年から成人へ 無藤 隆・高橋惠子・田島信元（編）（1990）．発達心理学入門Ⅱ――青年・成人・老人―― 東京大学出版会 pp.82-100．

Rosenberg, M.（1965）．*Society and the adolescent self-image.* Princeton University Press.

労働政策研究・研修機構（編）（2010）．学校時代のキャリア教育と若者の職業生活 労働政策研究報告書 No.125 労働政策研究・研修機構

Schein, E. H.（1978）．*Career dynamics : Matching individual and organisational needs.* Reading, MA : Addison-Wesley.
（シャイン，E. H. 二村敏子・三善勝代（訳）（1991）．キャリア・ダイナミクス――キャリアとは，生涯を通しての生き方・表現である．―― 白桃書房）

関 峋一（2000）．通過儀礼 久世敏雄・斎藤耕二（監修）（2000）．青年心理学事典 福村出版 p.138．

下村英雄（2007）．男性アイデンティティと就労意識――「男性フリーター問題」に着目して―― 榎本博明（編著）現代のエスプリ別冊 セルフ・アイデンティティ――拡散する男性像―― 至文堂 pp.97-107．

下村英雄・堀 洋元（2004）．大学生の就職活動における情報探索行動――情報媒体の機能に関する検討―― 社会心理学研究，**20**, 93-105．

白井利明・下村英雄・川﨑友嗣・若松養亮・安達智子（2009）．フリーターの心理学――大卒者のキャリア自立―― 世界思想社

Super, D. E.（1957）．*The psychology of careers.* New York : Harper & Brothers.

浦上昌則（1996）．女子短大生の職業選択過程についての研究 教育心理学研究，**44**, 195-302．

Vaillant, G. E.（1977）．*Adaptation to life.* Boston : Little, Brown.

山本真理子・松井 豊・山成由紀子（1982）．認知された自己の諸側面の構造 教育心理学研究，**30**, 64-68．

第10章

Costa, P. T., Jr., & McCrae, R. R.（1980）．Still stable after all these years : Personality as a key to some issues in adulthood and old age. In P. B. Baltes, & O. Brim（Eds.），*Life span development and behavior.* Vol.3. New York : Academic Press. pp.65-102．

Erikson, E. H.（1950）．*Childhood and society.* New York : W. W. Norton.
（エリクソン，E. H. 仁科弥生（訳）（1977, 1980）．幼児期と社会（1），（2）みすず書房）

Freud, S.（1905）．*Drei Abhandlungen zur Sexualtheorie.* Leipzig und Wien : Franz Deuticke.
（フロイト，S. 懸田克躬・高橋義孝（訳）（1969）．フロイト著作集5 ――性欲論・症例研究―― 人文書院 pp.7-94．）

Jaques, E.（1965）．Death and the mid-life crisis. *International Journal of Psychoanalysis,* **43**, 502-514．

上瀬由美子（1999）．中高年期における自己認識欲求 心理学研究，**70**（3），195-202．

警察庁（2011）．平成22年中における自殺の概要資料

Lowenthal, M. F., & Chiriboga, D.（1972）．Transition to the empty nest : Crisis, challenge, or

relief? *Archives of General Psychiatry*, **26**, 8-14.
Levinson, D. J. (1978). *The seasons of a man's life*. New York : Alfled A. Knopf.
　（レビンソン, D. J. 南　博（訳）(1992). ライフサイクルの心理学（上）（下）　講談社）
Marcia, J. E. (1976). Identity six years after : A follow-up study. *Journal of Youth and Adolescence*, **5**, 145-160.
前田重治（1985）. 図説　臨床精神分析学　誠信書房
宮本　輝（1982）. 錦繍　新潮社
岡本祐子（1985）. 中年期の自我同一性に関する研究　教育心理学研究, **33**, 295-306.
岡本祐子（1994）. 成人期における自我同一性の発達過程とその要因に関する研究　風間書房
岡本祐子（1995）. 人生半ばを越える心理　南　博文・やまだようこ（編）講座生涯発達心理学5　老いることの意味――中年・老年期――　金子書房
岡本祐子（2002）. アイデンティティ生涯発達論の射程　ミネルヴァ書房
下仲順子・佐藤眞一（1992）. 現代社会における成人の自己実現と社会生活　東　洋・繁多　進・田島信元（編集企画）発達心理学ハンドブック　福村出版　pp.1151-1164.
杉村和美（1998）. 青年期におけるアイデンティティの形成――関係性の観点からのとらえ直し――　発達心理学研究, **9**, 45-55.
辻　功（1979）. ライフ・サイクル　依田　新（監修）新・教育心理学事典［普及版］　金子書房
Vaillant, G. E. (1977). *Adaptation to life*. Boston : Little, Brown.
Waterman, A. S. (1982). Identity development from adolescence to adulthood : An extention of theory and a review of research. *Developmental Psychology*, **18**, 341-358.
Whitbourne, S. K. (1996). *The aging individual : Physical and psychological perspectives*. New York : Springer-Verlag.
Whitbourne, S. K., & Weinstock, C. S. (1979). *Adult development : The differentiation of experience*. New York : Holt, Rinehart & Winston.

第11章

Aldwin, C. M., Sutton, K. J., Chiara, G., & Spiro, A. (1996). Age differences in stress, coping, and appraisal : Findings from the normative aging study. *Journal of Gerontology : Psychological Sciences*, **51B**, 179-188.
Allemand, M., Zimprich, D., & Hendriks, A. A. J. (2008). Age differences in five personality domains across the life span. *Development Psychology*, **44**, 758-770.
Atchley, R. C. (1989). A continuity theory of normal aging. *The Gerontologist*, **29**, 183-190.
Baltes, P. B., & Baltes, M. M. (1990). Psychological perspectives on successful aging : The model of selective optimization with compensation. In P. B. Baltes, & M. M. Baltes (Eds.), *Successful aging : Perspectives from the behavioral science*. Cambridge University Press. pp.1-27.
Carstensen, L. (1992). Social and emotional patterns in adulthood : Support for socioemotional selectivity theory. *Psychology and Aging*, **7**, 331-338.
Carstensen, L. (2006). The influence of a sense of time on human development. *Science*, **30**, 1913-1915.
Carstensen, L., Mikesl, J. A., & Mather, M. (2006). Aging and the intersection of cognition,

motivation and emotion. In J. E. Birren, & K. W. Shaie (Eds.), *Handbook of the psychology of aging*. 6th ed.
(ビリン, J. E.・シャイエ, K. W.(編) 藤田綾子・山本浩市(訳)(2008). エイジングと認知・動機づけ・情動との交点 エイジング心理学ハンドブック 北大路書房 p.243.)

Charles, S. T., Mather, M., & Carstensen, L. L. (2003). Aging and emotional memory : The forgettable nature of negative images for older adults. *Journal of Experimantal Psychology : Genreal*, **132**, 310-324.

Diener, E., Suh, E. M., Lucas, R. E., & Smith, H. L. (1999). Subjective well-being : Three decades of progress. *Psychological Bulletin*, **125**, 276-302.

Diehl, M., Coyle, N., & Labouvie-Vief, G. (1996). Age and sex differences in strategies of coping and defense across the life span. *Psychology and Aging*, **11**, 127-139.

Donnellan, M. B., & Lucas, R. E. (2008). Age differences in the big five across the life span : Evidence from two samples. *Psychology and Aging*, **23**, 558-566.

Erikson, E. H., & Erikson, J. M. (1997). *The life cycle completed : A review*. expanded ed. New York : W. W. Norton & Company.
(エリクソン, E. H.・エリクソン, J. M. 村瀬孝雄・近藤邦夫(訳)(2001). ライフサイクル, その完結 [増補版] みすず書房)

Freund, A. M., & Baltes, P. B. (1998). Selection, optimization, and compensation as strategies of life management : Correlations with subjective indicators of successful aging. *Psychology and Aging*, **13**, 531-543.

Fung, H. H., Carstensen, L. L., & Lang, F. R. (2001). Age-related patterns in social networks among European Americans and African Americans : Implications for socioemotional selectivity across the life span. *The International Journal of Aging and Human Development*, **52**, 185-206.

Gignac, M. A. M., Cott, C., & Badley, E. M. (2000). Adaptation to chronic illness and disability and its relationship to perceptions of independence and dependence. *Journal of Gerontology : Psychological Sciences*, **55B**, 362-372.

権藤恭之・古名丈人・小林江里香・岩佐 一・稲垣宏樹・増井幸恵・杉浦美穂・蘭牟田洋美・本間 昭・鈴木隆雄(2005). 超高齢期における身体的機能の低下と心理的適応——板橋区超高齢者訪問悉皆調査の結果から—— 老年社会科学, **27**, 327-338.

Havighurst, R. J. (1961). Successful aging. *The Gerontologist*, **1**, 8-13.

Horn, J. L., & Cattell, R. B. (1966). Refinement and test of the theory of fluid and crystallized intelligence. *Journal of Educational Psychology*, **57** (5), 253-270.

井上勝也(1993). 老年期と生きがい 井上勝也・木村 周(編)新版 老年心理学 朝倉書店 pp.146-160.

Jopp, D., & Smith, J. (2006). Resources and life-management strategies as determinants of successful aging : On the protective effect of selection, optimazation, and compensation. *Psychology and Aging*, **21**, 253-265.

Kim, S., Healey, M. K., Goldstein, D., Hasher, L., & Wiprzycka, U. (2008). Age differences in choice satisfaction : A positivity effect in decision making. *Psychology and Aging*, **23**, 33-38.

Kübler-Ross, E. M. D. (1969). *On death and dying*. New York : Macmillan.
(キューブラー=ロス, E. M. D. 川口正吉(訳)(1971). 死ぬ瞬間——死にゆく人々と

の対話―― 読売新聞社)
Leclerc, C. M., & Kensinger, E. A.(2008). Effects of age on detection of emotional information. *Psychology and Aging*, **23**, 209-215.
増井幸恵・権藤恭之・河合千恵子・呉田陽一・高山　緑・中川　威・高橋龍太郎・藺牟田洋美(2010). 心理的 well-being が高い虚弱超高齢者における老年的超越の特徴――新しく開発した日本版老年的超越質問紙を用いて―― 老年社会科学, **32**, 33-47.
Mather, M., & Carstensen, L.(2005). Aging and motivated cognition : The positivity effect in attention and memory. *TRENDS in Cognitive Science*, **9**, 496-502.
McCrae, R. R., Costa, P. T., Pedroso de Lima, M., Simões, A., Ostendorf, F., Angleitner, A., Marusić, I., Bratko, D., Caprara, G. V., Barbaranelli, C., Chae, J. H., & Piedmont, R. L. (1999). Age differences in personality across the adult life span : Parallels in five cultures. *Development Psychology*, **35**, 466-477.
中里克治(2007). 高齢者と死　下仲順子(編) 高齢期の心理と臨床心理学　培風館
中嶋康之・小田利勝(2001). サクセスフル・エイジングのもう一つの観点――ジェロトランセンデンス理論の考察――　神戸大学発達科学部研究紀要, **8**, 255-269.
内閣府(2012). 平成 24 年版高齢社会白書
Robets, B. W., Walton, K. E., & Viechtbauer, W. (2006). Patterns of mean-level change in personality traits across the life course : A meta-analysis of longitudinal studies. *Psychological Bulletin*, **132**, 1-25.
Robins, R. W., Tracy, J. L., & Trzesniewski, K.(2001). Personality correlates of self-esteem. *Journal of Research in Personality*, **35**, 463-482.
Robins, R. W., Trzesniewski, R. H., Gosling, S. D., & Potter, J.(2002). Global self-esteem across the life span. *Psychology and Aging*, **17**, 423-434.
Ryff, C. D.(1991). Possible selves in adulthood and old age : A tale of shifting horizons. *Psychology and Aging*, **6**, 286-295.
下仲順子・中里克治(1999). 老年期における人格の縦断研究――人格の安定性と変化及び生存との関係について――　教育心理学研究, **47**, 293-304.
下仲順子・中里克治・本間　昭(1991). 長寿にかかわる人格特徴とその適応との関係――東京都在住 100 歳老人を中心として――　発達心理学研究, **1**, 136-147.
Salthouse, T. A.(2010). Selective review of cognitive aging. *Journal of the Internatinoal Neuropsyochological Society*, **16**, 754-760.
Schaie, K. W.(1996). Intellectual development in adulthood. In J. B. Birren, & K. W. Schaie (Eds.), *Handbook of the psychology of aging*. 4th ed. San Diego : Academic Press. pp. 226-286.
Smith, J., & Baltes, P. B.(1990). Wisdom-related knowledge : Age/cohort differences in responses to life planning problems. *Developmental Psychology*, **26**, 494-505.
Soto, C. J., John, O. P., Gosling, S. D., & Potter, J.(2011). Age differences in personality traits from 10 to 65 : Big Five domains and facets in a large corss-sectional sample. *Journal of Personality and Social Psychology*, **100**, 330-348.
Staudinger, U. M.(1999). Older and wiser? Integrating results on the relationship between age and wisdom-related performance. *International Journal of Behavioral Development*, **23**, 641-664.
Staudinger, U. M., Smith, J., & Baltes, P. B.(1992). Wisdom-related knowledge in a life review task : Age differences and the role of professional specialization. *Psychology and*

Aging, **7**, 271-281.
Staudinger, U. M., & Baltes, P. B. (1994). The psychology of wisdom. In R. J. Sternberg (Ed.), *Encyclopedia of intelligence*. New York: Macmillan. pp.1143-1152.
菅知絵美・唐澤真弓 (2010). 3つの Well-Being 尺度の生涯発達的検討——日本人中高年期の年齢および性別による相違の検討—— 日本社会心理学会第51回発表論文集, 562-563.
髙山　緑・下仲順子・中里克治・権藤恭介 (2000). 知恵の測定方法の日本語版に関する信頼性と妥当性の検討—— Baltes の人生計画課題と人生回顧課題を用いて—— 性格心理学研究, **9**, 22-35.
冨澤公子 (2009). 奄美群島超高齢者の日常から見る「老年的超越」形成意識——超高齢者のサクセスフル・エイジングの付加要因—— 老年社会科学, **30**, 477-488.
Tornstam, L. (1989). Gero-transcendence : A reformulation of the disengagement theory. *Aging : Clinical and Experimental Research*, **1**, 55-63.
Tornstam, L. (1997). Gerotranscendence : The contemplative dimension of aging. *Journal of Aging Studies*, **11**, 143-154.

第12章

American Psychiatric Association (2000). *Diagnostic and statistical manual of mental disorders DSM-IV-TR*. 4th ed. (Text Revision). American Psychiatric Publication.
（アメリカ精神医学会　髙橋三郎・染矢俊幸・大野　裕（訳）(2003). DSM-IV-TR［新訂版］——精神疾患の診断・統計マニュアル—— 医学書院）
Baron-Cohen, S., Tager-Flusberg, H., Donald, J., & Cohen, D. J. (Eds.) (1994). *Understanding other minds : Perspectives from autism*. Oxford University Press.
（バロン=コーエン, S.・ターガー=フラスバーグ, H.・コーエン, D. J.（編）田原俊司（訳）(1997). 心の理論——自閉症の視点から——（上）（下）　八千代出版）
Gray, C. (1994). *Comic strip conversation*. Jenison Public Schools.
（グレイ, C.　門眞一郎（訳）(2005). コミック会話——自閉症など発達障害のある子どものためのコミュニケーション支援法—— 明石書店）
Gray, C. (2000). *The new social story book : Illustrated edition*. Jenison Public Schools.
（グレイ, C.　大阪自閉症研究会（編）服巻智子（監修）(2010). ソーシャルストーリー・ブック［改訂版］——入門・文例集—— クリエイツかもがわ）
本田恵子 (2010). キレやすい子へのアンガーマネージメント——段階を追った個別指導のためのワークとタイプ別事例集—— ほんの森出版
小林重雄（監修）山本淳一・加藤哲文 (1997). 応用行動分析学入門——障害児者のコミュニケーション行動の実現を目指す—— 学苑社
小池敏英・窪島　務・雲井未歓 (2004). LD 児のためのひらがな・漢字支援——個別支援に生かす書字教材—— あいり出版
小池敏英・渡辺健治・雲井未歓・上野一彦 (2002). LD 児の漢字学習とその支援——一人ひとりの力をのばす書字教材—— 北大路書房
小貫　悟・三和　彩・名越斉子 (2004). LD・ADHD へのソーシャルスキルトレーニング　日本文化科学社
文部科学省 (2007). 発達障害者支援法等で定義された「発達障害」の範囲図
〈http://www.mext.go.jp/a_menu/shotou/tokubetu/main/002/001.pdf〉
武藤　崇・坂本真紀 (2011). 学校を「より楽しく」するための応用行動分析——「見本

合わせ」から考える特別支援教育——　ミネルヴァ書房
鍋谷まこと（2010）．ADHDの分類　小野次朗・藤田継道・上野一彦（編）よくわかる発達障害—— LD・ADHD・高機能自閉症・アスペルガー症候群——　ミネルヴァ書房　pp.64-65.
小野次郎（2010）．前頭葉機能とワーキングメモリ　小野次朗・藤田継道・上野一彦（編）よくわかる発達障害—— LD・ADHD・高機能自閉症・アスペルガー症候群——　ミネルヴァ書房　pp.10-11.
Rose, D. H., & Meyer, A.（2002）. *Teaching every student in the digital age : Universal design for learning*. Assn for Supervision & Curriculum.
斎藤清二・吉永崇史・西村優紀美（2010）．発達障害大学生支援への挑戦——ナラティブ・アプローチとナレッジ・マネジメント——　金剛出版
田中和代・岩佐亜紀（2010）．高機能自閉症・アスペルガー障害・ADHD・LDの子のSSTの進め方——特別支援教育のためのソーシャルスキルトレーニング（SST）——　黎明書房
田中康雄（2006）．医学的視点から見た学習障害　太田昌孝（編）発達障害　日本評論社
World Health Organization（1992）. *The ICD-10 classification of mental and behavioural disorders : Clinical descriptions and diagnostic guidelines*. World Health Organization.
　（世界保健機関　融　道男・小見山実・大久保善朗・中根允文・岡崎祐士（訳）（2005）．ICD-10精神および行動の障害［新訂版］——臨床記述と診断ガイドライン——　医学書院）

人名索引

ア 行

アイゼンバーグ（Eisenberg, N.） 97
浅野智彦 182
アッチェリー（Atchley, R. C.） 245
アドラー（Adler, A.） 170
有泉基水 49
アリエス（Ariès, P.） 2
アルトマン（Altman, J.） 42
安藤玲子 137

池田幸恭 150
石川信一 135
伊藤茂樹 174
井上勝也 233

ヴァイラント（Vaillant, G. E.） 192, 218
ヴィゴツキー（Vygotsky, L. S.） 20, 32, 73
ウィットボーン（Whitbourne, S. K.） 228
ウェクスラー（Wechsler, D.） 106, 108
ウォーターマン（Waterman, A. S.） 177, 226

エインズワース（Ainsworth, M. D.） 82
エッカーマン（Eckerman, D. O.） 89
榎本淳子 179
エリクソン（Erikson, E. H.） 14, 16, 142, 171～175, 190, 192, 200, 215, 216, 230, 234, 247

大野 久 184
岡本祐子 220, 226, 229
小此木啓吾 174

カ 行

カーステンセン（Carstensen, L.） 246
上瀬由美子 220
カミングス（Cummings, E. M.） 26

ギデンズ（Giddens, A.） 195
キャッテル（Cattell, R. B.） 106, 107
ギャンデルマン（Gandelman, R.） 36
キューブラー＝ロス（Kübler-Ross, E. M. D.） 251
ギルフォード（Guilford, J. P.） 111

クーイ（Coie, J. D.） 132, 133
久世敏雄 167
國枝幹子 125
クリック（Crick, N. R.） 126
栗原 彬 179
クレッチマー（Kretschmer, E.） 143
黒沢幸子 125

ケアンズ（Cairns, R. B.） 25
ゲゼル（Gesell, A. L.） 19, 20

小泉智恵 162
高坂康雅 183, 189, 190
古澤賴雄 162
コーサンク（Korthank, A. J.） 52
児玉典子 37, 41, 42, 44, 46～49, 52, 53
コールバーグ（Kohlberg, L.） 12, 100 ～103
コロニオス（Coronios, J. D.） 36
コンドン（Condon, W. S.） 79

サ 行

サーストン（Thurstone, L. L.） 106, 107

斉藤こずゑ　90
齊藤誠一　145
斎藤清二　265
坂井明子　128, 129
榊原洋一　22
桜井茂男　110
サメロフ（Sameroff, A. J.）　24
サリヴァン（Sullivan, H. S.）　152

ジェームス（James, D.）　38, 47
ジェンセン（Jensen, A. R.）　17
シークランド（Siqueland, E. R.）　51
清水將之　143
下仲順子　240
下村英雄　199
シャイン（Schein, E. H.）　197
ジャキュウス（Jaques, E.）　217
シャール（Schaal, B.）　49, 50
シュタウディンガー（Staudinger, U. M.）
　　237, 238
シュテルン（Stern, W.）　17, 106
庄司進一　164
白井利明　207

スキナー（Skinner, B. F.）　29
スタイナー（Steiner, J. E.）　59
スターンバーグ（Sternberg, R. J.）　107
スマザーマン（Smotherman, W. P.）　41,
　　47, 48, 51, 53

セルマン（Selman, R. L.）　129, 130

ソルトハウス（Salthouse, T. A.）　236
ソーンダイク（Thorndike, E. L.）　4

タ　行

ダーウィン（Darwin, C. R.）　3
高石昌弘　139
高比良美詠子　136
詫摩武俊　182, 183
ダッジ（Dodge, K. A.）　126, 129, 133

ターマン（Terman, L. M.）　105
田村毅　157

チャールズ（Charles, S. T.）　249

柘植秀臣　36, 42
都筑学　156

ディアボーン（Dearborn, W. F.）　105
デイビス（Davis, M. H.）　96
デーモン（Damon, W.）　101, 103

ド・フリース（De Fries, J. I. P.）　38
トーンスタム（Tornstam, L.）　247

ナ　行

中道圭人　145
ナゼッロ゠パターソン（Nasello-Paterson,
　　C.）　38
ナラヤナン（Narayanan, C. H.）　36, 42

西井克泰　143
西平直喜　196, 209

野田陽子　180

ハ　行

ハヴィガースト（Havighurst, R. J.）　14
ハッテンロッカー（Huttenlocher, P. R.）
　　21
パーテン（Parten, B. M.）　89
パトリック（Patric, J.）　38
バーナード（Bernard, J.）　41
パブロフ（Pavlov, I. P.）　29
バルテス（Baltes, P. B.）　106, 233
ハーロウ（Harlow, H. F.）　77, 81
バンデューラ（Bandura, A.）　30
バーンホルツ（Birnholz, J. C.）　41, 52

ピアジェ（Piaget, J.）　4, 12, 30〜32,
　　61, 62, 64〜66, 68, 69, 73, 98,

112, 113
ビネー（Binet, A.）108

ファイファー（Fifer, W. P.）42, 51
ファンツ（Fantz, R.）57, 78
フェシュバック（Feshbach, N. D.）96
フォックス（Fox, M. W.）44
福重　清　182
福富　護　185
藤井恭子　155
藤永　保　22
プライヤー（Preyer, W.）3
ブルーナー（Bruner, J.）4, 20
フロイト，A.（Freud, A.）27
フロイト，S.（Freud, S.）27, 192, 214, 217
ブロンフェンブレナー（Bronfenbrenner, U.）23

ベコフ（Bekoff, A.）44
ヘス（Hess, E. H.）20
ペダーセン（Pedersen, P. E.）48
ヘッケル（Haeckel, E.）3
ベヤージョン（Baillargeon, R.）64

ボウルビィ（Bowlby, J.）21, 81, 82

保坂　亨　124, 152, 153, 156
ポストマン（Postman, N.）3
ホフマン（Hoffman, M. L.）96
ホール（Hall, G. S.）3, 4
ホーン（Horn, J. L.）235
本田由紀　203

マ　行

マイン（Main, M.）85

マーシャ（Marcia, J. E.）173, 174, 226
松井　豊　179

溝上慎一　165, 175, 194
三宅和夫　24

村瀬幸浩　148

メイキング（Making, J. W.）50
メルツォフ（Meltzoff, A. N.）79

元良勇次郎　4

ヤ　行

ユング（Jung, C. G.）214, 217

ラ　行

ラッセル（Russell, M. J.）50

ルイス（Lewis, M.）87
ルカニュエ（Lecanuet, J.-P.）50
ルソー（Rousseau, J-J.）2, 3
ルディ（Rudy, J. W.）51
ルベンサール（Leventhal, A. S.）51
ルリア（Luria, S. R.）73

レヴィンソン（Levinson, D. J.）191, 211, 216
レメリーズ（Lemerise, E. A.）127

ローゼンバーグ（Rosenberg, M.）205
ロビンス（Robins, R. W.）242, 243
ロビンソン（Robinson, S. R.）52, 53
ローレンツ（Lorenz, K. Z.）20, 21, 81

事項索引

ア 行

愛他的行動　95
愛着　82
　　──行動　82
アイデンティティ　16, 171
　　──拡散　176
　　──・ステイタス論　173
　　──達成　174
　　──の再体制化　226
　　──のための恋愛　184
アスペルガー症候群　257
アセスメント　263
遊び　89
アタッチメント　82
新しい学力観　156
アンガーマネージメント　265
アンダーアチーバー　120
安定化機能　179

いじめ　153
偉大性　209
一語文　93
1 次性徴　141
一家を構える時期　191
イド　27
インクルーシブ教育　266
インクルージョン　266
インサイド・アウト　194
インターネット　157
インフォームド・コンセント　11

エイジング　4
エクソシステム　23
エピジェネティック　25
エビデンスベイスト　6

カ 行

横断的研究法　8
応用行動分析　265
遅れることへの不安　175
おとなの世界へ入る時期　191
オーバーアチーバー　120
オピオイド　52
オペラント行動　29
オペラント条件づけ　29

外言　73
外向性　240
開放性　240
可逆性　114
学業不振児　119
拡散的思考　111
学習困難　259
学習障害　120, 259
学習理論　29
学力　119
過小限定　66
家族形成　210
過大拡張　66
活動理論　245
空の巣症候群　225
感覚運動的段階　31, 62
感覚過敏　258
環境閾値説　17
関係性　230
　　──攻撃　129
観察法　6
慣習以降の自立的，原則的水準　101
慣習的水準　101

危機　173

——に対応する力　229
　　——を認知する力　229
儀式化　196
希薄化　179
キャリア形成　210
キャリア統合　192
ギャング・グループ　124, 152
嗅覚　50, 58
　　——嫌悪学習　51
9歳の壁　119
共感性　96
協調的志向　130
共同注視行動　92
共変関係　151
共鳴反応　79
共有環境効果　18
協力遊び　90
均衡化　30, 61

クーイング　92
具体的操作期　31, 114, 142
グラウンデッド・セオリー・アプローチ　10
クラス包摂　115
グランドセオリー　27
クロノシステム　23

携帯電話　157
経験説　17
形式的操作期　31, 117, 142
継続性理論　245
系列化　115
結果予期　127
研究参加者　12
言語の行動調整機能　73
検査法　7
現実自己　242
健全性　209

高機能自閉症　257
攻撃性　129
向社会性　95
向社会的行動　95
構造化面接　7
行動遺伝学　18
更年期障害　219
幸福感のパラドックス　245
刻印づけ　20
心の理論　258
個性化の過程　214
個体発達分化図式　215
固着　27
ことば　91
子どもの発見　2
コーピング　250
コホート系列法　8
コミック会話　265

サ　行

再帰的自己　195
最適化　246
サクセスフル・エイジング　245
3項関係　92
30歳の過渡期　191
算数障害　260

シェマ　30, 61
ジェンダー　148
自我　27, 230
視覚　49
　　——走査　57
自我の発見　168
時間的展望の狭まりと逆転　220
自己概念　242
自己効力感　127
自己実現の過程　215
自己中心性　4, 116
自己中心的言語　73

事項索引　303

自己認識欲求　220
自己の有限性の自覚　225
自己変容志向　130
思春期　139
　　──危機　143
　　──のスパート　144
自然観察法　6
自尊感情　205, 242
実験観察法　6
実験法　8
実行機能　263
質的研究法　9
質問紙調査　7
シティズンシップ　159
視点取得　69
死の受容　251
自発性　178
自発的身体運動　36, 44
自閉症　257
　　──スペクトラム障害　257
社会情動的選択性理論　246, 249
社会的構成主義　32
社会的視点調整能力　129
社会的情報処理　126
社会的スキルの学習機能　179
社会的望ましさ　7
社会的問題解決　126
若年不安定就労　194
周生期　42
収束的思考　111
縦断的研究法　8
自由恋愛　201
守秘義務　11
馴化　60
　　──法　60
　　脱──　60
生涯発達心理学　4
上司とのコミュニケーション　197
象徴機能　65

少年犯罪への厳罰化　156
職業社会化　197
職場不適応　198
初語　71, 93
書字障害　260
自律性　240
人格形成のZ次元　209
進化論　3
新規学卒一括採用　196
神経症傾向　240
人権の尊重　11
人生回顧課題　237
人生計画課題　237
新生児反射　56
人生半ばの過渡期　216
人生の正午　214
真の愛情　204
親密さ　192
親密性　200
心理社会的危機　14
心理社会的発達段階　14

ストレンジ・シチュエーション法　82

性格検査　7
誠実性　240
成熟　19
　　──優位説　19
生殖性　200
成人前期　191
生態学的妥当性　6
性的行動　186
性同一性　148
生得説　17
青年期　165
青年心理学　167
性役割　148
セクシュアリティ　148
世代性　215

世代性 vs 自己陶酔（生殖性 対 停滞）　215
積極性効果　249
積極的関与　173
セックス　148
セルフハンディキャッピング　110
前概念的思考　66
前慣習的水準　101
専業主婦　206
選好注視法　60
選好法　60
前操作的段階　31, 65
選択　246
　──化　182

相互作用説　17
相互作用発達モデル　23
相互性　216
相互的互恵性　178
操作的段階　31
早熟者　147
創造性　110
相補性　114
促進的レディネス観　20
ソーシャルスキル　125, 134
　──トレーニング　135, 265
ソーシャルストーリー　265

タ行

第3のモラトリアム　175
胎児期　35
対象永続性　64
対人交渉方略　129
対等性　178
第2次反抗期　149
第2の青年期　218
第2の誕生　160
唾液　48
他者変容志向　130

脱中心化　116
男性フリーター問題　202
小さな大人　166
知能　105
　──検査　7, 107
　──指数　108
　──の多因子説　107
　結晶性──　106, 235
　実用的──　107
　創造的──　107
　分析的──　107
　流動性──　106, 235
チャム・グループ　124, 153
注意欠陥多動性障害　261
超越性　209
聴覚　41, 50
調査法　7
超自我　27
調節　61
調和性　240
直観的思考　68

追視　57
通過儀礼　195

停滞　216
同一性　114
同化　61
道徳性　98
読字障害　259

ナ行

内言　73
内的ワーキングモデル　87
ナラティブ・アプローチ　10
喃語　71, 92

二語文　71, 92
2次性徴　141
2次的問題　266
ニップル・アタッチメント　48
ニート　197
乳児期　55
認知的構成主義　30, 61

ネグレクト　21
年間加速現象　145
年齢調整効果　238

脳科学　6

ハ 行
発見学習　4
発生的認識論　4, 61
発達　1
　――加速現象　145
　――課題　14
　――検査　7
　――勾配現象　145
　――精神病理学　26
　――段階　12
　――の最近接領域　20, 32
　――の冬眠現象　22
発達障害　253
　――者支援法　254
　広汎性――　257
般化　29
半構造化面接　7
晩婚化　194
反射　35, 42
晩熟者　147

ピア・グループ　124, 153
ひきこもり　197
非共有環境効果　18
非構造化面接　7

非婚化　194
ビッグ・ファイブ　240, 243
否定的アイデンティティ　176
ひとり遊び　89
皮膚感覚　47
表象機能　65
表象的思考　31
敏感期　22

フィールド　9
フォークロージャー　176
輻輳説　17
不登校　157
不変性　171
プライバシーへの配慮　11

並行遊び　89
偏差知能指数　108

防衛的反応　250
傍観者遊び　89
補償　246
ホスピタリズム　21
母性剥奪　21
保存　114
　――課題　113

マ 行
マイクロシステム　23
マクロシステム　23

見合い結婚　201
味覚　49, 59
味覚／嗅覚嫌悪学習　41, 51
三つ山課題　68

メゾシステム　23
メタ認知　117
面接調査　7

面接法　7

モデリング　30
モデル機能　179
モラトリアム　174
　──人間　174

ヤ　行
役割　221
ヤマアラシ・ジレンマ　154

遊戯療法　29
有配偶者率　200
ユニバーサルデザイン　267

羊水　48
予期的社会化　199

ラ　行
ライフサイクル　211
ラポール　7

リアリティ・ショック　197
理想自己　169, 242
離脱理論　245
リビドー　27
リプロダクティブ・ヘルス　148

臨界期　21
臨床法　4

レスポンデント行動　29
レスポンデント条件づけ　29
劣等感　169
レディネス　20
連合遊び　90
連続性　171

老年期　233
老年的超越　235, 245, 247

ワ　行
ワーキングメモリ　263

欧　字
ADHD　261
DSM　254
ICD　254
LD　259
OB・OG訪問　199
SOCモデル　246
SST　135
WISC　108
κ受容体　52
μ受容体　52

執筆者紹介

【編者略歴】

櫻井茂男
さくらい しげお

1981年　信州大学教育学部小学校教員養成課程教育心理学科卒業
1986年　筑波大学大学院博士課程心理学研究科心理学専攻修了
　　　　奈良教育大学助教授，筑波大学教授を経て
現　在　筑波大学名誉教授　教育学博士

主要編著書・訳書

『スタンダード自己心理学・パーソナリティ心理学』（共編）（サイエンス社，2015）
「Theory2　夢や目標をもって生きよう！――自己決定理論――」鹿毛雅治（編）『モティベーションをまなぶ12の理論――ゼロからわかる「やる気の心理学」入門！――』（分担執筆）（金剛出版，2012）
『自ら学ぶ意欲の心理学――キャリア発達の視点を加えて――』（著）（有斐閣，2009）
『心理測定尺度集Ⅳ――子どもの発達を支える〈対人関係・適応〉――』（共編）（サイエンス社，2007）
『人を伸ばす力――内発と自律のすすめ――』（監訳）（新曜社，1999）
『学習意欲の心理学――自ら学ぶ子どもを育てる――』（著）（誠信書房，1997）

佐藤有耕
さとう ゆうこう

1986年　早稲田大学教育学部教育学科教育心理学専修卒業
1995年　筑波大学大学院博士課程心理学研究科心理学専攻単位取得満期退学
現　在　筑波大学人間系心理学域教授　博士（心理学）

主要編著書

「青年期の発達と支援のあり方」無藤　隆・長崎　勤（編）『発達科学ハンドブック6　発達と支援』（分担執筆）（新曜社，2012）
「青年期の友人関係」大野　久（編著）『エピソードでつかむ青年心理学』（分担執筆）（ミネルヴァ書房，2010）
『高校生の心理――①広がる世界――』（編著）（大日本図書，1999）

【執筆者】名前のあとの括弧内は各担当章を表す。

首藤敏元（第1章）　埼玉大学名誉教授
　しゅとうとしもと

児玉典子（第2章）　元滋賀大学教育学部教授
　こだまのりこ

鈴木公基（第3章）　関東学院大学人間環境学部准教授
　すずきこうき

鈴木みゆき（第4章）　関東学院大学法学部准教授
　すずき

黒田祐二（第5章）　福井県立大学学術教養センター教授
　くろだゆうじ

萩原俊彦（第6章）　東北学院大学教養学部教授
　はぎわらとしひこ

池田幸恭（第7章）　和洋女子大学人文学部心理学科教授
　いけだゆきたか

髙坂康雅（第8章）　和光大学現代人間学部教授
　こうさかやすまさ

下村英雄（第9章）　労働政策研究・研修機構職業構造・職業指導部門副統括研究員
　しもむらひでお

藤井恭子（第10章）　関西学院大学教育学部教授
　ふじいきょうこ

田中真理（第11章）　文教大学人間科学部准教授
　たなかまり

松尾直博（第12章）　東京学芸大学教育学部教授
　まつおなおひろ

ライブラリ スタンダード心理学 =7

スタンダード発達心理学

2013 年 12 月 10 日 ©	初 版 発 行
2024 年 4 月 10 日	初版第 8 刷発行

編　者	櫻井茂男	発行者	森平敏孝
	佐藤有耕	印刷者	中澤　眞
		製本者	松島克幸

発行所　株式会社 サイエンス社
〒151-0051　東京都渋谷区千駄ヶ谷1丁目3番25号
営業 TEL　(03)5474-8500（代）　振替 00170-7-2387
編集 TEL　(03)5474-8700（代）
FAX　　　(03)5474-8900

印刷　㈱シナノ　　　製本　松島製本
《検印省略》

本書の内容を無断で複写複製することは，著作者および出版者の権利を侵害することがありますので，その場合にはあらかじめ小社あて許諾をお求め下さい。

サイエンス社のホームページのご案内
http://www.saiensu.co.jp
ご意見・ご要望は
jinbun@saiensu.co.jp　まで．

ISBN978-4-7819-1327-8

PRINTED IN JAPAN

スタンダード
教育心理学
第2版

服部　環・外山美樹 編
A5判・248頁・本体 2,450 円（税抜き）

本書は，教育心理学の基礎的な理論から学級集団や心の問題などについて，わかりやすく解説された定評ある教科書の改訂版である．エッセンスはそのままに，初版刊行後に出された研究知見や教育統計，心理検査，法改正等について加筆・修正を行った．また，図表を多用して 2 色刷とし，視覚的な理解も助けている．心理学専攻，教職課程，通信教育にもおすすめの一冊である．

【主要目次】
第0章　教育心理学とは
第1章　発　　達
第2章　学　　習
第3章　動機づけ
第4章　記　　憶
第5章　知　　能
第6章　パーソナリティ
第7章　学級集団
第8章　教育評価──学習のアセスメント
第9章　子どもの問題状況と発達障害，精神障害
第10章　学校カウンセリング

サイエンス社